本书得到国家社会科学基金一般项目（编号：14BSH046）资助

福州大学群学论丛
丛书主编 甘满堂 吴兴南

流动农民工的婚姻维系

Marriage Maintenance of
Migrant Workers

罗小锋 著

社会科学文献出版社
SOCIAL SCIENCES ACADEMIC PRESS (CHINA)

前　言

自20世纪80年代中期以来，外出务工的农民数量一直保持增长的趋势。已有研究者指出，农民工的婚姻与家庭议题值得研究。不少研究指出，农村地区的离婚率在上升。我们感兴趣的问题是：农村地区离婚率的上升趋势跟农民工的流动之间到底有什么关系？流动是如何影响农民工婚姻的稳定的？农民工夫妻又是如何维系婚姻的？农民工夫妻维系婚姻的动力和机制是什么？

自2014年7月以来，笔者在福建福州、龙岩、厦门，广东东莞，江西石城，山西，甘肃和安徽等地开展调研。根据研究主题，本研究选择了质性研究方法。笔者通过亲友的帮助在人口流入地和人口流出地开展调研，使用深度访谈法收集资料，共调研个案88个，整理的访谈录音资料有20多万字。笔者在中国裁判文书网一共查阅了258份离婚判决书，整理的判决书资料有10多万字。

本书主要探讨了如下几个方面的内容。

其一，农民工家庭结构的变动及建构逻辑。以往关于人口流动与家庭的研究多把进城务工人员和留守家庭成员割裂开来，缺乏整体性视角。本研究以人口流动过程中出现的"跨地域家庭"作为研究对象，把分布在农村和城市的家庭作为一个整体，分析跨地域家庭的形态、特征、影响以及建构逻辑。研究发现：首先，跨地域家庭具有不同的表现形态；其次，跨地域家庭的形态在时间上不断流变，跨地域家庭的成员在空间上相互分离；最后，跨地域家庭是结构、家庭理性以及父（夫）权文化共同建构的产物。笔者建议关注家庭跨地域分布的负面影响。

其二，农民工婚姻关系的维系。研究发现，无论是夫妻一方单独外出还是夫妻共同外出，多数农民工夫妻的婚姻关系保持稳定的状态，少数农民工夫妻的婚姻出现了危机。本研究认为，农村社区较高的社会整合度、农民工夫妻较强的家庭责任感和农民工夫妻较强的婚姻承诺，以及农民工夫妻所面临的较多的离婚障碍是农民工婚姻比较稳定的原因。而家庭责任感的弱化、个体主义和享乐主义的抬头、离婚障碍的减少则是部分农民工婚姻走向解体的主要原因。研究还认为，在社会转型期，农民工的婚姻维系纽带主要是家庭责任感而非西方意义上的浪漫的爱情。

其三，农民工婚姻承诺的类型及特点。以往关于农民工婚姻稳定性的研究，忽视了婚姻承诺在婚姻维系中的作用。基于对东莞、厦门、龙岩等地调研资料的质性分析，本研究从婚姻吸引力、约束性因素和道德规范三个方面论述了农民工婚姻承诺的动因，归纳了农民工婚姻承诺的三种类型，并从文化、制度和结构三个维度探讨了农民工婚姻承诺的特点。研究发现，农民工对婚姻的承诺能解释婚姻的稳定性。受文化、制度和结构因素的影响，农民工的婚姻承诺虽然也包含个人承诺的成分，但以结构性承诺和道德承诺为主。本研究拓展了婚姻承诺理论的适用群体，丰富了关于流动与婚姻稳定性的相关研究。

其四，农民工夫妻亲密关系的维系机制。研究认为，尽管流动给农民工夫妻的婚姻维系带来了一定困难，然而多数农民工夫妻能够通过各种个体策略和家庭策略化解困境，在长期的婚姻相处过程中农民工夫妻形成了相互信任、相互理解、相互欣赏的"亲情"。此外，农民工夫妻通过认知层面和行为层面的机制能动地维系现有婚姻。认知层面的维系机制包括认知上的相互依赖、对伴侣的积极错觉、忽视和贬低婚姻替代品；行为层面的维系机制包括婚姻冲突中的包容行为、为了家庭大局愿意牺牲个人利益、原谅配偶的婚姻背叛和为家庭做出个人的奉献。

本研究通过对农民工亲密情感的研究拓展了对夫妻之间情感内涵的理解，即农民工夫妻之间的情感受儒家传统婚姻文化的影响呈现自身的特点，农民工夫妻之间的情感更多的是在婚后长期的共同生活过程中所形成的深厚的亲情式爱情。这种亲情式爱情具有中国文化的特色，这种情感不同于浪漫的爱情，它更为深沉和可靠，以这种亲情式爱情为基础的婚姻也更为稳定。

其五，提高农民工婚姻稳定性的对策。

第一，从个体（家庭）层面来看，婚姻当事人应该端正对婚姻的态度，踏踏实实地肩负起其应负的婚姻与家庭责任。当事人应该主动去学习掌握自己的职业技能，增加人力资本的存量，从而找到更好的工作，并一心一意地维持家庭。农民工夫妻应多创造夫妻以及家庭成员团聚的机会，可以利用节假日实现家庭成员的团聚。农民工夫妻应多利用手机、电脑等通信手段保持与配偶的密切沟通，尽力减少时空分离对婚姻的不利影响。

第二，社区层面的对策。农村社区包括当地的基层政府可以考虑结合当地的优势发展相关的产业，增加农民就地打工的机会，减少由于外出务工而产生的夫妻两地分居。社区整合度会影响农民工婚姻的稳定性。农村社区可以通过多举办公共活动来增强村民对村庄公共事务的参与积极性，在参与的过程中促进村庄整合度的提高。村庄也可以加强关于婚姻家庭道德的宣传，并进行关于文明家庭、五好家庭的评比。

农村社区可以结合实际成立婚姻家庭的调解组织，对遇到婚姻危机的夫妻进行调解，尽量避免冲动型离婚。社区的调解人可以考虑由与当事人关系近的亲属以及村庄中具有权威的人士充当，因为他们了解婚姻当事人的具体情况以及当地的民风民俗，这样的调解会更为有效。农村社区还可以成立互助组织，帮助留守妻子以及其他留守人员解决农业生产的难题。

其六，研究创新和研究局限。

观点创新：首先，与一些研究认为流动对农民工婚姻稳定性造成了很大的冲击不同，本研究提出了多数农民工夫妻的婚姻保持稳定的观点；其次，本研究提出了流动背景下农民工家庭结构处于变动的观点；再次，本研究认为，农民工的婚姻承诺不是基于爱情的个人承诺，而是在社会结构和文化约束下的结构性承诺和道德（责任）承诺；最后，本研究认为，农民工婚姻关系的维系主要依靠结构性因素和责任因素。

方法创新：首先，本研究把流动前和流动后的农民工婚姻状况进行了动态的比较，从而深入探讨了流动（以及流动之外的因素）是如何影响农民工的婚姻关系的；其次，本研究使用了法院的离婚判决书和中国裁判文书网上的离婚判决书来进行分析，从而丰富了一手资料的来源；再次，既在人口流入地开展调查，也在人口流出地开展调查，同时对部分农民工的婚姻进行了追踪研究；最后，本研究在可能的情况下既调查丈夫的观点，也调查妻子的观点。

研究局限：本研究未能对新生代农民工和老一代农民工的婚姻稳定性进行比较研究；考虑到研究问题的隐私性以及抽样框的模糊性，本研究没有采用定量研究方法，故本研究缺少大规模的定量数据，无法从整体上准确地描述农民工的婚姻稳定性状态；受研究区域的经济、文化等因素的局限，研究结论的外推范围受到限制。

目 录

第一章 绪论 …………………………………………………………… 001
  第一节 流动时代农民工的婚姻稳定性问题 …………………… 001
  第二节 相关文献综述 …………………………………………… 004
  第三节 研究设计 ………………………………………………… 041

第二章 流动对农民工家庭的影响 …………………………………… 047
  第一节 问题的提出 ……………………………………………… 047
  第二节 跨地域家庭的表现形式、特征及后果 ………………… 048
  第三节 跨地域家庭的建构逻辑 ………………………………… 055
  第四节 结论与讨论 ……………………………………………… 063

第三章 家庭责任感与分居农民工婚姻关系的维系 ………………… 065
  第一节 问题的提出和分析架构 ………………………………… 065
  第二节 婚姻回报与婚姻关系的维系 …………………………… 066
  第三节 离婚障碍与婚姻关系的维系 …………………………… 070
  第四节 结论与讨论 ……………………………………………… 075

第四章 分居农民工维系婚姻的动因 ………………………………… 078
  第一节 问题的提出 ……………………………………………… 078
  第二节 理论视角 ………………………………………………… 079
  第三节 分居农民工维系婚姻的动力 …………………………… 080
  第四节 结论与讨论 ……………………………………………… 086

第五章　分居农民工婚姻关系为何难维系？ 089
- 第一节　研究框架 090
- 第二节　分居农民工婚姻关系走向解体的原因分析 090
- 第三节　结论与反思 097

第六章　婚姻伦理变迁对农民工婚姻稳定性的影响 099
- 第一节　问题的提出 099
- 第二节　婚姻价值观变迁及其对婚姻稳定性的影响 100
- 第三节　结论与讨论 107

第七章　共同流动农民工婚姻关系的维系 109
- 第一节　问题的提出 109
- 第二节　共同流动农民工婚姻关系的延续及原因分析 110
- 第三节　共同流动农民工婚姻关系的解体及原因分析 122
- 第四节　结论与讨论 129

第八章　婚姻承诺理论视角下的农民工婚姻关系的维系 134
- 第一节　分析框架：婚姻承诺理论 135
- 第二节　农民工的个人承诺及特点 139
- 第三节　农民工的道德承诺及特点 143
- 第四节　农民工的结构性承诺及特点 145
- 第五节　结论与讨论 157

第九章　农民工夫妻亲密关系维系的认知机制和行为机制 161
- 第一节　问题的提出 161
- 第二节　亲情式亲密关系：农民工夫妻亲密情感的表现形态 163
- 第三节　农民工夫妻亲密关系的维系机制 169
- 第四节　结论 179

结　语 182

参考文献 ·· 187

附　录 ·· 212
　　访谈提纲 ·· 212
　　部分访谈资料 ······································ 213

索　引 ·· 261

后　记 ·· 267

第一章 绪论

第一节 流动时代农民工的婚姻稳定性问题

我国正处于工业化、城市化和现代化的转型过程中,伴随社会的大转型,农民大规模地离开农村进入城市务工经商。可以说,我国进入了一个流动的时代。外出打工对农民而言已经成为一种生活方式和文化。2019年,农民工总量达到29077万人,比上年增加241万人。[1] 2018年农民工总量为28836万人,比2017年增加184万人;[2] 在全部农民工中,未婚的占17.2%,有配偶的占79.7%,丧偶或离婚的占3.1%。[3] 如表1-1所示,2014年全国农民工总量为27395万人,比2013年增加501万人。其中,外出农民工有16821万人。[4]

表 1-1 农民工规模(2010~2014年)

单位:万人

	2010年	2011年	2012年	2013年	2014年
农民工总量	24223	25278	26261	26894	27395
1. 外出农民工	15335	15863	16336	16610	16821
(1)住户中外出农民工	12264	12584	12961	13085	13243

---

[1] 《2019年农民工监测调查报告》,http://www.stats.gov.cn/tjsj/zxfb/202004/t20200430_1742724.html。

[2] 《2018年农民工监测调查报告》,http://www.stats.gov.cn/tjsj/zxfb/201904/t20190429_1662268.html。

[3] 《2018年农民工监测调查报告》,http://www.stats.gov.cn/tjsj/zxfb/201904/t20190429_1662268.html。

[4] 《2014年全国农民工监测调查报告》,http://www.stats.gov.cn/tjsj/zxfb/201504/t20150429_797821.html。

续表

	2010 年	2011 年	2012 年	2013 年	2014 年
（2）举家外出农民工	3071	3279	3375	3525	3578
2. 本地农民工	8888	9415	9925	10284	10574

资料来源：《2014 年全国农民工监测调查报告》。

农民工持续性的流动作为一种结构性力量，会对农民工的婚姻家庭造成一定的冲击。农民工家庭成员分散流动以及农民工家庭的跨地域现象已经成为不争的社会事实。已有一些研究和新闻报道指出，流动造成了农村离婚率的上升；相反的研究则指出，尚无充分的证据表明农民工流动破坏了农村婚姻的稳定性（金一虹，2009）。

如图 1-1、表 1-2、表 1-3 所示，全国离婚率在逐年上升。民政部发布的《2014 年社会服务发展统计公报》显示：2014 年依法办理离婚 363.6 万对，粗离婚率为 2.7‰，比 2013 年增加 0.1 个千分点。其中：民

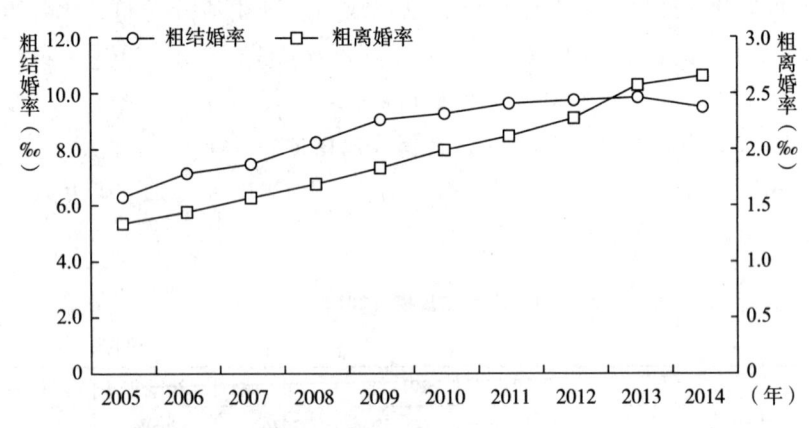

图 1-1 全国粗结婚率和粗离婚率（2005~2014 年）

资料来源：《2014 年社会服务发展统计公报》。

表 1-2 全国粗结婚率和粗离婚率（2007~2014 年）

单位：‰

指标	2007 年	2008 年	2009 年	2010 年	2011 年	2012 年	2013 年	2014 年
粗结婚率	7.50	8.27	9.10	9.30	9.67	9.80	9.92	9.58
粗离婚率	1.59	1.71	1.85	2.00	2.13	2.29	2.58	2.67

资料来源：《2014 年社会服务发展统计公报》。

表 1-3 全国粗结婚率和粗离婚率 (2009~2016)

单位:‰

指标	2009 年	2010 年	2011 年	2012 年	2013 年	2014 年	2015 年	2016 年
粗结婚率	9.10	9.30	9.67	9.80	9.92	9.58	9.00	8.30
粗离婚率	1.85	2.00	2.13	2.29	2.58	2.67	2.70	3.00

资料来源:《2016 年社会服务发展统计公报》,http://www.mca.gov.cn/article/sj/tjgb/201708/2017 0815 005 382.shtml。

政部门登记离婚 295.7 万对,法院办理离婚 67.9 万对。[①]

民政部发布的统计数据显示,2018 年依法办理离婚手续的共有 446.1 万对,比 2017 年增长 2.0%。其中,到民政部门协议离婚的有 381.2 万对,到法院起诉离婚的有 64.9 万对。全国离婚率为 3.2‰,与 2017 年持平。[②]

上述数据清楚地表明,一方面农民工的数量巨大且有持续增加的趋势,另一方面我国的结婚率在下降,而离婚率却在逐年上升。笔者感兴趣的问题是农村离婚率的上升是否与农民工的流动有关,如果有关系,那么农民工流动与离婚率之间到底是怎样的关系?本研究试图探讨农民工流动对农村婚姻家庭稳定性的影响,并找出流动影响农村婚姻家庭稳定性的机制。

一些研究认为,流动造成了农村家庭离婚率的上升;也有一些研究显示,流动后农村的婚姻家庭依旧稳定。一项对安徽、湖南、四川、江西和河南五个劳动力输出大省的 10 个行政村 400 位留守妻子的调查显示,认为流动后夫妻关系变差的留守妻子仅占 5.6%,认为丈夫外出后夫妻关系跟以前差不多的留守妻子占比高达 70.2%,甚至有 24.2% 的留守妻子认为夫妻关系在流动后变好了(叶敬忠、吴惠芳,2009)。另一项研究也认为,没有充分的证据表明农村家庭因为分散流动而出现了结构性的破损(金一虹,2009)。

学界对流动与农村婚姻家庭稳定性的系统性研究还比较缺乏。风笑天(2006:57~60)认为农村外出打工青年的婚姻与家庭是一个值得重视的

---

① 《2014 年社会服务发展统计公报》,http://www.mca.gov.cn/article/zwgk/mzyw/201506/2015 06 008 32 371.shtml。

② 《2018 年民政事业发展统计公报》,http://images3.mca.gov.cn/www2017/file/201908/1565 920 30 1578.pdf。

研究领域。对于已婚青年农民而言，当夫妻一方单独外出时，外出打工时间的长短、打工地与家乡距离的远近、打工地外在社会环境等因素会对其家庭生活、家庭关系以及家庭的稳定产生巨大的影响。

杨善华、沈崇麟（2006：143～144）在《对未来二十年中国城乡家庭的展望》中指出农村人口流动对婚姻家庭的影响值得关注。"在未来二十年，随着农村工业化进程加快，农村劳动力向非农部门转移的速度也将加快，这会弱化家庭联产承包责任制后一度得以加强的家庭生产功能，甚至在相当多的家庭中家庭生产功能会消亡。家庭生产功能的消亡使农村家庭不再是一个生产单位，而是一个生活单位。此外，伴随劳动力转移的加快，农村人口流动，特别是跨省的人口流动可能将持续上升，它们将对我国城乡的婚姻家庭带来巨大的影响。对于这种影响我们应予以必要的关注。"

"婚姻的稳定是家庭、家族稳定的基础，而家庭、家族的稳定又是村落社会稳定的基础，从而也是整个社会稳定的基础。"（尚会鹏，2018：203）因此研究流动背景下农民工家庭的稳定性问题具有重要的现实意义。

第二节 相关文献综述

本节将重点回顾两个方面的文献，一方面是对国内外婚姻稳定性的相关文献进行梳理，另一方面回顾流动与婚姻稳定性的文献。最后对相关研究进行总结。

一 国外关于婚姻稳定性的相关研究

综观国外的文献，我们发现，已有研究主要从相互依赖理论视角、婚姻质量理论视角、文化视角、婚姻承诺理论视角、社会整合理论视角、经济学视角对婚姻稳定性进行研究。

（一）相互依赖理论视角下的婚姻稳定性研究

不管文化背景如何，总有些婚姻很成功，有些婚姻以失败而告终。这些婚姻成功者和失败者之间的差别长期以来都是人际关系科学研究的兴趣所在。乔治·莱文杰（George Levinger）是相互依赖理论的倡导者，他在其离婚的障碍模型中从三个方面识别可能导致关系破裂的因素（Levinger,

1976)。第一种因素是吸引力的减弱。莱文杰认为，亲密关系提供的奖赏（比如令人愉快的相伴、性满足、安全感和社会地位）能提升吸引力，而亲密关系付出的代价（如惹人生气的矛盾与投入亲密关系的时间和精力）则会减弱吸引力。第二种因素是个体拥有的替代选择较多。最明显的就是可获得的其他伴侣，同时任何能替代现有关系的事物，例如独处或事业上的成功，都可能吸引个体离开现有的伴侣。第三种因素是解除亲密关系存在许多障碍，个体很难逃脱亲密关系。包括维持婚姻的法律和社会压力、宗教和道德约束、打赢离婚诉讼和抚养两家子女的经济负担。

莱文杰模型的重大贡献在于强调了这一事实：本想离婚的不幸福伴侣却因为离开的代价太大而往往仍然在一起。他还提出离婚的许多障碍都是心理上的而非物质上的：苦恼的夫妻因为没有足够的金钱离婚，不得不维持婚姻，但他们还会因为离婚使他们（或者使其他人尤其是子女）感到内疚和尴尬，所以仍旧在一起，即使他们那时已有充分的经济资源离婚（米勒，2015：410）。

Previti 和 Amato（2003：561－573）使用开放式访谈询问人们为何维系婚姻，该研究使用婚姻回报、离婚障碍和婚姻替代性框架进行分析。该研究发现，绝大多数受访者用婚姻回报和离婚障碍来解释他们婚姻的稳定，很少提到他们婚姻的稳定是因为没有好的婚姻替代。一项对结婚12年的夫妻调查表明，担心孩子受苦、可能失去孩子、宗教规范、对配偶的依赖、对经济困境的恐惧都是人认知到的离婚的重要障碍（Knoester and Booth，2000）。然而，在持续12年的研究期间，一旦考虑其他风险因素诸如受教育程度低和父母离异等，那些认知到的障碍则只有两种（即对伴侣的依赖和宗教信仰）能实际区分夫妻是否会离婚。并且如果人们对婚姻真的不满足，甚至这两种障碍看起来也无关紧要，一旦他们想要走出婚姻，没有什么障碍能阻止他们（Knoester and Booth，2000）。

因此，人们通常能意识到想要离婚就必须克服的各种障碍，但一旦婚姻处在危机之中，这些障碍看起来并不重要。莱文杰的模型有助于提醒我们离婚的障碍物会萦绕在我们的心头，但该模型可能没有完全意识到，一旦婚姻变得痛苦，这些障碍物是多么无效（米勒，2015：409～410）。

（二）婚姻质量理论视角下的婚姻稳定性研究

婚姻质量理论认为，婚姻质量与婚姻稳定之间的因果关系是明显的

(White, 1990)。最早把婚姻质量与婚姻稳定联系起来的学者是刘易斯和斯帕尼尔，在他们看来，婚姻质量与婚姻稳定之间存在正向的关系，也就是说，婚姻质量越高，婚姻也就越稳定（Lewis and Spanier, 1979）。

总体来说，婚姻质量和婚姻稳定是正相关的（高质量—高稳定性；低质量—低稳定性）。然而，也存在其他两种可能。有一定概率会出现的情况是低质量但高稳定性。在这种情况下，个体并没有得到太多的益处，但是也没有其他更好的选择或者感到离开的障碍太多（低比较水平）。莱文杰把这种婚姻称作"空壳"婚姻。这也许是很多女性留在虐待性关系中的原因之一。第二种可能的情况是高质量但低稳定性。尽管这种情况较少发生但也是可能的。这时，关系本身往往非常令人满意，但是可替换性如此之高、障碍如此之少（高比较水平），以至于从已有婚姻中得到的益处很难与之抗衡，个体很可能为了追求其他替代关系中更多益处而选择放弃已有婚姻。会造成这种情况的因素可能包括高度不平衡的男女比例、拥有大量高级资源的未婚伙伴、支持无过失离婚的法律、低水平的经济或情感依赖和婚姻关系中孩子的缺失（埃什尔曼、布拉克罗夫特，2012：333）。

（三）文化视角下的婚姻稳定性研究

价值观是判断好坏、对错、渴望与厌恶的标准。价值观影响人们的选择。个体主义价值观与家庭主义价值观相对。个体主义指在做决定时更多考虑个人利益而非家庭利益。家庭主义则指在做决定时把家庭利益而非个人利益放在首位，更多考虑家庭利益。单身的、婚前同居的、不要孩子的和离婚的人们，与那些结婚的、婚前不同居的、养儿育女的和维护婚姻的人们相比，更有可能采取个体主义的价值观（诺克斯、沙赫特，2009：8）。

西方支持自我实现、重视个人成就的个体主义文化不利于婚姻稳定。受个体主义文化的影响，婚姻当事人期望从婚姻中获取比上一辈更多的东西——更多的快乐和享受、更少的麻烦和付出。而与上一辈不同（他们往往会为了孩子而勉强生活在一起），我们只要对婚姻不满意，就可以理直气壮地结束婚姻关系，重新寻找满意的亲密关系（米勒，2015：11）。东方强调集体主义的文化有利于婚姻稳定，受集体主义文化的影响，人们与家庭和社会团体的联系比较紧密。倡导集体主义文化的国家（如日本）的离婚率比倡导个体主义的国家（如美国）的离婚率低很多（米勒，2015：11）。

一项对加拿大省际离婚率差异的研究发现，区域文化可以部分解释省际家庭解体率的差异,例如,区域文化使其民众产生价值观和规范性取向,这些价值观和规范性取向有助于普遍接受离婚或降低对婚姻破裂的容忍度(Trovato,1986:214-215)。

(四) 婚姻承诺理论视角下的婚姻稳定性研究

婚姻承诺是婚姻当事人维持亲密关系的意图。有研究者编制了一份婚姻承诺量表(Arriaga and Agnew,2001),该量表包括三方面内容。其一,对婚姻有承诺的伴侣希望维持他们的亲密关系;其二,他们目光长远,能够预计伴侣双方的未来;其三,伴侣双方在心理上彼此依恋,从而能够分享彼此的快乐。

有学者(Rusbult et al.,2001)提出了一个著名的婚姻承诺模型,即投入模型(Investment Model),该模型把婚姻承诺视为一个复杂的决策过程。根据投入模型,承诺来自人们人际关系的期望收益以及人际关系的替代收益。首先,婚姻满意能增加当事人对婚姻的承诺,人们通常希望伴侣关系能够让他们快乐;然而,高质量的替代选择也很有影响力,在一定程度上婚姻的替代选择可以减少婚姻承诺,有诱惑力的替代伴侣容易引诱人们离开自己当前的伴侣,所以他们不太可能维持现有的亲密关系。但如果离开当前的伴侣代价太高,即使有时可以得到这样的替代伴侣,人们也不会总是寻求替代伴侣。因此,决定婚姻承诺的第三个因素就是当事人在现存婚姻关系中的投入程度。无论替代选择如何、个体是否幸福,高投入都会增加承诺(米勒,2015:212~213)。

婚姻承诺指向婚姻关系的长期发展,这能减少亲密关系在遭遇坎坷时产生的痛苦。如果人们认为他们的亲密关系会长久发展,就能容忍一时出现的低奖赏和高代价,正如有长远眼光的投资者在盈利较低的时期也会持有某种股票那样。此外,忠诚会使人们将自己和伴侣看成一个单一的整体,自称"我们"而不是"他"和"我"(Agnew et al.,2004)。这会极大地减少为伴侣做出牺牲而付出的代价,因为取悦于伴侣的事件也会间接地使自己获益。

婚姻承诺产生的最重要的后果可能是,它会促使人们采取行动以保护和维持亲密关系——即使这样做的代价很高。承诺于亲密关系的人会采取和运用各种各样的行为和认知策略,这既能维持和提升亲密关系,又能强化他们对关系的承诺(Etcheverry and Le,2005)。

承诺会促进顺应行为，人们会克制自己不以愤怒来应对伴侣的愤怒（Rusbult et al.，1998）。具有顺应性的人能容忍伴侣的破坏性行为而不还击；他们吞下侮辱、嘲讽或自私的恶果而不报复。这样做，他们就避免了争吵，有助于消除而不是加剧伴侣的糟糕情绪——这通常有益于亲密关系。此类行为可能需要相当程度的自我约束，绝不是因为软弱；相反，顺应行为是要有意识地做出努力以使亲密关系免受伤害（米勒，2015：215）。

做出承诺的人还表现出更强的牺牲意愿，为了关系的融洽而牺牲自我利益。为了使伴侣获益和促进亲密关系，他们会做那些如果只是为了自己就不会做的事情，还会控制自己不去做那些自己喜欢的事情。

婚姻承诺会改变人们对伴侣关系的认知。做出承诺的人会表现出感知到的优越感——他们认为自己的亲密关系比别人的更好。

维持人们亲密关系的还有其他机制，但以上三种足以说明承诺会激励人们保护亲密关系。人们在与他人的交往中，都会寻求以最小的代价获得最大的奖赏，但对伴侣的依赖使得他们在行动时还得考虑伴侣的幸福。因而，做出承诺的伴侣常常做出牺牲、顺应伴侣或做一些并没有即时利益的事情，从而促进他们的亲密关系升级（米勒，2015：214～215）。

对婚姻有承诺的人一般对婚姻有责任心，婚姻责任心有助于婚姻稳定。一个人对婚姻的责任心体现在他或她是否愿意留在婚姻关系中并为维持婚姻关系做出种种努力。在心理层面，责任是保持信念、行为或关系的愿望或动机。迈克尔·约翰逊（Johnson，1999：73-87）提出了一个替换概念来更好地理解婚姻中的责任心。他把婚姻责任心分成三个类型——个人型、结构型和道德型。

个人型责任心是一种因为这段关系有益而留在这段关系中的愿望，因为他或她想要维持这段关系。结构型责任心是一种因为个体没有其他更好的选择或者结束关系要付出太大的代价而想要留在一段关系中的愿望——因为他或她不必须维持这段关系。"解散障碍"就是用来描述有关结构型责任心的情况的一个名词（缺少其他选择并且离开要付出高昂的代价）。当个体为了孩子或是因为无法独立生活而处于不快乐的婚姻中时，就表示有较高的解散障碍（高结构型责任心）；当婚姻法律非常严厉时，解散障碍同样很高。最后，道德型责任心所涉及的留在一段关系中的愿望并不是因为任何益处或不能离开，而是因为应该这样做——也就是说，因为他或她应该留下。道德型责任心可能源于自我认同感（"我做出了承诺，如果我结束关系将无法面对我自己")和强烈的信念系统。

责任心在各种关系中至关重要,因为它不仅影响关系解体的可能性,而且影响个体对关系益处的评价。责任心很强的个体倾向于忽视其他的选择并愿意承担所有的代价而不离开。然而,责任心较弱的个体倾向于与其他可能的关系做积极的比较,并且更可能因为其他看似有益的关系而放弃现有的关系。因此,责任心弱也就意味着较弱的婚姻稳定性(埃什尔曼、布拉克罗夫特,2012:332)。

当个体将已有关系与其他可能关系进行比较时,他们实际上使用了蒂博和凯利提到过的"其他选择的比较水平"。这种比较水平涉及替换行为或关系中可能获得的最大期望收益。它随所估计的可能收益(和获得这些收益的可能性)的增加而提高,随结束现有关系可能付出代价的增加而下降。如果个体认为现有关系的益处要超过其他可能选择的比较水平,那么理智的选择就是维持现有关系。然而,如果个体现有关系的收益水平低于其他可能的比较水平,那么理智的选择便是为了其他选择而离开(埃什尔曼、布拉克罗夫特,2012:332)。

理查德·尤迪(Udry,1981:889-897)认为婚姻的可替代性比婚姻满意度能够更准确地预测离婚的概率。他使用来自美国16个城区夫妻的纵向研究资料来估量被测者对于婚姻中其他选择的观点。也就是说,如果离开了现在的伴侣,他们将变得多好或多糟,以及伴侣被其他可能性所取代的难易程度。在这些资源被测量之后的一到两年,在婚姻可替代性上得分较高的夫妻的离婚率是那些得分较低的夫妻的数倍。索思和罗伊德(South and Lloyd,1995:21-35)的研究发现,许多人即使结婚仍然对替代性关系持开放态度,当地婚姻市场上替代性配偶资源的供给显著地增加了婚姻解体的风险。

这些研究也许对为什么很多不幸婚姻依旧保持完整给出了明确的回答——这些夫妻没有其他更好的选择或者选择很少,或者如社会交换论所说,存在的其他选择产生的代价可能要超过收益。有数据表明,在完整婚姻中大约有7%的婚姻并不幸福。年龄、缺乏婚姻经验、把婚姻看作制度的责任心、低水平社会活动、对人生缺少自我掌控、依赖心理以及相信离婚会损坏幸福的观念,这些是不幸婚姻保持稳定的因素(Heaton and Albrecht.,1991:747-758)。

婚姻责任心和婚姻稳定性是婚姻关系截然不同的两个方面。一个人的婚姻可以是低质量但同时是高责任心和高稳定性的，也可以是高质量但同时是低责任心和低稳定性的。原因在于责任心分为三种不同类型：个人的、结构的和道德的。第一种更可能与关系质量和个体满意度相关，而后面两种都建立在社会压力和个体道德感的基础上。因此，与婚姻顺应度或满意度相比，很多作者也提出婚姻的可替代性更能解释离婚的概率。可替代性比较水平这一概念的提出更能帮助人们理解个体拥有各种不同的替代性资源并会将自己在婚姻关系中的所得与这些替代性资源相比较。当替代性选择被认为弊大于利的时候（低比较性水平），许多不幸的婚姻仍会维持下去（埃什尔曼、布拉克罗夫特，2012：342）。

（五）社会整合理论视角下的婚姻稳定性研究

社会整合理论最早由迪尔凯姆[①]提出，他在《自杀论》中探讨了社会整合与自杀之间的关系。在迪尔凯姆看来，一个社会自杀率的变化与该社会的整合程度密切相关。

婚姻和家庭生活是建立在对特定个人的承诺之上的，需要不断地履行某些义务，制定内在的规范，并将自己的利益置于从属的地位。虽然这些关系本身就是一种"激烈的集体生活"，同时它们也在不同程度上嵌入了一个更广泛的集体关系框架中，这一框架构成了分离和分裂的障碍。在迪尔凯姆看来，正如社会整合可能会阻碍自我毁灭一样，它也能增加自我在婚姻联盟和家庭关系网络中的投资。

有研究利用全国已婚人士调查的面板数据，探讨社会整合在稳定婚姻中的作用。研究分析表明，社会整合似乎不会像其他人所说的那样对离婚产生强烈的统一负面影响。在所考虑的三种整合形式中（交际型、功能型和规范型），我们发现只有两种与离婚有实质性联系（Booth et al., 1991）。交际型整合关系到当前流行的人际沟通网络，网络越广泛，个体越不孤立。功能型整合是指组织各单位之间存在相互依存以及相互依存的程度，这使得个人很难离开系统。规范型整合是指个体在多大程度上符合现行社会标准。社会整合理论认为，社会关系的数量越多，社会关系网络内成员之间的互动频率越高，离婚的可能性就越小（Booth et al., 1991）。

30多年来的研究已经确定了一系列与离婚和婚姻不稳定的各种表现有

---

① Durkheim，本书正文统一译作"迪尔凯姆"，文献则根据实际情况或称"涂尔干"。

关的社会整合的测量措施。Glenn 和 Supancic（1984）进行了全面的分析，他们分析了七项一般社会调查的数据。根据分析结果，他们得出结论：不经常或从不参加宗教仪式的人、不信教的人、居住在离婚地带的居民以及大城市中心的居民，不太可能与配偶一起高度整合到具有团结、价值共识和有效的社会控制特征的社会群体中。被高度整合到该社会群体的人往往会被阻止采取可能破坏婚姻的行动；如果他们对自己的婚姻感到不满，他们更有可能寻求离婚和分居以外的解决办法（Glenn and Supancic，1984：572）。

（六）经济学视角下的婚姻稳定性研究

贝克尔（2007：392）通过对美国的离婚现象进行研究认为，婚后信息的完全性会导致离婚现象的增加。这是由于当事人在结婚前所了解到的关于配偶的信息相对有限，而婚后随着夫妻相处时间的日渐增加，当事人对配偶的了解越来越深入也越来越全面。一些伴侣在结婚后不久就发生了家庭解体，更多的是由于婚前当事人对配偶信息的了解不完全以及结婚后对配偶的相关信息的充分知晓。

贝克尔（2007：393）还论述了婚姻资本与婚姻稳定性之间的关系。他认为，婚姻中累积的资本越多，婚姻的价值就越大，当事人离婚的可能性就会越低。随着婚姻存续时间的延长，离婚的可能性会变小。理由是，"如果一个婚姻保持其完整性（婚姻特有资本），随着时间的推移，婚姻资本积累起来了，婚姻的价值也就增加了。孩子是首要的例子，尤其是年幼的孩子。……婚后，当一对夫妇有了自己的孩子，特别是当孩子年龄尚小的时候，离婚的可能性就会大大减少。不仅美国和其他一些富有国家的情况是这样，而且原始社会也是这样"（贝克尔，2007：393）。反过来讲，有离婚预期的当事人会减少婚姻特有资本的积累，比如不生孩子或不购买房子，婚姻的价值也就会因此降低。

贝克尔（2007：409）的研究发现，与 19 世纪相比，在 20 世纪，人们由于从婚姻关系的维持中得到的收益下降，会倾向于与那些并不是十分不般配，或者并不是十分难相处的人离婚。而且，与离婚相关的耻辱感也随时间的推移和离婚人数的增加而不断减弱。与过去相比，离婚已经被看作比较正常的事情了。在贝克尔看来，再婚的婚姻要比第一次婚姻更易于解体，特别是对那些此前已经数次离婚的再婚者而言更是如此（贝克尔，2007：410）。

贝克尔认为，如果维持婚姻的收益高于离婚所能得到的收益，当事人会选择留在婚姻中；反之，当事人则会选择离婚。在贝克尔看来，与收入较低的男性相比，收入较高的男性因为能够吸引众多女性或者质量较高的女性，他们从婚姻中得到的好处会更多。由于从婚姻中能够得到的收益高于离婚的收益，有较高收入的男性离婚的意向会较低（贝克尔，2007：402）。

此外，丈夫到外地工作而妻子留在原地，虽然能够最大化家庭财富，但分居生活会增加婚姻破裂的可能性，因为分居的现实削弱了维持婚姻的好处（贝克尔，2007：402）。贝克尔援引明塞尔的话说，移居海外的现象确实加剧了婚姻破裂的倾向（贝克尔，2007：402）。

二 国内关于婚姻稳定性的相关研究

通过对已有文献的梳理，本研究发现国内关于婚姻稳定性的文献主要有如下几种研究视角。

（一）心理学视角下的婚姻稳定性研究

徐安琪（1988：3~4）的研究认为，当事人离婚的动机、意向产生、发展和变化非常复杂。一般而言，离婚是夫妻冲突的延续和升级，而夫妻双方的冲突是由择偶失慎因素演绎而来的。婚姻冲突经过调适，双方的感情裂缝可能弥补或遮掩，婚姻关系可以凑合或和解；如果调适失败，离婚动机常被诱发，离婚诉讼不可避免。

金一虹（1994：45~49）认为，影响婚姻稳定的心理因素包括夫妻双方对婚姻的承诺程度、相互心理吸引的强度、心理沟通与心理调适的程度以及婚姻给双方带来的心理满足的程度。这些心理因素之间的关系非常紧密：婚姻承诺程度高的婚姻当事人会努力进行沟通、调适，在沟通和调适过程中心理得到满足；婚姻的收益会促使当事人对他们的婚姻关系进行积极的评价；程度更高的婚姻承诺促使他们对婚姻进行更进一步的感情投资，相应的他们也将得到更丰厚的感情回报。

（二）伦理学视角下的婚姻稳定性研究

伦理道德因素也是影响婚姻家庭的一个因素。金一虹（1997：34~39）从伦理道德的角度分析了当前中国一些家庭不稳定的原因。首先，社会转型背景下，家庭生活方式发生了巨大变化。现代社会以夫妻关系为家庭主轴、重视感情基础的倾向，势必导致人们普遍追求精神契合、努力提高婚姻质量的行为。但情感不稳定的特点使得婚姻关系变得异常脆弱。其次，市场化对原有的维系婚姻家庭的价值标准带来了冲击。市场化改革推崇的利益最大化的价值理念也渗透到婚姻家庭领域，导致爱情与婚姻的功利化。市场化改革还导致了人们个性的张扬，婚姻当事人过于强调自己需求的满足，却忽视了伴侣需求的满足，这种极端个人主义容易导致婚姻的不稳定。最后，道德文化出现了从泛道德化到非道德化的转变。非道德化倾向表现为拒绝对别人进行道德评判，还表现于越来越善于给自己进行道德解脱。非道德化还体现在用法律、心理调节而非用道德调节来看待离婚问题。

个体本位的家庭伦理过分强调婚姻的个体性，以个人为中心，追求个人的权利和价值，忽视个人对家庭和婚姻的责任感，家庭由于缺乏亲情而变得冷冰冰，这样的家庭容易破裂；集体本位的家庭伦理突出家庭这个集体的利益，以家庭为中心，强调婚姻的社会性，重视家庭成员对婚姻与家庭责任的担当，有利于婚姻的稳定（李桂梅，2004：58~62）。

（三）法学视角下的婚姻稳定性研究

法学界对婚姻稳定性的研究主要关注的是婚姻法律制度的变化所产生的影响。众多学者认为，现代社会离婚率的上升与离婚的法律障碍的减少或弱化有关。例如，唐盛明（2014：182）认为，离婚的法律障碍的减少是离婚的社会原因。婚姻法越宽松，离婚率也越高（古德，1986：226）。潘允康（2012：159~161）认为，法律制度放宽了对离婚的限制。现代世界发达国家在法律上保障了人们的婚姻自由，婚姻自由包括离婚自由和结婚自由。法律上离婚的自由化客观上导致了离婚率的上升。有研究（张敏杰、基尔帕特里克，1998：36~40）对美国20世纪80年代以来的离婚研究进行了梳理，发现法律因素是离婚的宏观原因，有过错婚姻法向无过错婚姻法的转变，为感情不和以及想离婚的人提供了便利。我国婚姻法规定，在夫妻感情确已破裂，且调解无效的情况下，应该准予当事人离婚。婚姻法给予了离婚当事人离婚的自由。

经历过两次重大修改的中国婚姻法，提高了离婚的自由程度，降低了离婚的难度，使离婚变得更容易，使离婚的理由具体化，离婚时也不再主动过问当事人的过错（蒋月，2009：63~84）。

（四）文化视角下的婚姻稳定性研究

传统农村社会的婚姻依靠什么来维系？费孝通从文化的角度归纳了如下一些机制。

第一是社会力量的介入。社会之所以把婚姻这种看似个人的私事变成公众的事件，之所以让更多的人介入婚姻，是因为在传统社会，婚姻的目的是传宗接代，为了保证出生的孩子能够得到双系抚育，必须保持婚姻关系的长久。因此，婚姻中社会力量的干预有助于婚姻的稳定。费老在《乡土中国　生育制度》中如此说道，"结婚不是件私事。婚姻的意义是在确立双系抚育。抚育既须双系，而双系抚育却没有自然的保障，因之人们得自己想法，用社会的力量保证出生的孩子不但有母而且有父，于是有婚姻。我说婚姻是用社会力量造成的，因为依我所知世界上从来没有一个地方把婚姻视作当事人个人的私事，别的人不加过问的。婚姻对象的选择非但受着社会的干涉，而且从缔结婚约起一直到婚后夫妇关系的维持，多多少少，在当事人之外，总有别人来干预。这就把男女个人间的婚姻关系弄成了一桩有关公众的事件了"（费孝通，1998：129）。

费孝通（1998：129）认为，要使夫妻长久地在抚育儿女的事业上合作单靠生物性的性冲动和夫妻之间的情感是不够的。换言之，只有借助社会力量才有可能促使夫妻在抚育子女这项事业上长久合作。

依据费孝通的观点我们可以进行如下理解，社会的力量把男人和女人结合在一起，这种社会的力量渗透到婚前和婚后的各个环节。在婚前的择偶阶段，父母及其他亲属会介入；在婚后夫妻关系的处理上，代表社会力量的亲属、朋友也会进行干预。无论是婚前还是婚后，社会力量的介入都是为了保证婚姻中所生的孩子能够得到双系的抚育。换句话说，婚姻外的社会力量的存在是有功能的，即帮助维系婚姻的稳定，进而确保婚姻中出生的孩子能够得到父母的抚育。社会力量的存在可以帮助夫妻更好地处理彼此的关系，尤其是夫妻产生矛盾的时候更是如此。如果夫妻关系融洽，社会力量的作用可能不那么明显；当婚姻出现问题时，社会力量的适当介入对于婚姻以及孩子是有帮助的。当然，以上所述，主要是从婚姻的抚育功能的角度来探讨如何维持婚姻关系。婚姻的稳定不仅需要婚姻双方自身的努力也需要婚姻之外的社会力量的介入。

第二是子女的存在。与没有子女的婚姻相比，有子女的婚姻更稳定。

亲子之情有助于婚姻稳定。抚育必须是父亲和母亲通过性别分工的方式来共同完成的，因此夫妻双方必须长期共处。婚姻是一种法律契约，也是一种文化契约。有时候法律本身无法保证婚姻的持久，这时就需要借助文化的力量。这里的文化是存在于婚姻中的，婚姻的一个目的就是生育和抚育。孩子的存在将夫妇联结起来，即使夫妻彼此没有多少感情，但对于孩子他们有感情。这种亲子之情在很多时候会胜过夫妇之间的爱情。亲子之间的血缘纽带把缺乏血缘关系的夫妻稳定在家庭中。婚姻的不稳定如离婚、遗弃会影响对孩子的抚育，正因为担心离婚会对孩子的健康成长产生不利影响，许多婚姻不幸福的夫妇选择勉强在一起。这类婚姻本身只剩下外壳，只有形式，并无婚姻之实了，但是在外人看来，他们的婚姻稳定依旧。

亲子关系之所以有助于稳定夫妻关系，在于孩子可以帮助夫妇进行婚姻调适。"两性的享受不带有对于将来的瞻望。各人为了自己的满足不易有个共同的憧憬。这种生活不是三度的，因之各自被习惯所支配，使他们不易和洽。要打破这历史的不同习惯的障碍，必须创造出一个共同的向未来的投影。孩子不但给夫妇创造了一个共同的将来的展望，而且把这空洞的将来，具体地表示出来。结婚若是只是指两性的享受，这种关系是不易维持的。可是结婚却开启了另一种感情生活的序幕，孩子出生为夫妇两人创造了一件共同的工作，一个共同的希望，一片共同的前途；孩子不但是夫妇生物上的结合，同时也是夫妇性格上结合的媒介，从孩子在夫妇关系上的创造性，使我们对于'三角形的完成是孩子的出生'这一句话有了更深一层的了解。稳定夫妇关系的是亲子关系。"（费孝通，1998：163）

第三是聘礼。聘礼的存在把婚姻由个人的私事变成了公众的事件，聘礼有助于婚姻稳定。"在这些必须履行的义务中，最受人注意的是经济性质的相互服务或相互送礼，而且这些义务时常推及当事者以外的人。这种事实常被解释作婚姻的买卖性质。男家给女家的聘礼，也有人类学者直呼之为'新娘的价钱'。"（费孝通，1998：131）作为"新娘的价钱"的聘礼或彩礼，是维持婚姻关系的一笔押金。

第四是宗教，即婚礼的神圣性。为了在功能上保障子女得到双系抚育，人类在文化上想了许多方法。其中就有婚姻仪式中充分表现的宗教色彩。"在西洋，婚姻仪式须在教堂里由牧师来主持，把婚姻视作一种向上帝负责的契约。在我们自己，一方有月下老人的暗中牵线，一方有祖宗的监视，一方还有天地鬼神来作证，这样把确立个人关系的婚姻弄成了一件热热闹闹的社会举动，更把这和生物基础十分接近的俗事，转变成了好像和天国相通的神迹。"（费孝通，1998：132）

第五是夫妻关系在感情和事务合作上的片面化。因为夫妻在结婚后尤其是有小孩后需要经营全面合作的生活，这需要夫妇之间关系的融洽。而由于夫妻之间相互依赖的地方有很多，各自需要满足的地方也有很多，为了应对婚姻中的基本矛盾，促进夫妻关系的调适，夫妻要降低全面合作的程度。夫妻不可能在事务上和感情上同时得到满足，因而需要把夫妻关系稍稍片面化。这表现在，在生产力水平较低的农村社会，因为夫妻在生产上需要花费较多的时间和劳力，所以难以满足夫妻对情感的需求，从而夫妻的情感满足度降低。费孝通指出，夫妻一方面共同享受一起生活所带来的乐趣，另一方面要共同经营一项极其重要的社会事业。这两者在很多时候不能兼顾，无法两全其美，因此不得不牺牲其中一项。在中国传统社会中人们往往是牺牲前者（费孝通，1998：146~147）。

费孝通（1998：153）指出，文化的功能就在于减少人间的痛苦，实现比较理想的生活。理想的夫妻关系是一方面能够完成抚育子女的任务，另一方面能享受丰富的感情生活。在中国传统社会中，因为经济水平较低，抚育事务非常繁重，夫妻相敬如宾，片面强调夫妻在事业上的合作，而感情的需求遭到忽视和压制。夫妻感情生活未能得到充分的发展是中国传统社会的一个缺陷。

费孝通（1998：154）还指出，门当户对的婚姻能够保证相配的人文化程度相近，这有助于婚姻的调适。

综上，费孝通主要从文化的角度探讨了传统农村社会是如何能动地维系婚姻稳定的。传统的农村婚姻的目的和意义在于传宗接代，为了让出生的孩子能够长久地得到双亲的抚育，由此社会进行了一系列安排来维系婚姻的稳定。

有学者对贵州省一个山区乡镇的离婚问题进行了深入的调查研究。该研究认为，山河乡在改革开放后离婚现象的不断增多表明农民的婚姻价值观发生了变革。这种变革表现在：婚姻的目的由原来的传宗接代逐步变为个体追求生活幸福的一种手段。婚姻价值观的这种转变表明农村婚姻出现了伦理性危机（陈讯，2014：253）。陈讯认为，随着国家体制转型和社会变迁速度的加快，山河乡的农民婚姻逐步由传统婚姻转向自主浪漫型婚姻。受市场经济和现代性因素冲击的影响，农民婚姻的维系纽带发生了根本性变化。传统婚姻主要依靠家庭因素、国家与社会因素来维系，情感因素在婚姻维系中的作用得不到体现，物质因素的作用也不大；在自主浪漫型婚姻中，物质因素成为维系婚姻稳定的核心要素，家庭因素在维系婚姻稳定中的作用在弱化，国家与社会因素也在不断弱化。该研究对传统婚姻和自主浪漫型婚姻维系纽带的重要性进行了排序，在传统婚姻维系中家庭因素最重要，国家与社会因素次之，情感因素再次之，物质因素排最后；而在自主浪漫型婚姻维系中，物质因素最重要，情感因素次之，家庭因素再次之，国家与社会因素排最后（陈讯，2014：198~199）。

综上，该研究把山河乡的离婚现象放在社会变迁、人口流动的背景下进行分析，并且能看到离婚现象背后的结构因素，能增进我们对农村离婚问题的认识。

然而，该研究存在如下不足。首先，作者武断地认为山河乡的农民婚姻已经从传统婚姻转变为自主浪漫型婚姻，并认为传统婚姻是比较稳定的，而自主浪漫型婚姻是不稳定的。随着社会变迁，是否山河乡的农民婚姻真如作者所说已从传统婚姻转变为自主浪漫型婚姻？是否传统婚姻就比较稳定，而自主浪漫型婚姻就相对不稳定？这些问题需要更进一步的调查研究。其实，农村婚姻的缔结形态是多样化的，既有传统婚姻，也有当事人自主决定的婚姻，还有父母与结婚当事人协商的婚姻等。

其次，在研究方法方面，该研究仅对离婚现象进行了研究，缺少与婚姻稳定的夫妻进行比较，这使得研究的解释力受到影响。该研究以一个乡镇作为分析单位，然而即使同处一个乡镇，不同村庄之间在社会结构、社会规范方面也会存在诸多差异，这些差异会使得不同村庄的离婚原因有所区别。

最后，在分析离婚的原因时，作者强调婚姻价值的重要性。婚姻价值是不是影响婚姻稳定的最主要变量有待确认，此外，是否还有其他变量也需要考虑。该研究缺少明确的理论框架，没有明确的理论视角，缺少对话点。

文化规范论认为，个体本位的婚姻当事人通常更容易为了追求个人的幸福而抛弃原来的婚姻，快乐主义或幸福主义是与终身婚姻观相对立的观念。持婚姻终身观的当事人遇到婚姻问题时更愿意投入时间和精力去解决，相反，那些对离婚持宽容态度的人则更可能选择离婚，去追求更好的伴侣（徐安琪，2012：109~125）。

社会整合理论和经济社会结构论认为，社会整合度高会降低离婚率，社会整合度低会导致离婚率的上升。社会整合度高意味着价值观念的一致或趋同、人际互动良好以及社会联结纽带牢固（高梦滔，2011：55~69）。

有的研究利用2013~2015年跨省流动人口数据，探讨区域离婚文化对流动人口婚姻稳定性的影响。该研究认为，高离婚率地区形成了一种强势的离婚文化，曾经在高离婚率地区生活的跨省流动人口会保持较大的离婚可能性。高离婚率文化通过继承效应（针对年龄较大者）和浸染效应（针对年龄较小者）对个人离婚行为产生影响（石智雷，2012）。作者同时指出自己研究的不足在于：对离婚文化的测量是通过离婚率这种间接的方式来进行的，并没有对离婚文化进行直接测量；无法知道离婚文化的继承效应和浸染效应具体是如何发挥作用的。

（五）婚姻质量理论视角下的婚姻稳定性研究

婚姻质量被视为婚姻稳定性的最主要的预测指标。高质量的婚姻能够保障婚姻关系的持续与稳定。婚姻质量与婚姻稳定性之间的关系会被限制离婚的文化环境弱化。社会阶层影响婚姻质量，阶层地位较高者的婚姻质量相对较高，但由于他们的婚姻期望值也较高，而且他们的婚姻观念更为开放，再婚机会较多，因此他们在遇到婚姻危机时更倾向于离婚（徐安琪、叶文振，2002：103~112）。

三 国外关于流动与婚姻稳定性的研究

国外的相关研究表明，流动会导致婚姻的不稳定。基于墨西哥移民的研究发现，向美国移民显著增加了具有广泛迁移经历的个体的婚姻解体的发生率，也增加了具有中等程度国际迁移经历的社区中居民的婚姻解体的发生率。该研究得出如下结论：对于个人和社区而言，规范性价值观和社会控制水平的变化，都部分地解释了迁移与婚姻家庭解体之间的关系（Frank and Wildsmith，2005）。

该研究还指出，墨西哥移民的一个稳定特征是男人循环流动，而其配偶和子女留在原籍地。这种安排使得移民可以获得稀缺的资本，与此同时允许他们回避生活方式的巨大变化以及限制家庭迁移的法律的障碍。这种安排造成高程度的家庭离散化，丈夫和妻子在婚姻生活的很大一部分时间中处于跨国分居状态。对于一些家庭来说，分居是一次性的事件：丈夫去美国旅行后返回，并定居在墨西哥；对于一小部分少数族裔而言，当妻子和孩子与丈夫在美国团聚时，家庭将永远团聚。但对于其余的人来说，分居家庭成为他们家庭生活的一个稳定特征，其特点是出境、汇款和回访的重复模式。在许多具有向美国移民传统的墨西哥社区，这种家庭生活模式已经成为常态（Gupta，2002）。

这种离散的家庭安排经常被墨西哥移民及其家庭接受为一种必需的生活方式。对于许多人来说，与这种情况相关的负面成本的体现是遗弃。在墨西哥移民的叙述中关于移民丈夫遗弃家庭的案例俯拾皆是，并在几乎所有对于墨西哥移民的案例研究中都有记录。

在墨西哥的案例中，迁移通常会导致长期的与配偶分离，而与配偶的长期分离可能加剧家庭不稳定。迁移可能导致婚姻家庭的解体是因为迁移减弱了社会整合并破坏了社会关系。此外，由于身体不在场，移民通常不会受到亲属和社区的警觉性的监督。移民的身体不在场和频繁的流动可能会降低他对社会控制的敏感性，从而增加越轨行为的可能并威胁到婚姻家庭的稳定。相反，在墨西哥，仍然处于或嵌入家庭和社区生活中的非移民或移民仍然受到更高程度的社会控制。高程度的人口流动被假设会助长更高程度的个人主义，削弱对个人行为的社会控制，导致流动者对社区生活的规范性共识较弱。一些研究利用综合数据来证明人口流动与离婚率的增加有关（Breault and Kposowa，1987）。在墨西哥向美国移民的案例中，迁移可能影响婚姻家庭解体的另一途径是通过改变管理婚姻家庭行为的规范性价值观来实现的。迁移通过将移民暴露在离婚更为普遍地被社会接受（相比于人口流出地）的社会氛围中，从而影响婚姻家庭关系。由于与美国文化接触，移民可能更倾向于将离婚视为一种可行的选择，甚至他们在回到墨西哥后也这么认为。迁移也可能导致关于婚姻形成和婚姻期望和/或理想的规范的变化，有关婚姻解散和/或婚姻期望的规范变化可能会通过回迁向墨西哥社区转移。

该研究的主要观点是流动者的流动经历会增加其婚姻解体的风险，具体的机制是流动者由于身体不在家乡，与家庭和社区的经济联系和社会联系减少，会减弱社会整合度。同时由于远离家乡和社区，亲人和社区对他的监督减少、行为规范准则的约束力减弱，越轨行为更容易发生。此外，流动者还容易受到流入地的婚姻价值观念的影响，在流入地比如美国的一些城市，离婚的行为更容易被接受。这种婚姻观会影响流动者，一旦流动者回到家乡，这种文化还会对其产生影响。

美国和墨西哥的移民流动并不是第一个与配偶遗弃现象有关的案例。在欧洲早期大规模迁徙的浪潮中，抛弃问题如此明显，以致犹太移民社区于1911年成立了国家遗产理事会（Fridkis, 1981; Friedman, 1982）。

尽管移民对拉丁美洲国家的婚姻稳定非常重要，但是在以往拉美裔群体的研究中，移民与婚姻稳定之间的关系受到的关注很少。有研究考察了波多黎各人迁移与婚姻解体之间的关系。基于在波多黎各和美国其他地区进行的类似调查的汇总的生命历史数据，该研究发现在美国大陆居住过的波多黎各妇女的婚姻解体率比没有美国居住经历的波多黎各妇女的婚姻解体率明显更高，这甚至消除了各种可能的解释性因素：第一代和第二代美国居民以及回国移民相对较高的婚姻不稳定率与他们最近和一生中的移民经验密切相关。结果表明，移民薄弱的社会关系为其婚姻提供的社会支持有限，并且几乎没有婚姻解体的障碍（Landale and Ogena, 1995: 671）。该研究指出，因为国内移民和离婚的研究几乎完全基于总体数据，所以以前的研究没有回答个人移民是否面临离婚风险上升的问题。这项研究从几个方面推进了迁移对家庭稳定性影响的研究。首先，与以前的研究相反，该研究用个体层面的数据考察了移民对婚姻稳定性的影响，提供了新的证据表明移民行为确实增加了个人婚姻解体的概率。其次，这一调查范围已经扩大到居美拉美人的行为，这表明移民对拉美裔的家庭稳定的影响需要进一步调查。

影响波多黎各妇女婚姻稳定的重要因素有联盟类型（Union Type）和移民经验，这两者都可能限制对婚姻的社会支持和减少婚姻解体的障碍。此外，缺乏社会整合和社会支持也是最近移民的特征。因此，除了对婚姻联盟稳定的独立影响，非正式婚姻状况和最近的迁移一起导致了非常高的婚姻破裂率（Landale and Ogena, 1995: 688）。

其他的研究也表明，波多黎各人在岛屿和美国大陆之间的经常流动会导致婚姻不稳定（Bean and Tienda, 1987; Muschkin and Myers, 1985）。

社会人口学的研究发现，国际迁移可能导致离婚人数增加（Andersson and Scott, 2010; Frank and Wildsmith, 2005; Hill, 2004; Landale and Ogena, 1995）。关于这一结论有两种解释，第一，流动行为是一个紧张且充满压力的生活事件，导致更大的离婚可能性（Boyle et al., 2008），当跨越国界时，与流动有关的压力可能会增加。第二，移民政策变得越来越严格，使家庭难以整体迁移。因此，更多的家庭在地理上分开，面临跨国安排家庭生活的挑战。虽然跨国生活可能对某些人来说是无问题的，但对于其他人来说，这可能会增加婚姻压力最终导致离婚（Caarls and Mazzucato，2015）。

有研究探讨了国际迁移对加纳夫妇离婚率的影响。该研究主要通过夫妻共同迁移、丈夫或妻子单方迁移与从未经历过迁移的夫妻进行比较。研究发现，妻子一方迁移到欧洲或北美，以及夫妻共同迁移会导致离婚率显著提高（Caarls and Mazzucato，2015）。

Caarls 和 Mazzucato（2015）指出，许多研究评估移民遵循的家庭形成或解散模式在多大程度上与目的地国家的当地人相似。然而，这些研究关于迁移行为是否导致离婚率提高的结论是不确定的，因为这需要与原籍国非移民的离婚率进行比较。但 Caarls 和 Mazzucato（2015）的研究比较了有国际移民经历和无国际移民经历的加纳人的离婚率。

非洲向欧洲的移民包括独立的男性和女性迁移。此外，越来越严格的移民法使得夫妻难以一起迁移，所以跨国夫妻（一方迁移另一方留在原籍国）的情况越来越普遍。因此，这里提出的分析也比较了丈夫或妻子迁移的跨国夫妻。通过解释这种夫妻模式，这项研究特别注意男女移民经历产生的不同影响，因为以往的研究发现，迁移影响存在性别差异，例如性别角色的变化对男性和女性的迁移影响不同。

Caarls 和 Mazzucato（2015）的研究通过多种方式为移民和离婚文献的研究做了出贡献。大多数现有研究将移民人口与移民接收国的本地人口进行了比较，而该研究将移民与来自同一迁出国的非移民进行比较（将流动者和人口流出地的非流动者进行比较），从跨国角度考察移民。此外，以前的研究仅研究男性迁移或女性迁移，而该研究从夫妻的角度考察了移民的经历，为评估夫妻以不同方式体验移民提供了范围。该研究还通过考虑与移民地区有关的某些移民特征、夫妻因迁移而分居的时间，以及夫妻生活在不同国家时是否离婚讨论移民的影响。该研究对两个地区的比较是原创的，因为大多数研究集中在移民接收国背景下（通常是美国）。

该研究的结果揭示了移民对离婚影响存在的性别差异。当妻子迁移而丈夫没迁移时，或者当夫妻双方同时迁移时，迁移增加了离婚风险。基于这些发现，可以提出几个假设。在许多非洲背景中，关于婚姻和性别角色的规范的特点是高度灵活，这是可能的，对于丈夫在国际迁徙的夫妻，这种情况与传统的配偶多地居住的经历是一样的，因此对离婚风险没有影响。

迁移到西方国家的妇女比那些迁移到其他非洲国家的妇女更容易离婚，但男子不是这样的。这可能反映了移民接收国的背景在改变性别规范方面的重要性或当事人想逃避一桩（限制性的）婚姻。迁移到西方国家也可能由于性别角色的变化而造成配偶之间的紧张关系，例如当妻子成为主要的养家者时。或者，这些发现可能通过非洲内部的迁移与向欧洲或北美移民之间存在的其他差异来解释。当一个家庭成员在非洲内部迁移时，移民输出国的人们对获得收益的期望较低，这可能反过来导致配偶之间的紧张关系较少。同样，由于更便宜的旅行或更宽松的护照执行，非洲内部更容易的流动可能为面对面接触提供更多的机会，从而减小婚姻压力。总的来说，目前的研究结果表明了将目的地背景纳入考虑的重要性。

妻子跟随丈夫迁移的夫妻离婚的概率下降，这与以前在欧洲所做的研究的结论相矛盾——以前的研究发现妻子跟随丈夫迁移的婚姻更加不稳定，这可能是由于妻子在迁移后失去劳动力市场地位造成的婚姻压力（Boyle et al.，2008）。不同的发现可能表明"拖尾"（Trailing）加纳妻子的劳动力状况并不一定会在欧洲环境中恶化，或者妻子是"拖尾配偶"（Trailing Spouse）的婚姻可能会更加稳定，因为她依赖丈夫而处于弱势地位（Kraler，2010）。该研究指出，未来的研究需要关注夫妻双方在移民之前、期间和之后的劳动力市场状况对离婚可能性的影响以及妻子的潜在弱势地位（Caarls and Mazzucato，2015）。

以前的研究（Frank and Wildsmith，2005；Hill，2004）已经指出离婚风险的增加与更长的分离期有关。对加纳夫妇而言，同样的结婚时间，更长时间的分开却减少了离婚风险。然而重要的是，在妻子迁徙的情况下，妻子迁徙的地区是一个更为重要的预测因素。当目的地受到控制时，婚姻持续时间的影响不再显著；当妻子迁移到西方国家时，夫妻分开的时间较长，则离婚的可能性较高。

这项研究强调了性别视角在分析国际移民对离婚的影响方面的重要性。有两种研究途径可以帮助进行这种分析。第一，调查可以收集更多信息，以评估性别关系的变化是不是解释妻子迁移的夫妻离婚风险增加的部分原因。这些信息包括离婚的原因和谁发起离婚。第二，离婚与移民之间的关系可能与本研究考虑的方向相反：离婚导致人们迁移。

尽管有这些缺陷，这项研究仍是少数几个比较移民与非移民人口离婚概率的研究之一。通过这种比较，我们能够更好地确定移民与离婚概率之间的关系。夫妻的视角进一步完善了本书的分析，揭示了婚姻的稳定还取决于哪一方配偶迁移。最后，该研究强调了把本国和东道国的背景考虑进去的重要性（Caarls and Mazzucato, 2015）。

与上述研究关注国际迁移与婚姻家庭稳定性之间的关系不同，有的学者对国内迁移对婚姻家庭稳定性的影响进行了研究。Boyle 等（2008）的研究发现流动的次数在两次以上，尤其是长距离流动增加了婚姻解体的风险。频繁的长距离迁移（两次或更多）可能是充满压力的事件，长距离迁移涉及地方关系和社会网络的破坏。以前的研究显示，与其他同伴相比，与伴侣长距离流动的妇女较不可能就业、收入较少，并且工作时间较短。该研究指出，短距离流动两次或更多也会增加婚姻解体的风险。短距离流动（即使它改善了住房环境）也可能造成压力，妇女可能承受很多负担，因为她们更可能参与安排流动、获得新的家庭用品，并组织照料活动和其他以儿童为中心的活动（Magdol, 2002）。选择频繁流动可能表示夫妻对他们的境遇不满意，对其他人而言，可能会因为财务困难而被迫流动，财务困难也可能导致婚姻不稳定。Boyle 等（2008）认为，频繁、长距离的流动会增加婚姻解体的风险，原因主要有以下几点。首先，流动是充满压力的事件，而且这个压力主要由妇女来承担。研究发现，即使是短距离的居住地改变也会影响心理健康和心生沮丧，尤其是对于妇女而言。其次，流动是不平等的，流动的受益者主要是男性，而女性是流动的受害者。家庭迁移具有性别意涵，迁移通常使男性的职业生涯受益；妇女更不可能就业、收入较少、工作时间更长。最后，流动会使流动者脱离原有的社会关系网络，这些关系网络起着阻止分手和维系婚姻的作用。

对美国各州之间离婚率的差异进行的研究发现，高迁移率的州比低迁移率的州离婚率高（Fenelon, 1971）。该研究从社会整合的视角进行分析，通过测量一个社区或地区的人口变动情况来衡量一个地区或社区的社会整合情况。作者认为，一个地区或社区的人口变动越大，意味着这个社区或地区的社会整合度越低。社会整合度越低意味着社会规范和制裁被执行的程度越低，离婚的社会成本（Social Cost）越低，离婚的概率越高。人口变动较小的地区或社区的社会整合度较高，社会规范和社会制裁的被执行的程度较高，离婚的社会成本较高，离婚概率较低。

有研究表明，在美国西部和西南部，婚姻解体的倾向性高在很大程度上是由于那里较高的居住流动性，以及由此导致的诸如大家庭、少数民族社区和教会集会等社会群体的社会整合度较低，而这些社会群体通常会运用社会控制手段来保持婚姻的完整性（Glenn and Supancic，1984）。

Fenelon（1971）、Glenn 和 Supancic（1984）都指出，美国西部和西南部的居民流动性和人口增长率高于其他地区，这种流动性可能使得社会整合度相对较低，低社会整合度容易导致婚姻解体。两项研究都通过测量居民的流动来反映社会整合的程度。

Glenn 和 Shelton（1985）的研究认为，美国"离婚带"（中西南部、中南部、山区和太平洋人口普查区）的婚姻解体程度非常高，这可归因于那里的居民流动程度很高，而干预变量可能是与社会整合程度相关的变量综合征。有强有力的证据表明，美国的高居住流动率在某种程度上促成了婚姻的解体，高居住流动率会降低社会整合度，进而破坏婚姻的稳定性。犹太人的低离婚率源于犹太人被整合进一个相对紧密的族裔社区，这个社区提供倾向于保持婚姻完整的社会控制和社会支持。该研究认为，地域性流动可能破坏与朋友和扩大家庭的密切联系，从而破坏了把配偶维持在一起的社会支持和社会控制，进而导致离婚率的上升。

高程度的流动通常会破坏社会关系的稳定性，创造匿名性，并阻碍与更私密的行为方面相关的规范的执行。一般而言，社会关系的稳定性以及群体成员身份的稳定性有利于高度的社会整合，尽管这种稳定性对于高社会整合度来说既不是必要的，也不是足够的。

有研究对加拿大省际离婚率的差异进行了分析，该研究发现，人口流动率较高的省份的社会整合度较低，从而离婚的社会成本较低，离婚的社会成本较低反映在较高的离婚率上（Makabe，1980：171）。

加拿大省际离婚率差异已经存在一段时间了，但很少有人试图对区域和迁移与离婚的相关性进行系统的分析。有研究对1971年和1978年两个时期区域和迁移与离婚之间的关系进行了考察，发现迁移率高的地区离婚率高，而迁移率低的地区的离婚率相对较低。

有研究发现来自低离婚率国家的移民如果和同种族的人居住在一起，那么他们离婚的可能性较低，原因在于社区反对离婚的文化倾向于排斥离异者（Furtado et al.，2013）。

四 国内关于流动与婚姻稳定性的研究

尽管城乡流动已经给中国农民家庭带来了巨大的影响，但针对这一领域的系统性研究还很少。学界关于农民流动对婚姻家庭影响的研究多散落在其他主题（如留守妻子）的研究中，相关研究主要探讨了下述主题。

（一）夫妻一方流动对婚姻稳定性的影响

有研究认为，夫妻两地分居是主要的家庭分离策略，然而这种策略对农村婚姻影响的系统性观察仍然不多（范芝芬，2013：157）。梳理已有研究可以发现，关于夫妻一方流动对家庭婚姻稳定性的影响，学界形成了两种不同的观点。

（1）悲观派的观点认为，夫妻一方流动对少数农民家庭婚姻的稳定造成了消极影响（张玉林，2012：83~85；郑真真、解振明，2004：122~126；石人炳，2006：32~36；胡玉坤，2012：36~38；墨菲，2009：194~202；杰华，2006：187~192；叶敬忠、吴惠芳，2009：130~134；许传新，2010：97~106；杜凤莲，2010：105~112；高梦滔，2011：55~69）。学者们多认为，夫妻一方流动的婚姻稳定状况不如非流动夫妻。魏翠妮（2006：31~35）的研究发现，在稳定性上，留守妻子的婚姻不如一般的家庭。她认为夫妻长期分居生活对婚姻稳定、感情会造成不利影响。然而，魏翠妮的研究缺乏足够的经验资料支撑。调查显示，两地分居生活加深了夫妻的隔阂、淡化了夫妻感情。两地分居生活的夫妻的感情不如共同生活的夫妻，夫妻长期分离增强了他们的婚姻失败感（迟书君，2007：41~49）。

杜凤莲（2010：105~112）利用中国健康与营养调查（CHNS）数据和持续数据模型研究劳动力流动对婚姻稳定性的影响。在控制了社区、家庭以及个人特征条件后，发现城乡劳动力流动显著提高了离婚率。高梦滔（2011：55~69）基于中国2003~2009年的村级微观面板数据的分析，发现外出就业对农村离婚率具有显著的影响，但该研究并未对外出就业如何影响农村离婚率给出理论上的解释。

为什么夫妻一方流动会影响婚姻关系？不同的学者有不同的看法，归纳起来有如下几种观点。观点一认为，人口流动会导致外出打工的丈夫与留守妻子在城市化水平上出现差异。石人炳（2006：32~36）认为，流动增加了农村青年夫妻之间的差异性。疏仁华（2007：39~42）通过对安徽省铜陵市、安庆市 966 例农民工的离婚情况进行调查，解析了城乡二元结构下农民工离婚的深层原因。该研究认为，社会流动使农民工夫妻的"眼界距离"不断加大。社会流动使大批农民离开土地，夫妻一方常年在外打工，另一方留守家中照顾老人和小孩，夫妻双方生活环境的差异、信息的不对称和沟通的缺乏使夫妻间的视野产生较大差距。

张玉林（2006：101～103）较为深入地揭示了农民流动与离婚之间的联动机制：外出打工提高了务工者的收入、开阔了外出务工者的视野、转变了外出务工者的思维方式和价值观。外出务工者与留守者相比在收入、眼界、思维和价值观方面具有优势，但也产生了这些片面的差异，容易导致夫妻之间的冲突。

杜凤莲（2010：105～112）认为流动会提升外出一方的人力资本水平和收入水平，夫妻之间的人力资本水平和收入水平的差距会拉大，夫妻间原有的"配对效益"被打破。与杜凤莲的观点相似，许传新（2010：97～106）也认为，留守妻子与丈夫之间人格特质的差异会因为双方社会化环境的不同、社会化机制的不同、社会化过程的不同而扩大，原本"般配"的婚姻因此变得不再般配，原本不般配的婚姻更加不般配，这不可避免地会对留守妻子的婚姻稳定带来消极影响。

刘筱红、施远涛（2014：81～89）的调查显示，少数进城务工的丈夫因为经济地位的上升，获得了对留守妻子经济上的优势，在心理上开始嫌弃妻子。当留守妻子与丈夫之间无法协调和消除彼此的地位变化和分居所形成的距离感时，婚姻解体将不可避免。

观点二认为，留守妻子与外出打工丈夫的长期分居影响了婚姻家庭功能的实现，降低了婚姻质量，弱化了婚姻的吸引力。罗忆源（2006：179～180）认为，农民工夫妻长期分居，影响了婚姻诸功能的实现，影响了夫妻之间的心理沟通和情感交流，性压抑造成分居夫妻精神上的烦恼和焦虑，由此夫妻之间的心理距离被拉大，进而使婚姻的稳定性受到削弱。该研究对流动给婚姻家庭稳定性造成的消极影响进行了理论分析，但停留在理论层面，并且缺乏经验资料的支持。疏仁华（2007：39～42）认为，长期分居使农民工夫妻情感裂痕越来越大（分居使婚姻的许多功能不能正常实现，男女双方都必须克服孤独感）。杜凤莲（2010：105～112）认为，夫妻单方流动会丧失婚姻所能带来的规模经济，无法共享公共产品的收益。许传新（2010：97～106）认为，婚姻家庭的诸多功能在丈夫外出后无法实现，影响了留守妻子的婚姻满意度，婚姻的稳定性因此受到影响。刘筱红、施远涛（2014：81~89）的调查显示，留守妻子的婚姻质量因为与丈夫长期分居而降低；长期分居还使留守妻子的婚姻变得脆弱，夫妻之间感情淡化导致婚姻解体。

张玉林（2012：83~85）则认为，因为夫妻之间长期分居，双方交流日益减少，感情日渐疏远，而生活在城市的务工者容易受城市灯红酒绿的生活的诱惑，加之在性生活方面的长期压抑、脱离熟人社会的监督，婚外情容易发生。婚外情容易破坏感情基础原本就薄弱的婚姻。

杜凤莲（2010：105~112）运用婚姻经济学理论分析了农村劳动力向城市流动对婚姻稳定性的影响。作者认为，城市比较密集的人口可以降低再婚者的搜寻成本；再婚成本会因居住场所和工作场所人口密集度的增加而降低，婚姻的预期收益方差会提高。正如作者所言，该研究还存在很多问题：其一，该研究无法检验农民流动对婚姻不稳定性的传导机制；其二，该研究无法解决内生性问题。劳动力流动可能是内生的，换言之，感情不好的夫妻更倾向于外出流动。该研究难以解释为何同样是夫妻一方流动，有些农民工婚姻却仍旧稳固。此外，该研究并没有区分农村劳动力的流动模式，即夫妻单方流动还是夫妻共同流动。事实上不同的流动方式对婚姻稳定性的影响是不一样的。

莫玮俏和史晋川（2015：104~112）基于中国健康与营养调查（CHNS）6个调查时点的农村微观截面数据，发现夫妻单方流动显著提高了离婚率。原因是婚姻的规模经济、家庭公共产品和情感交流因为夫妻分居而减少，此外由于没有配偶的监督，流动一方再婚搜寻配偶的障碍减少。

观点三认为，留守妻子婚姻观的转变以及独立意识的增强也是影响婚姻稳定的因素。石人炳（2006：32~36）认为，流动青年婚姻观的变化以及流动女青年经济的独立会影响婚姻的稳定。许传新（2010：97~106）认为，丈夫单独外出后，妻子通过参与农业生产、管理家庭事务以及参与村庄政治活动，她们的自我意识、独立意识得到加强，这种加强使她们的婚姻观有所改变，她们不再认为自己只是生儿育女的工具，观念的转变使她们敢产生离婚的念头。刘筱红、施远涛（2014：81~89）的调查显示，留守妻子的婚姻质量因为与丈夫长期分居生活而降低；长期分居还使留守妻子的婚姻变得脆弱，夫妻之间感情淡化导致婚姻解体。

观点四认为，人口流动会拓展农民工的人际关系网络，婚姻替代资源也会增加，进而影响婚姻的稳定。石人炳（2006：32～36）认为，长期两地分居和人际关系网络的扩大为婚外恋的出现提供了可能。李萍（2011：17～20）认为，农民工的人际关系网络在流动的过程中不断扩大，进城务工人员接触异性的机会大大增加，婚姻的替代资源也相应增加。马忠东和石智雷（2017：70～83）基于对全国106个城市157535个流动人口家庭调查数据的分析发现，丈夫独自外出务工，流动时间长、流动距离短、与当地文化差异小，离婚风险高。原因在于流动降低了婚姻质量、增加了婚姻替代资源、降低了再婚搜寻成本。

上述研究能解释不稳定的留守婚姻，但对于稳定的留守婚姻缺乏解释力。李萍的研究对留守婚姻不稳定的原因分析停留在理论的逻辑推演上，缺乏经验层面的资料支撑。农民工人际关系网络的扩大，客观上为他们提供了接触异性的机会，增加了婚姻替代资源，但并非所有农民工都有经济条件去寻找婚姻替代对象。该研究笼统地分析了人际关系网络的扩大对农民工婚姻稳定的影响，并未对农民工进行阶层的细分，影响了该研究的解释力。

疏仁华（2009：112～116）认为农民工夫妻单方流动会导致农民工人际关系网络的扩大，人际关系网络的扩大有可能引发青年农民工的婚变行为。该研究能解释婚姻解体的个案，但难以解释相反的个案。

观点五认为，夫妻一方外出、另一方留守的安排会增加留守一方的劳动压力和精神压力，这些压力会影响留守婚姻的稳定。左际平、宋一青（2003：65～66）指出，虽然贫困家庭"男工女耕"的性别分工部分地缓解了家庭经济压力，但也给两地分居的夫妻带来了不便和压力。这种压力在留守妻子身上尤为明显。丈夫的不在场使得留守妻子既要主内又要主外，使她们身心疲惫。夫妻的长期分居给婚姻质量和稳定带来了不利影响。许传新（2010：97～106）认为，丈夫外出打工后，妻子独自承担家务劳动、农业生产、子女教育等家庭责任和义务，客观上增加了留守妻子的家庭压力和精神压力，当丈夫未能如她们所愿地分担家庭责任时，留守妻子容易产生敌对情绪，进而影响婚姻的稳定。

观点六认为，夫妻一方的流动减少了配偶面对面的沟通与互动，弱化了相互的情感依恋；另外，夫妻一方的流动还会弱化家庭尤其是配偶对外出打工人员的约束与监督，这会增加外出打工人员寻找婚姻替代对象的机会（李卫东，2018）。

不同于上述研究更多是个体层面的微观分析,有学者从宏观视角展开分析。例如,张玉林(2012:83~85)将留守婚姻的不稳定归结为外在的结构。他指出,在"外出"通向"离婚"的过程中,中国独特的城乡二元结构发挥了重要作用。具体而言,这种结构使城市成为绝对的诱惑,但同时又排斥农民工夫妻共同迁移。结构的距离转换为空间的距离,当空间的距离无法弥合时,婚姻家庭就分崩离析。张玉林的分析有一定解释力,能解释婚姻不稳定的个案,但难以解释大部分婚姻依旧稳定的个案。为何面对同样的结构,多数分居的农民工夫妻婚姻依旧稳定,而少数分居的农民工夫妻婚姻却走向解体。从研究方法上看,张玉林的研究缺乏经验资料支持,属于逻辑推演。

有田野调查发现,20世纪90年代中期以来,大规模乡—城人口流动使小区域的封闭的婚姻市场转变为全国性的开放的婚姻市场,打工妇女在这种婚姻市场结构中占据优势地位,已婚打工女性在遭遇婚姻挫折时可以通过离婚来改善自己在婚姻中的处境,离婚现象因此在农村大量出现。离婚现象的大量出现改变了人们对离婚的看法,村民慢慢接受与理解,农民的婚姻家庭观念进而发生改变,由核心家庭本位迈向个体本位,婚姻观念和伦理的变动又反过来再生产出家庭结构的变动(刘燕舞,2009)。

任义科、杨力荣(2014:28~34)的研究发现,因与外出打工的丈夫分居,一些留守妻子出现了精神出轨和行为出轨的现象,留守妻子与丈夫的婚姻稳定性因此遭到削弱。该研究将留守妻子婚姻的脆弱性归结为城乡二元分割的结构、留守妻子的理性选择和社会伦理道德的滑坡。

疏仁华(2007:39~42)认为,农民工的离婚环境较为宽容是农民工离婚的主要原因。农村中"个人本位"文化冲击了"家本位"文化,农民工已经从"好人不离婚,离婚让人抬不起头"的陈腐观念中走出来,觉得离婚不再是丢面子的事,他们对婚姻家庭的选择更加独立和从容。不过农村大众文化缺乏对婚姻的正确引导和监督,现代社会对离婚现象越来越宽容,传统道德的约束力渐显衰弱。

部分学者认为,留守妻子的婚姻关系变差并非因为流动,而是流动之前就已经如此。叶敬忠、吴慧芳(2009:130~134)的研究发现,留守妻子的婚姻关系变差有两种情况,其中一种是丈夫外出打工前夫妻关系就已经出现了问题,表现在婚姻感情基础差或婚姻缺乏感情基础,夫妻分居后婚姻问题更加无法解决,导致夫妻关系越来越差;另一种是留守妻子在家中遇到诸多困难，会使妻子对丈夫产生怨恨心理，因而导致夫妻关系变差。杜凤莲（2010：105~112）运用婚姻经济学理论分析了城乡劳动力流动尤其是丈夫单独外出务工对婚姻稳定性的影响。该研究认为，劳动力流动可能是内生的，感情不好的夫妻更倾向于外出流动。

墨菲（2009：200~201）的研究发现，流出和返乡都构成了婚姻不稳定的根源。受到城市浪漫化和理想化爱情的影响，返乡农民工开始对配偶感到不满。因为脱离了社会集团的监控和缺乏情感上的支持，进城务工人员通过违反传统道德禁律的方式来释放情感方面的压力。拥有婚姻替代者的现象在进城务工人员身上时有发生。

李卫东（2017）基于对 2016 年在广州所做的农民工婚姻稳定性调查的数据，从性别、代际和迁移模式三个不同视角探讨了农民工婚姻稳定性的现状及原因。该研究发现，农民工婚姻的不稳定性较强，且婚姻稳定性在性别、代际和迁移模式上存在差异。该研究将农民工婚姻稳定性的性别、代际和迁移模式的差异归因于人口流动所导致的婚姻观的改变以及性别比失衡所带来的女性婚姻替代机会的增加等因素的影响。

（2）乐观派的观点认为，夫妻一方流动并没有对农民工夫妻的婚姻稳定性造成消极影响，绝大多数农民工夫妻的婚姻是稳定的（郑真真、解振明，2004：122~126；金一虹，2009：98~102；迟书君，2007：41~49；潘鸿雁，2005b：18~21；龚维斌，1999：88~91；李强，1996：77~81；叶敬忠、吴惠芳，2008：112~116；叶敬忠、吴惠芳，2009：130~134；许传新，2010：97~106；李喜荣，2008：26~29）。为何在流动的冲击下农村留守妻子的婚姻依旧稳定呢？不同的学者给出了不同的解释。

部分学者将留守妻子的婚姻的稳定归因为农民外出务工改善了家庭经济条件。虽然农民工家庭成员长期不共同生活，但他们的家庭却依旧稳定，在李强（1996：77~81）看来，这是因为农民工对家庭的经济支持。经济支持取代共同生活成为农民工家庭的基础条件。有学者认为，丈夫单独外出就业对夫妻关系不但没有负面影响，而且有正面影响，原因在于丈夫外出就业挣到了钱（龚维斌，1999：88~91）。

部分学者认为留守婚姻稳定是因为农民工夫妻之间感情的增进。龚维斌（1999：88~91）认为，分居期间夫妻相互思念对方和体谅对方（想着对方辛苦），增进了夫妻感情。大多数农民工夫妻清楚地知道外出务工是为了挣钱养家，外出就业以及夫妻分居是暂时的，丈夫最终是要回家的。

外出务工就业者较低的经济地位、农村社区有力的舆论、传统的家庭观念都还在起作用，所有这些都有利于婚姻的稳定。崔应令（2011：157~158）认为，外出打工的艰辛加深了丈夫对家庭的重视和对妻子的依恋，他们将家庭作为依归，老婆和孩子是他们在外奋斗的动力与意义。

部分学者将原因归为留守一方与外出一方在家庭事务上的通力合作。左际平、宋一青（2003：64）认为传统中国家庭文化历来排斥为个人争权利、争自由的行为，受此影响，广西马山县贫困地区的留守妻子与外出丈夫之间关系较为稳定、和谐。此外，贫困地区婚嫁难也使留妻子与外出务工丈夫之间追求稳定、和谐的关系以减轻繁重的生活压力。作者指出，贫困地区留守妻子与外出务工丈夫之间关系的和谐不是西方式的感情上的亲密，而是费孝通所讲的夫妻经济合作上的默契。叶敬忠、吴惠芳（2009：130~134）将留守妻子婚姻关系的稳定与和谐归因为夫妻之间性别分工和角色功能上的互补。该研究认为，留守妻子与外出务工丈夫的关系不但没有受到流动造成的夫妻分居的影响，夫妻关系反而因丈夫打工挣了钱以及妻子把家庭照顾好而变得更加和谐。

部分学者则认为留守婚姻稳定的原因是高昂的离婚成本或离婚代价。离婚的成本或代价包括顾虑孩子的感受、丧失对土地的承包经营权、社会舆论的压力。罗忆源、柴定红（2004：103~104）认为，之所以一些富裕的农民工和他们的妻子选择继续维系名存实亡的婚姻是因为顾虑孩子以及避免来自舆论和道德的谴责。魏翠妮（2006：33~34）在对留守妻子的研究中发现，她们的婚姻总体上比较稳定。稳定的原因主要在于在农村结婚成本高、离婚代价大（留守妻子离婚会失去土地承包权、丧失居住的房子）以及家庭本位的价值观使留守妻子与外出务工丈夫拥有共同的目标。魏翠妮从经济和文化两个层面进行研究，该研究有经验资料的支持，能解释一部分婚姻稳定的个案，但解释力不够。

李喜荣（2008：26~29）基于对豫东 HC 村留守妻子的调查，从社会交换理论的视角对留守妻子的婚姻稳定状况进行了分析。该研究发现，虽然丈夫外出务工、妻子留守在家的安排削弱了留守婚姻的吸引力，人口流动也增加了留守婚姻被替代的可能性，但该村留守妻子的婚姻仍处于高稳定状态，原因在于农村婚姻解体的成本过高。该研究的理论解释有一定说服力，但缺少经验资料的支持。该研究的不足还在于作者没有交代流动前农民的婚姻状况。流动前的婚姻状况根据幸福与否可分为幸福的婚姻和不幸福的婚姻。事实上，幸福的婚姻的稳定机制与不幸福的婚姻的稳定机制是不一样的。此外，该研究把农村家族家庭网络的制约、传统的婚姻观与子女因素、经济依附性以及离异的不良后果都归入离婚的社会成本似乎不妥。传统的婚姻观属于文化规范，而农村家庭网络的制约则是来自婚姻外社会力量的制约，这两者与后三个方面一样同属于离婚的障碍或阻力。

部分学者认为，留守婚姻稳定的原因在于留守妻子和外出务工丈夫采取了各种策略能动地维系婚姻关系。金一虹（2009）则指出，多数离散农民家庭会通过一系列策略来适应、维护和修复离散化流动造成的家庭功能障碍，从而使家庭在离散的同时呈现弥合的状态。类似的，叶敬忠、吴惠芳（2009：130~134）认为，留守妻子为了维系夫妻关系，采取了多样化的沟通策略进行互动，在互动过程中双方的身份和婚姻中的成员资格不断得以更新。因为留守妻子与外出务工丈夫之间的有效沟通，双方因生活环境差异所造成的社会化的差异得以消除，夫妻之间能够获得同步发展。该研究能够解释流动后婚姻依旧稳定的个案，但难以解释相反的个案。该研究将婚姻稳定主要归结为经济收入，存在经济决定论的嫌疑。是否只要丈夫外出打工能挣到钱婚姻就能得以维系呢？

钟春华（2011：52~55）从经济学博弈论视角分析了留守妻子为何会维系婚姻关系。作者原以为，留守妻子与外出务工丈夫间的婚姻关系会因为夫妻之间家庭责任的不平等分配以及感情交流的不足而走向解体，但调研发现，留守妻子却考虑到经济上的原因选择继续与丈夫维持婚姻关系。经济上的原因表现在：若离婚，留守妻子的权益（包括土地承包权和居住权）会受到损害；留守妻子在离婚后人力资本不足导致的就业难；离婚后留守妻子因为年老色衰会遭遇再婚难的问题。该研究停留在逻辑推演上，缺乏经验资料的支撑。

崔应令（2011：157~158）的研究显示，极少数丈夫在外花心的行为伤透了留守妻子的心，使留守妻子感到绝望，有的甚至产生了轻生的念头。不过最终因为顾念孩子以及体谅丈夫在外的辛苦，她们原谅了丈夫的过失。

刘筱红、施远涛（2014：81~89）认为尽管留守妻子与外出务工丈夫不在同一个空间中生活，过着一种分离的生活，但留守妻子与外出务工丈夫还是同一个家庭的成员，他们的家庭并没有解体。但该研究并没有分析他们的家庭是如何得以维系的。

还有的研究从社会冲突的视角分析了留守婚姻稳定的原因，该研究认为，来自婚姻家庭之外的压力保持了夫妻关系的稳定，促进了婚姻家庭的整合。崔应令（2009：51~55）发现，夫妻一方独自外出务工并没有使婚姻关系变得不稳定，夫妻之间也没有因为两地分居而在情感上产生隔阂。因为外在的压力如都市的压力、打工带来的压力以及与其他家庭比较之后产生的压力使得夫妻双方更为珍惜彼此的情谊。该研究有田野资料的支持，有一定的解释力，但该研究只能解释婚姻依旧稳定的个案，难以解释相反的婚姻不稳定的个案。

范芝芬（2013：157）的调查显示，一些经济上成功的男性迁移人口往往会有婚外情的行为，虽然留守妻子早已经知晓丈夫的婚外情或者已经怀疑，但多数留守妻子不会当面向丈夫提及此事。这些留守妻子之所以容忍丈夫的婚姻不忠行为，多是因为丈夫还在继续承担经济责任。

农村人倾向于维护婚姻的观念在范芝芬的调查中得到了证实，同时说明了家庭分离策略下留守妻子因经济不独立，其在家庭中的边缘地位被进一步挤压（范芝芬，2013：158）。在范芝芬的研究中，一些留守妻子在丈夫搞婚外情的情况下仍然选择维系婚姻主要是因为她们经济不独立以及有了孩子。离婚的经济代价和顾及子女是她们维持婚姻的原因。

上述分析都有一定的解释力，也都有各自的经验材料支持，但也存在不足，即只能解释一种类型的个案，对于相反的个案缺乏解释力。上述研究大多属于归纳性研究，既缺少理论的提升也缺少理论对话，没有明确的理论框架，影响了研究的深度。其实，西方已经在婚姻稳定性问题上积累了丰富的文献，我们完全可以借鉴西方的研究成果，建构一个合适的分析框架。

（二）夫妻共同流动对婚姻稳定性的影响

现有关于流动农民工家庭婚姻稳定性的研究分散在其他主题的研究中。有研究指出，农民工的流动模式已经从早前的个人流动转向家庭化流动。而家庭化流动对于婚姻稳定性的影响学界探讨得比较少。对于夫妻共同进城打工是否会对婚姻家庭的稳定造成影响，学界有不同的观点。

一种观点认为，夫妻共同流动后婚姻关系依旧稳定。例如，孙慧芳、时立荣（2007：26~31）通过对太原市城乡接合部H社区流动家庭进行研究，认为流动夫妻在流动过程中需要面对并克服来自经济、社会等方面的困难，这种外界的压力促进了拥有共同目标的他们团结合作。类似的，崔应令（2009：51~55）的研究发现，一起外出打工的夫妻的婚姻没有不稳定或分裂的情况，因为身处城市的边缘以及都市的外来冲击，同在都市打工的夫妻齐心协力地紧密合作，夫妻在情感上更加亲密。

由于担心离婚可能会使自己失去财产、孩子以及脸面，妻子们会避免公开的冲突。受教育程度较低且缺乏社交技巧的女性在家庭政治当中倾向于使用一些间接的手段。比如一些妇女利用自己的"贤惠"（如把家和孩子照顾得很好）和社会压力来留住自己的丈夫而不是将他们推出家门（张鹂，2014：140~144）。

夫妻同时外出打工且居住在一个城市有助于婚姻稳定。田先红和陈玲的研究发现，在同一个城市或同一个工厂打工的农民工夫妇可以经常见面和相互照顾，有助于夫妻之间相互沟通与维系感情，能够降低双方婚姻出轨的概率（田先红、陈玲，2009）。

另一种观点认为，夫妻共同流动后婚姻的稳定性受到了消极影响。尽管离婚被视为社会污点，但在北京的"浙江村"离婚已经很普遍。离婚多是由产生婚外情的男性提出的。面对家庭破裂所带来的苦楚，一些温州女性通过建构自己的关系网（结成互助组）来加以反击而不是长期受困于充满折磨的生活（张鹂，2014：140~144）。张鹂发现在"浙江村"，相对富裕的男性企业家嫖娼以及和其他女性发生关系的情况非常普遍。对男人来说，这样的性活动是向其他男性农民工证明自己经济实力和"男人气质"的一种方式（张鹂，2014：32）。他们的妻子抱怨说，这样的行为在村里不会发生，这是被城市和消费导向的经济腐蚀的结果（张鹂，2014：132）。虽然这些妇女由于外出打工以及丈夫做买卖挣了钱在经济上很成功，然而她们并没有感觉到更幸福，反而觉得她们的社会地位和家庭稳定性在新的情境下遭到了破坏。张鹂的研究关注的是北京"浙江村"的男性以及他们的婚姻稳定性，这个群体因为经济状况好，经常出入歌厅、舞厅、酒店等场所并在这些场所嫖娼和搞婚外情，他们的这种行为对婚姻的稳定性造成了影响。

莫玮俏和史晋川（2015）基于中国健康与营养调查（CHNS）6个调查时点的农村微观截面数据，发现夫妻一起外出打工显著提高了离婚概率，降低了婚姻稳定性。原因是在夫妻共同流动的情况下，农民工再婚的可能性增加；与农村相比，离婚行为在城市更可能被接受，离婚当事人被社会惩罚的可能性由此降低。马忠东和石智雷（2017：70~83）的研究认为，即使有婚姻的陪伴和监督，与异性群体接触机会的增多也会增加婚姻替代资源，同时由于社会规范的弱化，流动家庭的婚姻稳定性会受到威胁。

杰华（2006：187）对北京市农村流动妻子的研究指出，已婚女性到城市打工并没有提高她们在家庭中的地位；流动还潜在地导致了家庭内部的不合，比如家庭暴力和冲突。这种家庭不和是因为妻子们对丈夫的经济和性权力构成了威胁，丈夫通过暴力和冲突来应对这种威胁，这种威胁可以导致家庭的不和以及损害女性的健康和福祉（杰华，2006：192）。杰华（2006：206）的研究发现，在城市打工和生活使得婚姻关系变得紧张，这可能对已婚流动女性的健康和幸福构成威胁。该研究指出，有迹象表明，在北京的已婚打工女性中存在较高程度的家庭不和与暴力。打工女性自身将它归因于在城市的经济压力和男性进行婚外性活动的趋向。

墨菲（2009：197）在调查中发现，外出打工对妇女而言具有重要的经济意义。外出打工使部分女性得以在经济上独立，经济上的独立有助于她们摆脱对丈夫的经济依赖。一些外出打工的女性利用打工所获得的经济独立和社会独立拒绝回到农村丈夫的身边。

综上，我们看到，关于流动对农民婚姻稳定性影响的研究多关注夫妻一方流动对婚姻稳定性的影响，而夫妻一起流动对婚姻稳定性的影响缺少专门的系统性研究。已有的研究关注了进城经商的企业家的婚姻稳定性，对于普通的打工者夫妻的婚姻稳定性缺少关注；即使在关注进城打工对婚姻稳定性影响的研究中，我们看到的是流动对家庭关系的破坏性作用，而对农民工夫妻是如何维系自己的婚姻问题缺少研究。

现有研究成果增进了我们对相关问题的认识，但相关研究仍有很大的拓展空间。（1）从方法上看，已有研究选取的个案太少，且个案之间同质性强、异质性弱；已有研究对于个案的考察多是静态的，动态的考察比较缺乏；已有研究缺少对不同个案的比较。（2）从理论上看，已有研究多从某一个维度进行考察，视角单一；已有研究多就事论事，缺少理论对话点；已有研究未能从理论上回答为何在流动背景下少数农民工家庭会不稳定而多数农民工家庭却依旧稳定。

五 其他关于流动与婚姻稳定性的研究

下面一些研究因为无法根据流动模式对其进行分类，但又与农民工流动有关，故放在此处。

青年农民工婚变的原因。有研究认为，农民进城务工经商是农村青年婚变的结构性背景，为农村青年婚变的发生提供了现实土壤。农村青年的婚变已经从打工潮开始前的伦理本位转变为打工潮背景下的权利本位（何绍辉，2012：13～17）。该研究笼统地探讨了流动背景下农村青年婚变的原因，并未对研究对象进行分类。因为所选个案太少、同质性强，因而该研究的解释力受到了影响。

青年农民工的婚姻依靠什么来维系？吴银涛、胡珍（2007：14～21）探讨了子女因素对青年农民工父母婚姻维系的作用。该研究发现，由丈夫、妻子和孩子构成的家庭三角结构对青年农民工的婚姻维持有积极作用。该研究没有对青年农民工的流动进行分类，只笼统地探讨了他们的婚姻是如何维系的。

打工潮对农民婚姻生活的影响研究。有研究认为，20世纪90年代中后期出现的大规模农民流动对农民的婚恋方式和婚姻观产生了根本性的影响，表现在婚恋方式上，即青年农民的自主权上升，青年农民追求浪漫的爱情。打工潮兴起后，西式的婚姻爱情革命才开始在中国农村出现（田先红、陈玲，2009：27～32）。

打工经济背景下的"闪婚闪离"现象的研究。农村"闪婚闪离"现象是打工经济兴起以及传统农村不断现代化的产物。"闪婚闪离"之所以在农村出现，有如下几个原因：第一，作为共同体的传统村落在不断解体以及传统村落文化在不断衰弱；第二，农村青年自我中心主义思想的发展、网恋的普及、彩礼金额不断攀升、跨省婚姻的增多以及农村婚恋家庭观的出现；第三，面临资源的稀缺以及社会的激烈竞争，身处底层的农村青年感受到了地位焦虑；第四，农村青年对婚姻的责任意识淡薄；第五，农村青年对婚姻有无限的期待（王会、欧阳静，2012：87～93）。该研究把"闪婚闪离"现象置于打工经济背景下，并从村庄的社会基础、农村青年婚姻观、阶层地位等方面分析了"闪婚闪离"的原因。该研究把"闪离"视为"闪婚"的必然结果，然而问题在于："闪婚"未必导致"闪离"；为何同样是"闪婚"，有的婚姻稳定，有的婚姻不稳定。能不能从"闪婚"逻辑地推论出"闪离"，这是值得思考的问题。

打工青年跨省婚姻的稳定性研究。叶文振（1997：1～6）认为，因为缺少来自原居住地社区和家庭关系网络的支持与约束，又要面对地区文化习俗的差异，异地婚姻相对不稳定。仰和芝（2006）认为农村打工女性跨省婚姻模式存在不稳定的问题。她认为，导致跨省婚姻不稳定的原因有：首先，当事人来自不同省份，文化背景不同、生活方式不同、风俗习惯不同、气候环境不同，这些不同容易导致当事人婚后的不适应，婚姻生活的不适应容易引发冲突，轻则影响夫妻和睦，重则导致婚姻的不稳定；其次，当事人在婚前缺乏足够的了解，婚姻基础不够牢固，为婚姻埋下了隐患；最后，背井离乡的外嫁女在婚后生活中遇到不顺时，无法及时得到娘家亲属的照应和帮助。因为缺少来自娘家亲属的社会支持，外嫁女的人格和心态容易遭受挫折，进而影响婚姻的稳定。

在后续研究中，仰和芝（2007：294～295）基于对多省的调查指出，与在同一个地区缔结的婚姻相比，跨省婚姻中的地区差异会给婚姻带来更多的风险，诸多差异成为异地婚姻不稳定的因素。

类似的，宋丽娜（2010：64～68）也认为，跨省婚姻的稳定性不高，原因在于：较低的结婚成本降低了离婚的代价；外来妻子不适应丈夫家庭的生活习惯；婚礼仪式的简化弱化了婚姻整合社会关系的功能；远嫁客观上限制了女方与娘家亲属的交往，当事人的婚姻矛盾因缺乏娘家亲属的干预，难以得到化解；因为缺乏当地社会资源和文化的保障，缺乏村落社区各方力量的监管，跨省婚姻容易走向解体；跨省婚姻多是当事人自由恋爱的结果，当事人在婚后生活中注重自身幸福而不顾老人及整个家庭福祉的行为表明他们的道德感和责任感比较低。

陈锋（2012：52～57）也认为，跨省婚姻具有不稳定的特点。跨省婚姻不稳定是因为需要面对空间距离所造成的障碍，跨省婚姻很难同时得到双方家庭的支持。得不到亲属支持的跨省婚姻在遭遇危机时很容易走向解体。而且，跨省婚姻多是双方当事人自由恋爱的结果，恋爱时追求浪漫感觉，婚后则要回到现实生活，一些奉子成婚的当事人缺乏为人父母的心理和经济准备，一些女性因此选择抛夫弃子。

高梦滔（2011：55～68）利用2003～2009年的村级微观面板数据，使用计量分析的方法分析了农民外出就业对婚姻稳定的影响。该研究发现，农民进城打工对乡村离婚率的影响是显著的，近些年来乡村离婚率上升的一个主要原因就是外出务工人数的增加。该研究还基于案例研究，从四个方面探讨了外出就业如何对离婚产生影响：首先，流动带来的婚外情破坏了婚姻稳定性；其次，夫妻两地分居弱化了婚姻的家庭功能；再次，经济的独立为女性实现婚姻自由创造了物质基础，这导致离婚案件中女性提出离婚的所占比例大；最后，社会转型期，农民的婚姻观发生了根本性转变。作者认为，农民外出就业会导致婚姻市场的重新匹配以及削弱社会整合力，从而导致农村离婚率的上升。由于离婚后女性的土地经营权得不到保障，这增加了女性的离婚成本，女性的离婚倾向也因此受到一定程度的限制。

有研究基于对全国农村固定观察点村级数据（2003~2013年）的实证分析，发现劳动力流出农村和流入农村都会显著提高农村社区的离婚率。原因在于农民进城务工会影响农村婚姻市场的匹配、转变流动人口的价值观念和影响夫妻之间的感情。劳动力流入农村会增加当地婚姻市场的竞争者数量，农村的经济社会环境也会因流入劳动力的创业和投资行为而发生改变，原有的婚姻市场均衡被打破。从区域视角看，劳动力流动对农村离婚率的影响存在区域差异，表现在：劳动力流出会提高内陆地区农村的离婚率，而沿海地区农村的离婚率则会因劳动力流入上升（彭小辉、张碧超、史清华，2018）。

有研究通过对全国农村固定观察点跟踪调查数据（2003~2015年）进行分析发现，农村劳动力流出村庄，特别是劳动力流动到村外县内会显著提高村庄的离婚率。因为在村外县内流动的劳动力所面临的文化环境与原有的文化环境相似，与当地居民的互动较多，离婚的风险因此增加。随着流动距离的拉大，流动者所面对的文化差距会增加，因此不易与配偶离婚（刘彬彬、崔菲菲、史清华，2018：71~92）。与彭小辉等人的研究相反，该研究认为劳动力流入（主要是村民）对村庄离婚率没有显著影响。

有研究基于对2016年农民工社会融合与婚姻家庭调查数据进行的分析，从性别与世代的视角考察了农民工的婚姻稳定性问题。该研究表明，第一代农民工的婚姻稳定性高于新生代，男性农民工的婚姻稳定性高于女性，婚姻稳定性最低的是新生代女性农民工（李卫东，2017）。正如作者所言，该研究的缺陷，首先在于用主观变量解释主观变量。其次是受横截面数据的限制，无法从数据上排除婚姻不稳定而引起的部分单独迁移，因此无法将婚姻质量带来的调解效应从因果机制中剥离。

综上所述，学界在关于农民流动与婚姻稳定性议题上取得了不少成果，特别是2014年之后相关文献数量有增多趋势。相关研究增进了我们对该议题的认识，但应注意到已有研究还有不少可以拓展的空间。首先，已有研究很少区分不同的流动模式对农民婚姻稳定性的影响，经常把夫妻一方流动和夫妻共同流动、夫妻分散流动合并在一起研究。事实上不同的流动模式对农民工婚姻家庭的影响是不一样的。其次,已有研究多在人口流入地开展调查,缺少对人口流出地的了解。只有同时在人口流出地和流入地开展调查,才能全面了解影响农民工婚姻关系的背景。再次,已有研究没有深入了解农民夫妻流动前与流动后的婚姻状况,多把农民工婚姻关系的变化归结为流动。又次,已有研究多采用定量的方法,定量研究固然能够从整体上把握农民工婚姻稳定性的整体状况,但定量研究无法深入了解农民工婚姻关系是如何发展变化的,无法动态地了解这个变化过程,也无法从文化主位的角度去了解当事人的心路历程,而质性研究则可以弥补这个缺陷。最后,关于人口流动对农村婚姻影响的系统性观察还不多。

六 流动对农民工家庭影响的研究

对于农民工流动与家庭组织的研究已经引起了部分学者的关注。学者们主要关注如下议题。首先,农民工的家庭模式。已有研究发现,在人口流动过程中,农民工的家庭模式出现了新的变化。李强(1996)将农民工的家庭模式归纳为五种类型,分别是"单身子女外出型"、"兄弟姊妹外出型"、"夫妻分居型"、"夫妻子女分居型"和"全家外出型"。潘鸿雁(2005b)基于对河北一个村庄的调查,提出了一种新的家庭模式即分离的核心家庭。杨重光(2006)的研究发现了原生代农民工和新生代农民工的家庭"一分为二"的现象,他把这种家庭模式概括为"跨地域家庭"。有研究指出,农村劳动力非家庭化的分散流动带来了农村家庭的"离散化"现象(金一虹,2009)。Fan(2009、2011)在对我国劳动力迁移和农村家庭的研究中也发现了农民工在城市和乡村之间拆分家庭的现象,并把这种家庭称为"弹性家庭"(Flexible Household)。金一虹(2010)根据夫妻是否一起外出区分了两种流动家庭模式,即丈夫外出妻子留守的"扎根式流动家庭"和夫妻一起外出的"离乡式流动家庭"。吴小英(2016、2017)认为,农民在外出打工过程中因为家庭成员的分离形成了"拆分型"和"离散型"家庭。李向振(2017)认为进城务工农民出于对生计的考虑选择了"跨地域家庭模式"。阎云翔(2017)认为在人口流动过程中农村出现了临时的跨代家庭。刘燕舞(2018)的研究认为,在外出务工过程中形成了悬垂的核心家庭。

其次,农民工家庭模式形成的原因。多数研究从制度结构以及农民自身两个方面分析农民工家庭模式的形成。例如，李强（1996）指出，农民工家庭的分居是农民工主动选择以及制度限制农民工举家迁移城市两个方面因素共同作用的结果。潘鸿雁（2005a）认为"分离的核心家庭"是制度结构因素和农民理性选择的结果。有学者从个人和制度的角度分析了"跨地域家庭"形成的原因（杨重光，2006）。金一虹（2009）认为，流动过程中出现的农民工家庭的离散化现象是"基于城乡二元结构的中国式工业化和城市化的产物"。有研究从制度和家庭两个层面分析农民工流动家庭的形成（罗小锋，2010）。杨菊华（2015）的研究将流动人口无法跟核心家庭的全部成员共同居住归因为制度和结构因素的制约。有研究认为，"跨地域家庭模式"是来自城市的"排斥力"和农村的"牵引力"共同作用的结果（李向振，2017）。Jacka（2017）注意到流动过程中农民工家庭的拆分现象。

最后，农民工家庭离散化所产生的问题。杨重光（2006）认为，"跨地域家庭"中的家庭成员由于不在一起，缺少感情的交流与沟通，容易造成家庭破裂。潘鸿雁（2005b）则认为，"分离的核心家庭"将在三个方面对家庭产生影响：夫妻的感情和性生活、子女的教育、老人的赡养。金一虹（2009）认为家庭的离散化将对家庭功能的正常发挥造成影响。家庭成员之间的分工可能因家庭的离散化而改变，这有可能增加家庭成员之间因为权利义务的重新分配而产生的冲突。

综上所述，关于农民工流动与家庭模式的研究取得了一定成果，但仍有可拓展的空间：首先，已有研究很少关注家庭成员外出务工经商的决策过程以及其对家庭结构的影响；其次，已有研究多为静态研究，关注的是某一时点的农民工家庭模式，没有追踪农民工家庭模式在流动过程中的变化情况；再次，已有研究在分析农民工家庭成员居住分离的原因时，要么强调理性因素的作用，要么强调制度结构因素制约的影响，很少从家庭的视角出发把宏观、微观连接起来进行分析；又次，已有研究多以个人为分析单位，把家庭作为分析单位的研究并不多见，关于农民工家庭的研究过于关注家庭的生计需求是如何得以满足的，而对农民工家庭的再生产关注不足；最后，已有研究要么从流入地的角度考察进城务工人员的城市化问题，要么从人口流出地的角度探讨人口流动中衍生的留守问题，很少有研究把流入地的务工经商人员和流出地的留守人员作为一个整体来进行研究，即已有研究缺乏整体性视角。

第三节 研究设计

一 研究的价值和意义

理论价值：（1）关于农民流动的研究非常丰富，针对农民工婚姻稳定性问题的系统性研究不多，因此本书可以丰富流动与婚姻的研究；（2）已有研究虽能解释一部分现象，但解释力不够，缺乏普适意义，本书借鉴国外的相关理论，结合质性研究提出了一个更具解释力的框架。

现实意义：无论是加强社会建设，还是全面建成小康社会，再或是全面深化改革都需要一个稳定有序的社会环境，家庭稳定是社会稳定的前提。然而，农村家庭的结构、功能以及稳定性不断受到流动的冲击。本书的研究：（1）有助于农民工处理好婚姻问题，促进婚姻和谐与稳定；（2）可以为流入地政府部门制定相关扶助政策以加强农民工的婚姻稳定性和社会稳定性提供理论依据。

二 研究内容

通过质性研究对流动农民工夫妻的婚姻稳定性和未流动的农民工夫妻进行比较。这部分要探讨的问题是：流动是不是导致农民工婚姻不稳定的主要变量甚至是唯一变量？如果是，那么流动是如何导致农民工婚姻的不稳定的？具体机制是什么？如果不是，其他变量是什么？这些其他变量又是如何影响流动农民工婚姻的稳定的？是否不流动的农民工婚姻就稳定？而流动后的农民工婚姻就变得不稳定？原因是什么？

运用质性研究对流动后婚姻稳定的农民工夫妻和流动后婚姻不稳定的农民工夫妻进行比较。这部分要分析的问题是：为何流动后少数农民工的婚姻会变得不稳定？而多数农民工流动后婚姻却依旧稳定？为什么同样外出，所受影响大体相同但结果却不一样？原因在哪？农民工夫妻的流动模式是不同的，有的会选择夫妻一方外出，有的会选择共同外出，夫妻一方外出分为丈夫单独外出和妻子单独外出两种情况，夫妻共同外出也有夫妻共同居住和分开居住两种情形。不同流动模式下的农民工婚姻稳定性问题需要分别探讨。

对策讨论。主要从两个方面展开分析：一方面，讨论在流动背景下农民工及其家庭成员在婚姻稳定方面所遭遇的问题，根据解释分析部分所获得的结果,从政府、家庭和社区三个不同角度提出解决这些问题的针对性对策;另一方面,对流动农民工在婚姻生活中产生的矛盾纠纷和不稳定因素的调处与化解以及新问题进行对策研究。

三 研究思路

分类思路。根据农民工夫妻是否一起外出将农民工夫妻的流动分为夫妻一方流动一方留守和夫妻共同流动两种流动模式,后者又可分为夫妻共同居住和夫妻分开居住两种类型。不同的流动模式对婚姻稳定性的影响不同,不同流动模式下的农民工夫妻如何维持婚姻的稳定所采取的策略也有所不同,需要分别探讨。

比较思路。将流动农民工夫妻的婚姻稳定性和未流动农民工夫妻的婚姻的稳定性进行对比,也将流动影响下婚姻稳定的农民工夫妻与婚姻不稳定的农民工夫妻进行对比,还将第一代农民工的婚姻稳定性与新生代农民工的婚姻稳定性进行比较。

理论思路。借鉴国外的相关理论如婚姻质量论(White,1990)、文化规范论(Heaton and Albrecht,1991)、成本效用分析(Becker et al.,1977)、替代选择假说(Levinger,1976)、婚姻互动论(Matthews and Wickrama,1996)、社会分工论(涂尔干,2000)等,结合本土经验提出一个解释流动农民工家庭婚姻稳定的分析框架。

四 研究方法

本书探讨为何在流动的冲击下少数农民工的婚姻会走向解体而多数农民工的婚姻却依旧相对稳定。根据研究问题同时考虑到研究内容的隐私性和无法获得清晰的抽样框,本书主要采用质性研究方法开展田野调查,用深度访谈法收集资料。

本书采用目的抽样法和滚雪球法来选择被访谈者,抽样基于以下几个标准。(1)流动模式。是夫妻一方流动(包括丈夫单独外出妻子留守和妻子单独外出丈夫留守)还是夫妻共同流动(根据是否共同居住可分为分开居住和共同居住)。(2)性别。包括男性和女性,男性包含外出丈夫和留守丈夫,女性包含留守妻子和流动妻子。(3)代际。包含第一代农民工和新生代农民工。(4)家庭类型。包含流动的家庭和未流动的家庭、稳定的家庭和不稳定的家庭。为增加个案的多样性,本书通过亲戚、朋友、学生等关系在福州、宁德、厦门、东莞、龙岩和安徽、甘肃、山西等地及这些农民工的家乡开展调查。之所以在东莞、福州、厦门等地开展调查是因为这些城市作为人口流入地,企业较多、打工的农民工较多;而安徽、甘肃、山西等地作为人口流出地,外出打工的人口较多。

本书采用深度访谈法收集资料,访谈内容涉及以下几个方面:(1)外出流动的动机,外出是为了个人还是家庭;(2)外出流动的决策过程,外出决策是由谁做出的,是如何做出的;(3)当事人关于流动对婚姻家庭稳定影响的看法;(4)当事人对家庭分工的看法;(5)当事人家庭的基本状况;(6)当事人是如何维持家庭的生产、消费、抚养教育子女、赡养老人的;(7)当事人对婚姻质量的看法;(8)当事人对夫妻之间是否信任、是否有感情基础、是否相互忠诚等的看法;(9)当事人留守和流动的心路历程;(10)当事人与配偶的日常互动情况;(11)当事人对配偶的看法;(12)当事人对婚姻的看法。

本书的调研从2014年7月开始,延续到2019年春节。笔者利用每年的暑假、寒假时间到农民工打工所在城市和其老家进行实地调研。此外,每学年课程结束之际,笔者还动员本科生和研究生利用假期到其家乡开展调研。总体而言,本书的调研时间是充分的。

本书在田野调查中收集资料,调查的地点包括农民工的老家、农民工在打工地城市的出租屋中、农民工经营的店铺,也包括农民耕作的田间地头。在征得调查对象同意的情况下,对访谈进行了录音,录音资料转录成为文字。访谈时间通常在1~3个小时。为了深入了解个案的动态变化情况,对部分个案进行了跟踪访问。

本书一共调查了88个个案,其中在甘肃省调查了13个个案,山西省6个个案,河南省8个个案,重庆市3个个案,安徽省15个个案,福建省43个个案。88个个案中婚姻不稳定的个案共有13个。整理的访谈录音资料有20多万字。此外,笔者在长汀县人民法院查阅了离婚档案,并在中国裁判文书网查阅了离婚判决书,一共查阅了258份离婚判决书,整理的判决书资料有10多万字。

五 概念界定

1. 婚姻稳定性

学者们对婚姻稳定性有不同的界定,目前尚未形成一致的看法。有的学者认为只要有离婚的念头就表明婚姻不稳定，有的学者则认为仅有离婚的想法不够还必须采取离婚的行动，还有的学者认为离婚、分居或遗弃意味着婚姻不稳定。针对这些争议，有学者认为离婚的念头和离婚的行动表明婚姻处于不稳定状态，而离婚、分居和遗弃则是婚姻不稳定的结果，离婚是婚姻不稳定的后果而不是婚姻不稳定本身。换而言之，婚姻不稳定是一种状态。婚姻不稳定的后果有可能是婚姻完整，也有可能是婚姻解体。

婚姻不稳定由可能导致离婚的想法和行动来表示，例如考虑离婚和咨询律师（Booth, Johnson and White, 1986: 421 - 442）。

社会科学家有两种看待婚姻的视角。其中一种是聚焦婚姻稳定性，婚姻稳定性指一桩婚姻是否通过死亡或离婚、分居、遗弃而解体。从这种视角看，稳定的婚姻被界定为仅仅是因配偶自然死亡而终止的婚姻；不稳定的婚姻指配偶一方或双方故意终止的婚姻。另一种视角关注婚姻关系的质量。婚姻调适、婚姻满意度、婚姻幸福感、婚姻整合被用来描述婚姻关系的质量（Lewis and Spanier, 1979: 268）。古德（1986: 218）认为，婚姻的不稳定包括离婚、遗弃和分居。

国内学者叶文振、徐安琪（1999）认为婚姻稳定性（例如是否有过离婚的想法）可以从婚姻当事人对待婚姻的态度以及对婚姻的延续是否有信心来测量，只要夫妻一方有离婚的意向，就意味着婚姻处于不稳定的状态，随时都有可能走向解体。离婚率并非婚姻稳定与否的唯一测量指标（徐安琪，1997: 106）。

受上述研究的启发，本书中婚姻稳定性指的是婚姻当事人（一方或双方）是否有离婚的想法并确实采取了离婚的行动。如果夫妻双方都没有离婚的想法，那么意味着婚姻处于稳定状态；反之，夫妻一方或双方有离婚的想法并采取了导致婚姻解体的行为，那么婚姻就处于不稳定的状态。仅有主观上的离婚想法，但客观上并未采取离婚的行动，在本书中属于婚姻稳定。

2. 家庭本位

在本书中，笔者认为家庭本位指家庭成员在处理个体与作为整体的家庭的关系时，把家庭的利益以及需求放在首位，而将个体的利益和需求置于次要位置。换言之，家庭成员在行动时更多考虑的是家庭整体的利益，而不是个人的利益。

3. 婚姻承诺

婚姻承诺是指个体有信心延续自己的婚姻，是在心理上认同自己的婚姻并在行为上对婚姻有投入，愿意担负起与婚姻相关的责任和义务（李涛，2007：21）。

在本书中，婚姻承诺指婚姻当事人主观上有维系婚姻的愿望。具体而言，婚姻当事人因为婚姻令人满意而想维系婚姻，或者婚姻当事人因为结构性约束而不得不维系婚姻，以及婚姻当事人因为道德责任感觉得有责任去维系婚姻。

4. 婚姻维系

婚姻维系包含四个方面的内涵：维持婚姻关系；婚姻关系维持在指定的状态；婚姻关系保持在令人满意的状态；修复婚姻关系（Dindia and Canary，1993）。

本书将婚姻维系界定为婚姻当事人通过一系列行动维持婚姻关系，既包括将婚姻关系维持在令人满意的程度，也包括在婚姻出现问题时修复婚姻关系。

5. 分居农民工家庭

分居农民工家庭是在人口流动过程中形成的一种新的家庭形态。它的基本特征是家庭成员部分外出部分留守，由此一个家庭的成员在空间上分隔于两地。本书中的分居农民工家庭特指丈夫外出，妻子和其他家庭成员留守的家庭。

六　资料整理与分析

笔者在每次调查之后都会及时对调查的资料进行整理，如果无法进行录音，那么将会在当天调查结束之后凭借记忆把访谈的内容整理在笔记本上，日后再转到 Word 文档；如果调查时有录音，则会将录音资料进行逐字逐句地誊写。

分析资料是按照如下的步骤进行的：阅读原始资料—登录—寻找"本土概念"—资料的归类与深入分析。

阅读原始资料。陈向明（2000：277）认为，分析资料的第一步是认真阅读原始资料，熟悉原始资料的内容，仔细琢磨其中的意义和相关联系。她主张在阅读原始资料时，研究者应该把自己的前设和价值判断暂时悬置起来，让资料自己说话。受此启发，笔者在阅读整理后的访谈文本的时候，会尽量避免把自己的理论和价值立场强加给资料，会主动遵循资料的引导。在阅读文本资料的过程中，笔者在主题层面寻找与研究问题有关的反复出现的行为和意义模式，在内容层面寻找资料内部的故事线、主要事件、次要事件以及它们彼此的关系。

登录。登录是资料分析中最基本的一项工作，是一个将收集到的资料打散，赋予概念和意义，然后再以新的方式重新组合在一起的操作化过程（陈向明，2000：279）。

寻找"本土概念"。在登录资料的过程中，笔者会尽量使用被研究者自己的语言作为码号。笔者会努力寻找那些资料中出现频次高的概念，寻找调查对象经常提到的概念。比如，笔者在分析访谈资料的过程中发现，有些句子或概念会反复出现，说明这些概念对他们而言非常重要。例如，许多调查对象在谈及婚姻能够得以维系时反复提到"为了孩子"，也有许多调查对象提到是因为"挣到了钱"，还有一些调查对象经常提到"夫妻感情"。在可能的情况下，笔者会站在文化主位的立场尽量使用被研究者的概念。文化主位的概念比较直观、具体，而且这种概念比较鲜活，靠近被研究者自己看问题的视角。

资料的归类与深入分析。在将访谈录音资料整理出来后，笔者按照编码系统将相似的资料归到一起，将不同的资料区分开来，并尝试找到资料之间的联系。"深入分析"指对资料进行浓缩，找到资料内容的主题，在资料之间建立起必要的联系，得出初步的研究结论。本书对资料的整理和分析采取类属分析和情境分析相结合的形式。例如，在进行类属分析时，笔者在主题下穿插一些故事，通过故事性的描述来展示和说明研究主题。在进行情境分析时，笔者按照一定的意义分类系统将故事进行分层，使故事按照一定的主题层次展开叙述。

七 研究伦理

本书在调查过程中充分尊重调查对象的意愿，调查对象本着自愿的原则参与调查。在获得调查对象同意的情况下进行录音。在本书的写作过程中，笔者已将所有调查对象匿名处理。

第二章　流动对农民工家庭的影响*

本章探讨农民工流动对家庭的影响。以往关于人口流动与家庭的研究多把进城务工人员和留守家庭人员割裂开来进行研究，缺乏整体性视角。本书以人口流动过程中出现的"跨地域家庭"作为研究对象，把成员分布在农村和城市的家庭作为一个整体，分析跨地域家庭的形态、特征、后果以及建构逻辑。研究发现：首先，跨地域家庭具有不同的表现形态；其次，跨地域家庭的形态在时间上不断流变，跨地域家庭的成员在空间上相互分离；最后，跨地域家庭是结构、家庭理性以及父（夫）权意识共同建构的产物。本章建议关注家庭跨地域分布的负面影响。

第一节　问题的提出

一项对安徽、四川、河南、湖南和江西五个劳动力输出大省的10个行政村的400名留守妻子的调查显示，37.1%的留守妻子留守时间为3年及以下，13.4%的留守妻子留守时间为4~5年，12.1%的留守妻子留守时间为6~9年，37.4%的留守妻子留守时间在10年及以上（叶敬忠、吴惠芳，2009：130~134）。已有权威调查指出，农民工流动呈现家庭化的趋势，但不可否认的现实是绝大多数农民工跟其家庭是分离的。尽管农民工家庭化迁移的所占比例逐渐增加，但是仍然有70%~80%的农民工家庭处在分离状态。有研究认为，这一大规模的拆分式的流动模式将对农村家庭产生超出预期的影响（金一虹，2015：480）。

农民外出务工最可能带的是其核心家庭成员，一般不会把父母带在身边，即使是举家外出的农民工也面临与父母分离的情况。换言之，绝大多

---

* 本章内容修改后发表于《江南大学学报》（人文社会科学版）2020年第4期。

数外出农民工采取的流动模式是家庭分离的模式而不是家庭团聚的模式。

与上述调查的发现相一致，有研究指出，乡—城流动人口中分户家庭（Split-household Family）的实践已经持续了二十多年（Fan, Suna and Zheng, 2011）。尽管家庭化的人口流动模式自20世纪90年代以来已经日益明显，但在人口流动过程中与家庭成员居住分离的流动人口仍占流动人口总数的近四成（杨菊华，2015）。盛亦男（2014）发现，流动人口的迁居处于"家庭化"的过程中，绝大多数流动人口并未完成家庭化迁居。吴小英（2016、2017）认为，农民工家庭的主要模式依然是"拆分型"和"离散型"家庭。有研究指出，尽管农民工在流动过程中有"家庭化外出的趋势"，但夫妻分离仍是农民工流动的主导模式，家户分离的情况仍很普遍（盛亦男，2014；李代、张春泥，2016）。

如上所述，伴随农民进城务工经商而形成的跨地域家庭已经是一种社会事实。探讨跨地域家庭在理论上和现实上都有意义。然而，与跨地域家庭牵扯到亿万人口规模的社会事实相比，关注跨地域家庭的研究少之又少。已有关于农民工流动的研究要么关注家庭分散化流动的后果，如留守妻子问题、留守儿童问题和留守老人问题，要么关注进城务工人员的城市化问题，而对人口流动过程中家庭成员的居住分离现象进行系统关注的还比较少。

第二节 跨地域家庭的表现形式、特征及后果

根据农民工的定居意愿可以把农民工的流动模式分为城市取向型、农村取向型和在城市与乡村之间循环流动型。第三种模式处于第一种和第二种模式之间，因应这种流动模式形成了跨越城乡的跨地域家庭。跨地域家庭指的是农民家庭成员部分在农村、部分在城市的一种家庭形态。

一 跨地域家庭的表现形式

如前所述，众多调查研究认为，20世纪90年代尤其是21世纪以来，我国的人口流动呈现家庭化迁居的趋势。虽然如此，我国绝大多数农民工家庭采取的是居住分离的流动模式。跨地域家庭就是居住分离这种流动模式的后果，具体而言，跨地域家庭主要有如下几种形态。

1. 分离的核心家庭

与城市家庭主要由核心家庭构成一样,农村家庭的主导模式也是核心家庭。核心家庭是由父母及未婚子女构成的家庭。分离的核心家庭指部分家庭成员(一般是父母双方或一方)外出务工经商而其余家庭成员(主要是未婚子女)留守的家庭。分离的核心家庭包括两种类型:一种是父母都外出务工经商而子女留守的家庭;另一种是父母一方外出务工经商,而另一方和子女留守的家庭。

> 严先生,1967年生,初中文化,1989年结婚。婚后他基本在外打工,家里由老婆打理。2001年之前他独自在石狮打工,妻儿留守。严先生说:"机器维修我原来有点底子,我去工厂打工,碰巧有个老乡在这个厂当厂长,工厂缺一个机修工,老乡就推荐我。那时我每月工资有一千六七。"2001年到2003年,考虑到老婆一个人在家种田的辛苦,他带老婆一起外出务工,而儿子留守。(个案2-1:严先生)

2. 分离的联合家庭

联合家庭一般指兄弟结婚后没分家所形成的家庭,联合家庭一般包括祖辈、父辈和孙辈三代人。分离的联合家庭指家庭中部分成员外出务工经商部分留守,外出人员一般是已婚的青壮年,留守的一般是老人和小孩。当然,小孩也可能跟随父母外出。

> 江先生,1978年生,初中文化,2002年冬天结婚。家里有八口人,分别是父母、夫妻俩和儿子,弟弟、弟媳和一个妹妹。江先生的弟弟,1981年生,初中未毕业,2007年结婚。兄弟俩未分家,与父母住在一起。2007年以前,江先生下半年出门做工,去过厦门、漳州、泉州、杭州,也去过南平那边建电站。父母、妻子和小孩留在家里。妻子在家里一方面带小孩,另一方面和公婆负责农作物的收成。(个案2-2:江先生)

3. 分离的主干家庭

主干家庭由祖辈、父辈和孙辈三代组成。分离的主干家庭一般是夫妻双方或一方外出务工,而祖辈和孙辈留守在家。分离的主干家庭也有两种类型，一种类型是夫妻一方外出务工经商，另一方与子女和老人留守；另一种类型是夫妻双方外出务工经商，子女与老人留守农村老家。

　　罗先生家里有五口人，分别是夫妻俩、一子一女和他的母亲。罗先生在2004年以前一个人外出做工，妻子张女士与儿女及婆婆留守在家。张女士告诉笔者是她让丈夫去做工的，她说："外面挣得有，在家里挣得没，他没手艺。要烘烤烟叶时，他回来。外出务工前烟叶他会帮忙种下去，管理则由自己，如除草，施肥，打虫等。"（个案2－3：罗先生）

　　罗先生在1996年结婚，1996～2000年他与妻子在家务农。2000年以后罗先生外出务工，妻儿以及父母留守在家。罗先生说："那时在工地上做，农忙时间会回来帮忙。那种工比较好调整。老板接到活我就出去，做完了我就回家。有活就出去没活就回家。"罗先生在海口、遵义和上海等地都打过工。（个案2－4：罗先生）

二　跨地域家庭的特征

　　跨地域家庭是农民工在城乡之间钟摆式循环流动的产物，交通和通信条件的不断改善使得农民工家庭在时空中不断延伸。跨地域家庭不同于传统的农民家庭形态。首先，跨地域家庭由两部分组成，一部分成员留守农村，另一部分在城市。而传统的农民家庭成员居住在同一个屋檐下。跨地域家庭的成员虽然在空间上并未居住在一起，但仍然同属一个经济预算单位。其次，跨地域家庭的成员之间缺少面对面互动，虽然可以借助交通和通信手段来实现远距离的互动，但这种互动并不能与面对面互动相提并论。再次，这种家庭形态处于流变之中，家庭的重心可能在城市，也可能在乡村。最后，跨地域家庭具有传统的农民家庭不具有的优势，它通过把部分家庭成员留在农村，部分进入城市的方式，可以充分地利用城乡两地的优势和资源，并能有效地减少务农和务工的风险，从而最大化家庭的经济利益。

　　"作为一种动态的社会过程和功能多样的社会场所，'家'可以因其成员分布于多个地理位置而呈现一种'离散的'（Dispersed）状态，同时家的形态也随时间变化而变化。""若想获得对空间上延展开来的流动人口家庭的一种合适的理解,就不能僵化地以'共同居住的物理空间'为标准,而需要可以超越这一限制的想象力。"(张鹏,2014:126)"家庭生活也可以包括时间和空间的延伸,例如夫妻俩分居两地而很少见面。"(Gross,1980)受此启发,这里从时间和空间两个方面描述跨地域家庭的特征。

1. 时间上的流变

家庭的流变指农民工家庭的形态会随着流动的进程呈现像流水一样的变化。在流动初期,农民工夫妻个体的流动使得农民工家庭变为单流动家庭,随着外出一方在城市站稳脚跟,农民工家庭又会转变为双流动家庭,甚至成为举家流动的流动家庭,而后随着农民工在城市定居或返乡,农民工家庭还将进一步变化。农民工家庭的具体形态受家庭生命周期、代际更替和成员变动的影响。如老一代农民工因为年龄和身体因素返回老家务农,而新一代农民工接替父辈进城务工经商。

> 1968年出生的罗先生于2003年外出到厦门打工,在建筑工地扎钢筋,妻子和两个儿子留守在家。2008年,罗先生结束打工生涯,回到老家,一边务农一边到附近的乡村做工。2008年后乡村兴起了盖房热潮,罗先生在村中通过给人扎钢筋挣钱,而罗先生的大儿子(1987年生)在技校毕业后开始在厦门进厂打工。(个案2-5:罗先生)

个案2-5表明,受流动的影响,农民工家庭的形态发生了丰富的变化。老一代农民工的外出带来了家庭结构的变化,随着老一代农民工的返乡和新一代农民工的外出务工,流动农民工家庭的形态发生了代际更替。代际的更替使得外出的成员和留守的成员发生了变化,但家庭仍然保持跨地域的状态。新一代农民工取代老一代农民工既是自然更替的结果,也是市场选择的结果,更是家庭选择的结果。

流动的家庭还指流动可能导致原本稳定的家庭走向不稳定,因为人口的流动会增加流动人口发生外遇的机会以及婚姻解体的风险,家庭从形成到解体的周期由此缩短。

> 二金,女,1975年生,27岁时结婚,丈夫与她同岁。二金与丈夫是经人介绍认识的,谈了半年就结婚了。二金告诉笔者,婚后在老家玩了一段时间后夫妻一起外出打工,先在县城的服装厂打工,后来又

去广州打工。丈夫赌博,经常不去上班跑去赌博,挣的钱不够赌,甚至借钱赌。因为丈夫赌博的事情,夫妻经常吵架,互相施暴。丈夫还经常以应酬为由外出与其他女性约会,搞婚外情。由于丈夫不顾家,挣的钱用于赌博和搞婚外情,而且还对她家暴,二金对婚姻感到失望。虽然二金给过丈夫改过的机会,但他本性难移,因此她下定决心要与丈夫离婚。2015年,在分居两年后,二金与丈夫协议离婚,她们的婚姻维持了10多年。二金与丈夫有一个8岁的儿子,离婚后儿子判给了她。二金与丈夫婚姻存续期间,她与丈夫一起外出务工,儿子自己带,而公婆留守老家。(个案2-6:二金)

个案2-6中二金婚姻解体的故事表明,随着农村人口流向城市,因为接触人群的增加,潜在的婚姻替代对象也会随之增加,离婚的风险也由此增加。

2. 空间上的分离

传统上,人们常常从时间和空间的结合来定义家庭成员的关系,家庭成员通常指那些共同生活在一个家庭中并且共享时光的人们(切尔,2005:37)。

有研究认为,"对空间上延展开来的流动人口家庭的一种合适的理解,就不能僵化地以'共同居住的物理空间'为标准,而需要可以超越这一限制的想象力"(张鹂,2014:126);"夫妻分离、父母与子女分离是一个家庭最正常的生存状态"(梁鸿,2011:20)。

农民工家庭部分成员留守、部分成员在城市与乡村之间流动,造成了家庭的离散化现象。跨地域家庭的一个重要特征是家庭成员一部分居住在城市,一部分居住在农村,同一个家庭的成员生活在两个不同的世界。如果说城市代表现代文明,农村代表传统文明,那么跨地域家庭就是现代文明与传统文明混杂的产物。跨地域家庭有的是夫妻共同外出,子女或者跟随父母进城,或者留守老家与爷爷、奶奶或外公、外婆一起居住;有的是夫妻一方外出,另一方及子女和老人留守农村。跨地域家庭的成员在空间上分离的现象属于人口流动的社会后果。伴随农民持续大规模地在农村与城市之间流动,绝大多数农民工家庭被城市与乡村分隔。在调查中,当提到家庭时,不少农民工说自己有两个家,城市一个,老家一个。换言之,农民工的家庭在城乡之间撑开。

张先生，39岁，一家四口，分别是夫妻俩、儿子和母亲。2004年以前，张先生与妻子在家种香菇，没种田，田借给别人种。老婆负责种香菇，他则负责收购。他笑着说老婆掌握了种香菇的技术，比他还厉害。2004年张先生决定到东莞跑业务，原因是张先生觉得本村跟自己一起玩的朋友在外面跑业务混得不错，受到他们的影响，他做出了跑业务的决定。很明显，张先生外出经商是受到了"相对剥夺感"的影响。张先生原本在家乡种香菇，家庭经济状况不错。除了自己种香菇张先生还收购香菇，一年的收入有三五万元。张先生觉得这种收入水平"还可以"。不过原来一起玩的人（朋友）外出跑业务后比他经济状况好，使他感到了不平衡。虽然如此，张先生最初还是抱着试一试的心态来到东莞，妻儿与老人留守老家。这样一个家庭就分成了两部分，一部分在东莞，更重要的一部分在老家。张先生觉得出来跑业务后挣钱多了，在经济上供养整个家庭变得容易了。（个案2-7：张先生）

40岁的马先生，原本是镇上中心小学的一名教师，因为觉得教师收入低，无法解决一家人的生活问题，加上觉得即使从政（指当校长）也没什么前途，为了实现人生的价值，2004年他决定到东莞来跑业务，妻儿以及父母留在老家。一年半之后，马先生的妻子也来到东莞。访谈中，当谈到家庭开支时，马先生说："爹妈还有小孩在长汀要生活，在这里也有一个家，家庭的生活费用，电话费、交通费这个是最重要的，还有人情世故等，成为一个家了总有那么多费用。"谈及对家庭的理解，他说："理想中的家，就只要一个家，肯定是只要一个家，组合成一个家，这是最好的、最完美的。理想中的家是家庭成员住在一起。"（个案2-8：马先生）

通过对个案2-7和个案2-8的描述，可以看到伴随农村人口流动，农村家庭结构出现了空间分离的倾向。不过，与众多认为关于农村家庭结构的空间分离是被动的观点不同，本书认为，农民工及其家庭主动选择了这种"跨地域的家庭模式"。农民工家庭在空间上的分离既有远距离的（跨省），也有近距离的（如跨县）。应当指出的是，尽管农民工家庭因为流动在空间上分散在不同地方，但这些人仍然视彼此为同一个家庭的成员。因此，不能仅仅以是否共同居住来判断是不是一家人，需要超越物理空间的限制，需要考察家庭认同情况。

三　跨地域家庭的后果

农民工家庭跨地域分布不可避免地会产生一些负面的后果，如留守婚姻的脆弱性、留守子女教育的困境、留守老人养老的问题等等。限于篇幅，此处将重点分析农民工家庭离散化对夫妻关系的负面影响。

1. 夫妻感情的淡化

夫妻本应生活在一起，而农民工夫妻由于各方面的因素不得不过着分居的生活。由于时空的限制，夫妻之间的沟通（沟通频次和沟通时间）会减少，沟通的质量也会降低。面对面情感互动和夫妻性生活的缺乏在一定程度上会影响夫妻感情的培养，淡化原本就不够深厚的感情。感情的淡化会降低婚姻质量，进而危及婚姻的稳定性。

2. 夫妻信任度的下降

信任是夫妻关系的黏合剂，频繁和密切的沟通可以增进夫妻之间的相互了解。信息的对称有助于促进夫妻相互信任。农民工夫妻由于生活在不同的空间中，接触的人群不一样，生活的环境不一样，接触的文化也各不相同。在这样的背景下，夫妻沟通频次的减少以及信息的不对称可能会增加夫妻之间的相互猜忌，导致夫妻之间信任度的下降。

3. 夫妻矛盾的增加

夫妻不仅是一个生活共同体，而且是一个责任共同体。一般而言，夫妻共同担负家庭责任有助于家庭的正常运转，也有利于夫妻关系的和顺。然而，在丈夫外出务工后，原本由丈夫担负的一些责任落在了留守妻子身上。家庭责任在外出务工丈夫和留守妻子之间的不均衡分配势必增加留守妻子的负担，这容易引发夫妻之间的矛盾，特别是在外出务工丈夫没有自觉履行自己的家庭责任的情况下更是如此。

4. 婚姻稳定性的下降

农村社会本质上还是一个（半）熟人社会，人的可见度高，受此影响，村民不易发生违背婚姻规范的行为。而城市社会是一个由陌生人组成的社会，人的可见度低，生活在陌生人社会的农民工容易躲避来自家庭成员、亲戚和村民的社会监督。外在监督的弱化以及自律性的降低使得一些农民工容易发生出轨行为，农民工临时夫妻现象的存在就是这方面的例证。出轨行为的产生势必威胁农民工婚姻的稳定性。笔者在田野调查中就遇到了妻子知晓丈夫在城市搞婚外情而闹离婚的案例。

第三节　跨地域家庭的建构逻辑

在跨地域家庭中，家庭结构的选择成为农民工的一种家庭策略。以家庭策略视角进行研究分析可以加深我们对个人、家庭与社会变迁之间相互作用关系的理解。从本质上看，跨地域家庭是农民工家庭因应社会变迁而做出的能动反应，这种反应不仅展现了家庭成员之间的互动，而且体现了家庭成员之间的关系（樊欢欢，2000）。当然，跨地域家庭并不是农民工家庭随心所欲选择的结果，这是在制度结构的约束之下农民工家庭所能做出的最好的选择。以下部分将从制度（结构）、经济、文化几个方面探讨跨地域家庭是如何建构的。

一　制度（结构）的逻辑

新中国成立后，我国城市取向的发展模式使得城乡之间、区域之间在社会经济方面的差距不断拉大，这种绝对性的差距构成了对农民工的吸引力。俗话说"人往高处走，水往低处流"，向往美好生活的农民一旦有机会离开土地，离开农村，便会涌向城市寻找就业机会。"中国人的家庭生活始终笼罩在城乡差异的阴影之下，正是因为城乡差异，农村人（无论是男性还是女性）产生了外出打工的强烈欲望……"（潘毅，2011：74）

改革开放前，刚性的户籍制度构成了流动的障碍；改革开放后，一方面城市工业的发展需要大量廉价的劳动力，另一方面户籍制度的松动为农民进城务工经商减少了制度上的障碍。改革之初的人口流动更多是出于谋生的目的，这种流动是生存理性驱动的。如果说城市丰富的就业机会和相对较高的收入回报构成农民进城的拉力，那么乡村就业机会的缺乏以及务农收益的相对低下构成了农民进城的推力。进入20世纪90年代中后期，尤其是21世纪后，已经解决温饱问题的农民进城务工经商的目的不再仅是谋生，而是获得更进一步的发展。对于新生代农民工而言更是如此。

二元劳动力市场理论认为，城市的劳动力市场是分割的。受城市劳动力市场进入的限制，低受教育程度和低人力资本积累的农民工只能在"工作条件较差、工资较低、保障较少、就业不稳定"的次级劳动力市场就业（李强，2005）。进城农民工就业的主渠道是"非正规就业"（李强、唐壮，2002）。

农民工不仅在就业领域受到排斥，而且在劳动权益方面也受到不公正待遇。一项 2006 年实施的调查发现，在珠江三角洲地区打工的农民工平均月工资为 1100 元（刘林平、张春泥，2007）。企业、市场和社会就农民工的低工资达成了"共识"，农民工低工资的社会现实被"合法化"了（刘林平、张春泥，2007）。2010 年实施的一项调查发现，珠三角地区农民工的平均月工资为 1917 元，长三角的为 2052 元。长三角和珠三角地区都存在拖欠农民工工资的情况，珠三角地区拖欠农民工工资的比例为 5%，长三角地区则为 2.66%（刘林平、雍昕、舒玢玢，2011）。

上述数据表明，农民工不仅工资低，而且在社会保险和福利待遇方面缺乏足够的保障。进城农民工在经济系统中只是被有限地接纳，而在制度层面并未实现身份的转化，即无法享有市民权。不仅如此，农民工居住在城市的边缘，在生活和工作层面与城市居民相互隔绝。在社会心理的认同上，农民工不认同城市也不被城市所认同，同时部分农民工也不再认同农村，因此农民工转而向身份、地位相同的农民工群体寻找社会支持。换言之，农民工的认同出现了"内卷化"现象（王春光，2006）。农民工的处于"回归农村和彻底城市化之间的状态"被称为"半城市化"（王春光，2006）。

农民工"半城市化"的状态表明城市只是农民工打工挣钱的场所，而不是生活和行动的地方。事实上，绝大多数进城务工经商的农民工很清楚自己的定位，跨地域家庭就是农民工行动定位的结果。可以这么说，城乡之间发展上的差距构成了农民进城的拉力或吸引力，与此同时，城市经济系统、社会系统、文化系统和体制之间的不协调，城市社会对农民工的排斥、不认同和歧视，又构成了对农民工的推力或排斥力。

"人多地少的过密型农业因收入不足迫使农民外出务工，进城务工的风险又反过来迫使农民工依赖家乡的小规模口粮地作为保险。"（黄宗智，2006）"城乡二元结构对于农民而言是一个'机会结构'，这是转型期农民家庭普遍选择'半工半耕'的结构基础。"（夏柱智、贺雪峰，2017）在一定程度上说，跨地域家庭是结构的产物。

"农民工生产体制"由"工厂专制体制"与"拆分型劳动力再生产制度"构成。"拆分型劳动力再生产制度"的主要特征是农民工在城市工作，而养老、养病和养家等却在乡村进行。"拆分型劳动力再生产制度"的形成和延续是市场、企业、社会以及国家权力四个方面共同作用的结果（清华大学社会学系课题组，2013）。"拆分型劳动力再生产制度"使得农民工的生产以及再生产在城乡分别进行，换言之，农民工将原来在乡村开展的农业生产活动转变为在城市从事非农生产，而劳动力的再生产却在乡村进行。

有研究认为，"农民工生产体制"是一种"唯利型的生产体制"。这种生产体制把农民工工具化为生产要素，却忽略了农民工作为人所具有的社会属性。这种生产体制使企业、城市社会以及城市政府受益，因为在这种体制中，企业只需要付给农民工低廉的工资（主要用于农民工自身的维持性费用），从而节省了生产成本；城市政府只需给农民工提供少量的公共服务，也因此减少了公共财政开支。然而农民工自身却遭遇了利益损失，不仅工资低，难以在城市进行劳动力再生产，而且就业不稳定。

受"拆分型劳动力再生产制度"的影响，农民工的消费重心在农村而不是在城市。农民工没有进入城市的消费体制，当然城市的消费体制也没有把农民工纳入。有研究认为，"流入地的消费体制没有接纳农民工，农民工更多地处在农村老家的消费体制中"（王春光，2017）。农民工在城市享受不到购房公积金，购房和购车时没有贷款资格，其农村老家的房产没有抵押属性，也不能充当异地购车的抵押物；他们也因为户籍身份难以享有城市的保障性住房待遇。由于在城市难以得到消费体制的支持，农民工把消费的重点安排在农村。

虽然中央一再提出"公共服务均等化"的要求，但城市政府往往在公共服务的供给中优先考虑本地居民的需求。农民工最渴望享受到义务教育、住房保障、社会保险和医疗服务等公共服务，但城乡分割使得农民工难以享受到城市提供的公共服务。有研究认为，阻碍农民流动的三大体制性障碍分别是"唯利型生产体制"、"分离型消费体制"和"非均衡型公共服务供给体制"（王春光，2017）。

现阶段我国农村实行集体所有、家庭联产承包经营的土地制度，在这种制度安排下所有权属于村集体，而承包权和经营权归农户。出于社会稳定的目的，自1984年以来中央历次出台的土地政策都强调要稳定农户对土地的承包关系。党的十九大提出，"巩固和完善农村基本经营制度，深化农村土地制度改革，完善承包地'三权'分置制度。保持土地承包关系稳定并长久不变，第二轮土地承包到期后再延长三十年"。① 由于地少人多的矛盾将在未来很长一段时间内都难以解决，而且社会保障制度无法覆盖绝大多数农村地区的绝大多数农民，作为最基本生产资料的土地可以为农民提供最基本的生活保障。土地仍是绝大多数农民家庭维持生活的基石。关信平（2005）认为，土地制度决定了土地对绝大多数农民工而言，仍具有生活保障和社会保障功能。陈锡文（2001）认为，土地承包关系的长期稳定，使长期在城市与乡村之间"双向流动"的农民可以获得最起码的生活保障。

综上所述，唯利型生产体制、分离型消费体制和非均衡型公共服务供给体制作为排斥力使农民工难以融入城市，迫使他们对家庭进行拆分。相反，农村的土地制度在某种程度上为难以"市民化"的农民工提供了保障。土地对于农民工而言，不仅意味着生活保障和生计来源，而且是他们的根。有研究指出，尽管土地的产出效益不高，但仍然是农民工的福利、保障和情感幸福的有保证的来源（Woon，1993）。农民工依赖家乡的土地来提供生活保障和社会保障以及抵御风险（朱宇，2004）。对于进城打工的农民而言，"口粮地等于是一种社会保障，或者说是经济保险，因为如果一旦在城市失业，起码还有家可归，有地可糊口"（黄宗智，2006）。黄宗智（2006）认为，农户"半工半耕"的生产方式是制度化了的，换言之，跨地域家庭也是制度化了的。

从结构主义的视角看，农民工之所以在农村和城市之间循环流动，原因就在于"资本中心是在低于再生产劳动力所需成本的工资水平上雇佣劳动力的。农业不能保证农民工所有家庭成员的生计，而同时打工收入又无法支持农民工和其家属在城市定居"（墨菲，2009：13）。此外，由于在制度上依赖于现有户籍制度，地方政府没有改革二元分割的户籍制度的内驱力（陈映芳，2005）。从一定程度上说，跨地域家庭是制度（结构）的产物。

二 经济的逻辑：家庭理性的影响

新迁移经济学把移民视为一种家庭决定，通过这样的决定以期减少家庭收入风险或克服家庭生产活动的资本约束。有研究指出，新迁移经济学

---

① 习近平：《决胜全面建成小康社会 夺取新时代中国特色社会主义伟大胜利——在中国共产党第十九次全国代表大会上的报告》，http://politics.gmw.cn/2017-10/27/content_26628091.htm。

的一个重要见解是迁移决策不是由孤立的个人行动者做出的，而是由相关人员构成的更大生产和消费单位（通常是家庭或农户）做出的。家庭成员集体行动，不仅最大限度地增加预期收入，还要尽量减少风险，同时放宽与各种市场（包括劳动力市场）失灵相关的限制。与个人不同，家庭可以通过对家庭资源（尤其是家庭劳动力）配置的多样化来控制家庭经济福利的风险。家庭可以将一部分家庭成员留在本地进行经济活动，同时将其他成员送到国外劳动市场进行工作（Massey et al., 1993）。同时为了避免风险，农户会理性地选择留下一些家庭成员耕作农田（Woon, 1993）。面对低收入水平和不稳定的就业，许多农民工采取一家分两地居住和就业的家庭策略（朱宇，2004；Zhu, 2007）。本研究支持了其他社会科学家的发现，即为了多样化家庭的经济基础并使家庭的经济风险最小化，农民家庭会指定一些成员外出务工。

国内关于人口流动的研究多把个人作为分析单位，较少把家庭作为分析单位。少数研究认为农民外出务工不是由个体决定的，而是由其所在的家庭决定的。例如，杜鹰、白南生认为，"由于农户不仅是最基本的生产、生活单位，还是一个消费单元，家庭成员对家庭有很强的从属性，这种以血缘关系和姻缘关系为纽带而形成的家庭利益共同体是权衡家庭劳动力外出就业利弊得失的基本决策单元。……劳动力是否外出，与其说是个人行为，不如说是家庭整体决策的结果。换言之，农民外出打工主要取决于家庭决策"（杜鹰、白南生，1997：40）。我们也可以利用家庭合作社模式来解释农民家庭结构的变迁。本研究发现，已婚农民工夫妻外出务工经商不是纯个人的自主活动，而是一种扩大家庭收入来源，减少家庭经济风险的策略。农民工家庭做出部分成员外出务工、部分务农的决策有利于扩大家庭收入来源，同时有利于分散家庭的风险。农户把家庭部分成员派到城市打工，部分是为了减少农作物收成、农作物价格波动给家庭生活带来的影响；外出打工家庭成员寄回家的钱不仅可以稳定家庭的生活水平和消费水平，而且有利于家庭采用新的农业生产技术、采购新的种子等。家庭成员外出打工可以为家庭累积资本，也可以增强家庭的自我保险功能。

调查发现，丈夫外出妻子留守的安排是夫妻协商的结果，是经过理性考虑的。一位张姓留守妻子告诉笔者，丈夫外出是她提出的，"如果我不提，他会思量我一个人在家的辛苦，会不出去"。问及丈夫独自外出的原因，张女士说在家里他没手艺挣不到钱，两个人都在家务农的话会浪费人工,自己一个人管理得了五六亩烟地,他出去能挣更多。张女士的丈夫一般是农闲时外出务工,农忙时回来帮忙。她说:"他出去做一段时间会回家帮忙,然后又出去,去永安、龙岩等地做过。他出去做工,虽然是烟叶种完(就没活了),但烟叶的管理(也需要人力),老人、小孩的照顾都由自己负责。"丈夫外出后张女士的负担变重了,但她没有觉得"男主外、女主内"的分工是不公平的,"要出去挣钱,这有什么办法,自己会更辛苦些。我从来没说过自己在家里更累,因为一个人出去挣钱,一个人在家,等于纸票会更多"(个案2-3:罗先生)。

出于多样化家庭的收入来源以及降低农业生产风险的目的,张女士做出了丈夫外出,自己与婆婆和子女留守的安排。这种安排是张女士和丈夫共同协商的结果,是经过理性考虑的结果,因而是一种家庭策略。在张女士看来,丈夫外出后自己仍然能够管理好家里的五六亩农地,在农忙时丈夫又会回来帮忙,这样家里就有了两份收入来源,一份是农业生产的收入,另一份则是丈夫的打工收入。尽管丈夫外出后,由于既要照顾家庭又要管理农田,张女士的负担比原来更重,但考虑到家庭的经济状况会变好,她没有抱怨夫妻之间分工的不平等。不仅如此,丈夫外出后,一个家分居两地,夫妻之间正常的生活也没有了,她同样没有抱怨。对于这些,她都是从经济的角度进行合理化解释的,"那时家里很困难,没有人帮忙,没人肯借钱、借粮食。为了钱,没办法,只得忍受,只得一个外出,一个留守"。

个案2-2中的江先生在烟叶收成后外出打工也是夫妻共同协商的结果。在访谈中,江先生的妻子彭女士告诉笔者,丈夫外出的决定是这样做出的:"外头有活干,他叔叔邀他去做,他会提前十天或者一个礼拜告诉我:'我去厦门,你同意不?'自己肯定同意的。"

彭女士提到了丈夫外出而自己与公婆和儿子留守的两个原因,其一是小孩未到上幼儿园的年龄,夫妻一起外出打工在经济上不划算:"那时候小孩还小,在家里如果田自己不种借给人种,那么不合算。在家里种烟是为了等小孩长大,不可能在小孩还小的时候夫妇两人就出来打工。如果把小孩带出来的话,小孩还小,要一个人负责带小孩,那时小孩还不能上幼儿园。"其二是,丈夫外出自己留守的安排可以增加家庭的收入:"春天在家里种烟叶有收入,下半年我跟大人(指公婆)干农活也应付得过来,他作为男人可以到外头挣点钱回来。"江先生也持类似的观点:"觉得出门能挣更多。"问及挣钱是为了谁,江先生表示:"为了这个家。"彭女士告诉笔者:"丈夫会在家里需要钱的时候寄一部分回来,买肥料或做人情。"

2007年,小孩到了上幼儿园的年龄,江先生与妻子决定一起外出打工,而父母继续在家务农。对于夫妻共同外出的决定,彭女士依旧从经济的角度进行解释:"我们夫妻都在家里的时候收入是靠多种点烟,其他都是家里人顾得到的。我们夫妻在家里是这么多收入,不在家里也是这么点收入。收入分为两路比较好:我们在这里(指厦门)挣钱,他们(指公婆)在家里种田。我们在家里种田也只有这么多田,我们出来这里挣钱的话可以多积累点钱。我们出来后两个老人还是有这个能力去种那些田,只不过是没种烟。"

在个案2-2中,因为家庭部分成员外出务工,一个家分割为两部分,一部分在城市,一部分在乡村。为了家庭整体利益的改善,江先生一家通过集体协商对家庭劳动力资源进行了重新组织与分配。江先生一家在不同时期实行了两种劳动分工形式:当江先生一个人外出时,他与妻子之间实行"男主外、女主内"的性别分工;当江先生夫妻都外出时,家庭在代际进行劳动分工,即年轻人外出务工,老一辈务农。正是通过家庭成员之间灵活的劳动分工,家庭才实现了收入来源的多样化,也减少了农业生产面临的自然风险和市场风险。墨菲(2009:10)认为,"通过物质上的汇款,农民工为家庭生计的多样化做出了贡献。他们的家庭不再仅仅以农业为生,而是通过汇款增加家庭收入来源降低了风险"。范芝芬(2013:21)认为,"性别和家庭劳动力的分工,使迁移人口能灵活地游走于城乡之间,从城乡两地获得最大收益"。黄宗智(2006)认为,作为生产单位和消费单位的小农农户为了增加家庭的收入,通过对家庭劳动力的组织,安排部分劳动力进城打工以获取收入来源,部分劳动力从事家庭种植。半工半耕的农户以进城打工作为家庭的主业,家庭种植则成为副业。换言之,部分家庭成员在城乡之间循环流动,可以挖掘城市和乡村的资源,即在高收入的城市地区打工赚钱,在低消费的农村老家花钱,农民家庭从而实现在城乡两个社会的利益最大化。调查发现,多数农民家庭通过派出部分家庭成员进城务工经商、部分家庭成员留守农村,形成了"双重家庭生计"策略,即留守的家庭成员(一般是女性)通过务农形成了留守的家计,而外出务工人员(一般是男性)则形成了流动的生计。跨地域家庭的建构,在一定程度上是由家庭这个合作社组织的经济利益决定的,它体现了家庭理性的逻辑。

三 文化的逻辑：父（夫）权意识的规范

以往的研究多关注户籍制度造成的城乡分割以及基于年龄、性别偏好的劳动力市场对农民家庭的拆分作用，忽视了性别化流动对农民家庭的影响（谭深，1997）。已有研究发现，在农村劳动力流动中出现了性别差异。本研究也发现，当夫妻中只能一方外出务工或经商时，机会往往被分配给丈夫。有研究因此认为结婚成家后所产生的责任感会鼓励男性外出，制约女性外出（谭深，1997）。从性别视角看，女性被认为外出打工获得的收入不如男性，而且女性的家庭再生产角色难以被男性替代，因此家庭往往不安排女性外出。有研究认为，"当男女在人力资本投资相同时，如果妇女在家庭部门里较男子有比较优势，那么，一个有两种性别的、有效率的家庭，就会把妇女的主要时间配置到家庭部门，而把男子的主要时间配置到市场部门"（贝克尔，2007）。在父权制家庭"男主外、女主内"的性别分工和性别规范影响下，农村妇女的流动受到更多的约束（金一虹，2015：480）。

家庭理性不足以解释跨地域家庭的形成和持续。不能仅从经济理性的角度去分析农民的流动，还必须考虑家庭内部的权力关系。本研究表明，父（夫）权意识影响下的性别角色、不平等的性别关系和代际关系是家庭迁移决策的基础。

调研发现，不少留守妻子认为自己在照顾家庭方面比丈夫更细心、更有优势，她们还认为丈夫作为男人应该到外面去挣钱。也就是说，在留守妻子的潜意识中存在"男主外、女主内"传统想法。与丈夫平等的留守妻子属于少数，多数留守妻子与丈夫的关系是不平等的。这种不平等体现在几个方面：首先，丈夫往往主导外出的决策，妻子通常是被告知的一方；其次，外出的一方基本是丈夫，很少出现妻子外出、丈夫留守的情况；最后，丈夫外出后妻子获得家庭管理的权力，但这种权力是丈夫让渡的，一旦丈夫打工回来，妻子将丧失这种权力。

当问及外出跑业务的决定有没有跟妻子商量时，个案2-7中的张先生笑着说："无所谓商量不商量，基本上我说了算。出来跑业务这事有跟老婆说过，她支持，说可以。"张先生的话语表明，虽然外出跑业务的事有跟妻子提及，但决定是他做出的。这表明他的权力高于妻子。

与个案2-7的情况类似，个案2-8中马先生外出跑业务虽然也有跟妻子和父母商量，但最终拍板的还是他自己。当问及对丈夫外出跑业务的态度时，刘女士表示支持，"反正男人提出来的合理的就鼓励他去做"。她之所以支持丈夫的决定，是因为丈夫外出之前积累了一些成功的生意经验。她认为丈夫比较聪明，跑业务的决定是经过认真考虑的。虽然跑业务有风险，但她相信他能做成功，因为丈夫"有这个头脑、有这个思想"。在访谈中，马先生告诉笔者，他是一家之主，养家的责任落在他身上。刘女士认可"男主外、女主内"的性别分工模式，"男人的责任是去外头挣钱，女人的责任是把家务做好。各人有各人的分工"。她之所以接受这种性别分工模式，除了受性别意识形态的影响外，还有一个原因是她认为自己的能力不如丈夫，"因为我不是女强人，只能做到这点"。问及是否想做女强人，她回答说："想是会想，但是不可能，因为没有这个能力、没有这个文化。"

个案2-7和个案2-8共同表明，丈夫外出、妻子留守形成的跨地域家庭其实也是父（夫）权制的一种实践。在这种实践中，丈夫处于主导地位，妻子则处于从属地位。"男主女从"的性别分工也是一种家庭策略，这种家庭策略有利于增加家庭的利益。有研究认为，已婚妇女留守农村强化了由来已久的"男主外、女主内"的性别意识，家庭分离策略也因此变为可能。妻子留守农村使丈夫得以循环流动，使流动人口及其家庭在城乡两地都能获益（范芝芬，2013：21）。

男外出、女留守的安排考虑的是家庭的整体利益，但其以牺牲夫妻的共同生活为代价。这也反映了一个事实，那就是很多农民工家庭依旧把纵向的亲子关系看得比横向的夫妻关系重要。在调研中，谈及外出的目的，访谈对象不断提及的是"为了家庭""为了孩子"。农民工家庭选择跨越城乡两域的家庭模式既是基于最大化家庭利益的理性考虑，也是在实践"男主外、女主内"的性别分工模式，更是为了更好地完成家庭的再生产。如上所述，跨地域家庭的建构体现了父（夫）权的逻辑。

第四节 结论与讨论

本章通过对进城务工经商的农民工及其家庭成员的研究发现，在农村人口持续大规模向城市流动的过程中，出现了一种新的家庭形态，即跨地域家庭。跨地域家庭有不同的表现形态，它的最主要特征是时间上的流变以及空间上的分离。跨地域家庭是制度（结构）、经济和文化等因素共同建构的结果。

以往关于流动家庭的研究更多地把家庭作为消极客体，以为农民工家庭只是被动地接受既定制度安排以及社会变迁的后果，忽略了流动过程中家庭作为主体的一面。本研究通过考察农民外出的决策过程以及农民工家庭重新组织家庭资源（主要是劳动力）的过程，看到了流动过程中农民工及其家庭的能动性。跨地域家庭体现了农民工家庭积极应对社会变迁以及制度结构限制的一面。跨地域家庭的成员栖身于城乡两地，充分反映了农民工家庭的弹性与韧性。

在流动过程中，农民工家庭对家庭生产和劳动力的再生产进行空间上的拆分毫无疑问是在现有的资源条件下最好的选择，但这种选择以牺牲家庭成员的情感和社会需求为代价。笔者在田野调查中发现，在流动过程中农民工家庭的跨地域分布产生了一些负面的影响，例如婚姻稳定性的下降、留守子女教育的困境以及留守老人养老的问题等。这些负面影响的存在提醒我们，关于农民工家庭的研究在关注农民流动的经济效应的同时也要关注流动的非预期后果，以及这种后果的短期或长期影响。笔者建议，国家以及各地政府应该出台相关政策措施，例如不断放宽户籍制度对农民工的限制，让有条件的农民工能够定居城市，从而减少家庭离散化的消极影响，使多数农民工家庭的成员能够过上正常的家庭生活。

虽有不少研究指出，流动过程中家庭的离散化并未导致结构的碎片化，但这类研究关注的主要是第一代农民工，第一代农民工绝大多数是家庭本位的，他们愿意为了家庭的利益牺牲个人的利益。随着新生代农民工成为农民工的主体，具有更强权利意识和个体本位观念的他们能否像父辈一样愿意忍受家庭成员之间尤其是夫妻之间的长期分离以及生活空间、社会空间的割裂，值得进一步研究。

第三章 家庭责任感与分居农民工婚姻关系的维系[*]

第二章探讨了流动对农民工家庭的影响，研究发现，在流动过程中农民工家庭出现了离散化现象，笔者用"跨地域家庭"概念来概括农民工家庭跨地域分布的现象。本章试图探讨农民工夫妻在分居的情境下婚姻关系是如何维系的。基于对农民工家庭的质性研究，对分居农民工婚姻关系得以维系的动因进行了探讨。研究发现，分居农民工婚姻关系得以延续部分是因为当事人能够从婚姻中得到回报，部分是因为婚姻关系的解体遇到种种障碍。婚姻维系表面上是经济维系和情感维系，实质上在经济维系和情感维系的背后真正起作用的是当事人对于婚姻家庭的责任。

第一节 问题的提出和分析架构

自20世纪80年代中后期以来，中国农村劳动力持续且大规模地从农村流向城市。国家统计局发布的农民工监测调查报告显示，2014年全国农民工总量达到27395万人，外出农民工有16821万人，其中住户中外出农民工有13243万人，举家外出农民工有3578万人，[①]这意味着近80%的外出农民工是以分散流动的形式进行劳动的。从家庭整体功能角度来看，劳动力的持续分散流动会导致家庭成员长期分离，这会对农村家庭结构造成冲击，影响家庭功能的发挥，甚至会威胁农村婚姻家庭的稳定。

流动人口的婚姻家庭问题很重要且值得关注（杨善华、沈崇麟，

---

[*] 本章内容在修改后发表于《福州大学学报》（哲学社会科学版）2018年第5期，笔者为第一作者。

[①] 国家统计局：《2014年全国农民工监测调查报告》，2015年4月29日访问。

2006：143~144；风笑天，2006：57~60），但从现有的文献来看，这一领域尚未引起学界的足够重视。关于农村人口流动对婚姻家庭的影响以及流动人口如何维系婚姻家庭的研究不够系统，多散落在其他主题的研究中。现有研究成果增进了我们对相关问题的认识，但仍有拓展空间：（1）已有研究多就事论事，缺少理论框架；（2）已有研究未能从理论上解释为何在流动背景下少数农民工家庭会不稳定而多数农民工家庭却依旧稳定。本章的研究问题是：面对人口流动的冲击，多数分居农民工夫妻的婚姻是如何得以维系的？

莱文杰较早使用婚姻回报、离婚障碍和婚姻替代建构了一个解释婚姻稳定性的模型。莱文杰模型的重大贡献在于强调了这一事实：本想分手的不幸伴侣却因为离开的代价太大而仍然在一起（Levinger，1976：21-47）。普雷维蒂等使用婚姻回报、离婚障碍和婚姻替代性框架对人们为何维系婚姻进行了探讨，该研究从方法上和理论上拓展了莱文杰的研究（Previti and Amato，2003：561-573）。

受上述研究启发，结合调研资料，本研究建构了一个框架来分析一方外出、另一方留守的分居农民工夫妻是如何维系婚姻的（见图3-1）。

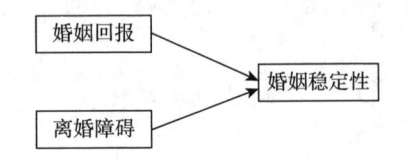

图 3-1 分居农民工维系婚姻分析框架

第二节 婚姻回报与婚姻关系的维系

访谈对象在回答婚姻得以稳定的原因时反复提到夫妻之间"有共同的目标""互相信任""互相理解""沟通""互相体谅"等因素。既有研究表明，夫妻之间拥有共同目标、相互信任、相互理解、互相体贴属于婚姻的回报。

一 留守妻子与丈夫拥有共同的目标

一方外出另一方留守的分居农民工夫妻多采取丈夫外出妻子留守的安排，这种安排多是夫妻共同商量的结果，是农民的一种家庭策略。这种安排服务于改善家庭经济状况,服务于让家庭这个整体过上好日子。共同的生活目标将空间上分居两地的留守妻子与丈夫凝聚在一起。

新劳动迁移经济学把家庭作为分析单位,认为人口的迁移是一种家庭策略。迁移行为不是由个体做出的,而是由更大的单位如家庭或家族做出。家庭做出部分家庭成员外出、部分留守的安排,目的是多元化家庭的收入来源,实现家庭的规模经济;同时家庭成员通过迁移分属于不同的行业,家庭的收入风险因此分散了。此外,外出的成员和留守的成员之间的相互支持有利于保持家庭的凝聚力(Stark and Bloom,1985:173-178)。

来自闽西的罗先生于2000年外出打工,妻子严女士和儿子留守在家。罗先生外出务工的目标是让家庭过上好日子。在外出打工前,他与妻子在家务农,要么因为产量不高,要么因为市场行情不好,种的东西没什么收益。总之,从事农业生产的效益很低,导致家庭无法过上好日子,他因此倍感压力。而要把家庭的日子过好,就必须改善家庭经济条件,必须在农业之外开辟收入来源,因此他外出打工(个案3-1:罗先生)。问及打工的决定是谁做出的,罗先生说:"是夫妻两个人的决定。"严女士也表示,夫妻就丈夫外出打工的事情商量过了,"这个肯定要商量的"。

"家庭主义,强调家庭一体感,重视家庭荣誉,作用之一就是维系家庭的共同目标。"(韦政通,2005:307)家庭的共同目标是家庭得以维系的重要原因(韦政通,2005:307)。相近的兴趣和共同的目标有助于农民工夫妻之间的合作。正因为有共同的目标,夫妻双方都能克服分居带来的困难和不便,也能同心同德地在各自的领域中尽职尽责,共同把家庭经营好,夫妻关系也不会因时空的分离而受影响。家庭作为一个群体,其凝聚力的强弱取决于夫妻共同的生活目标和人生理想等等(张新芬,1987)。共同的目标意味着夫妻能齐心协力地把家庭建设好,表明夫妻之间的凝聚力强(彭怀真,2001:233)。夫妻之间共享同一生活目标有利于婚姻的维系与美满(潘绥铭,2003:175)。共同的生活目标使留守妻子与丈夫愿意忍受孤独的生活,[①] 愿意承受生活的重担。

[①] 分居的农民工夫妻愿意忍受长期分居的另一个原因是"婚姻中的性爱因素以及建立在性爱基础上的夫妻关系是被贬斥的"。"不需要每天把'我爱你'挂在嘴上,夫妻双方也不必设法突出自己的性魅力来吸引对方,夫妻长期分居两地也不会有什么问题。"(尚会鹏,2018:201~203)

二 留守妻子与丈夫互相信任、互相理解

迫于改善家庭生计，留守妻子与外出打工的丈夫不得不过着时空上相互分离的分居生活。分居夫妻的关系虽然不易维系，但调研发现，多数访谈对象表示分居生活对婚姻关系的稳定没有消极影响，原因就在于夫妻之间信任彼此、相互理解和相互体谅对方为家庭的付出。外出前就已经建立起来的信任为留守妻子与丈夫婚姻关系的维系打下了坚实的心理基础，而相互理解和互相体谅表明夫妻各自为家庭所做的贡献得到了对方的认可。

使得亲密关系易于保持的另一个特点是信任，期望对方会善待和尊重自己（Simpson，2007：364-268）。人们相信亲密关系不会带来伤害，并期望伴侣能满足自己的要求，关注自己的幸福（Reis et al.，2004：201-225）。如果丧失了这种信任，亲密伴侣也会常常变得猜忌与疑虑，以致损害亲密关系特有的开朗、坦诚和相互依赖（Jones et al.，2004：665-683）。

问及自己外出打工、妻子留守在家是否会对夫妻关系有影响时，罗先生说："互相信任。"罗先生的妻子也表达了类似的观点，"要互相理解，你要理解我，我要理解你。你要相信我，我要相信你，夫妻关系就不会受影响了"（个案3-1：罗先生）。

另一位同样来自闽西的罗先生在2004年以前独自外出打工，妻子张女士和家人留守在家。问及丈夫单独外出是否会影响夫妻关系的稳定，张女士表示，"没影响，老公够老实，我不会怀疑他做什么事，信任他不会做坏事"（个案3-2：张女士）。

张女士还提及了另一个有助于婚姻稳定的因素，那就是夫妻相互体谅，"丈夫很体贴，会打电话回家，问我干活有没请人，叫我干活不要太拼命，他会拿钱回家，让我请人干活"。张女士也会表达对丈夫的关心，"我问他你干活会不会很累，他说很累、很苦，肩膀扛柴扛到出血，这些苦事我都记得"（个案3-2：张女士）。

如上所述，外出打工的丈夫与留守妻子相互信任、相互理解、相互体谅有助于维系夫妻之间的亲密关系。有研究认为，夫妻之间相互信任是婚姻美满的要件之一（彭怀真，2001：229）。中国人讲夫妻"恩爱"就是指要有爱，也要有恩。"恩"指夫妻之间互相关怀、互相体谅、互相感激和对等付出；有恩有爱是婚姻美满持久的一个重要方面（蔡文辉、李绍嵘，2013：100）。

三 留守妻子与丈夫之间良好的沟通

进城打工的丈夫和留守农村的妻子所处的时空不同，生活环境不同，接触的信息也不同，这些不同客观上会拉大夫妻之间的距离。但调查显示，外出打工的丈夫和留守妻子大多能保持有效的沟通，这种沟通使得夫妻双方能及时地了解对方的动态，共享信息，消除信息不对称可能造成的误解与猜疑。

沟通可以让夫妻分享感情，通过情感的交流让夫妻感受到来自对方的关心与爱，能够加强夫妻关系，使夫妻更紧密地结合在一起；沟通也有利于夫妻分享经验、感受、思想和期待；良好的沟通有助于婚姻的美满（彭怀真，2001：176～178、230）。婚姻的和谐程度与夫妻之间的沟通程度有关（蔡文辉，2003：185）。留守妻子与丈夫之间多样化的沟通策略，不仅可以更新和确认双方的身份和彼此在婚姻中的成员资格，而且可以消融社会化环境不同所带来的差异，使夫妻能够同步发展（叶敬忠、吴惠芳，2009：130～134）。

罗先生通过电话保持与妻子的密切联系，"一般一个星期左右会跟妻子电话一次，那时候通信没有现在这么方便，有时候要推迟"（个案3-1：罗先生）。

江先生独自外出打工期间会积极地与妻子联系与沟通，"一般一个星期会打一次电话，有手机的时候打得多些。一般聊家里的情况，田里的情况，父母小孩的身体如何，主要是关心家里，问候大家"（个案3-3：江先生）。

以上调查对象虽然在时空上与妻子和家人分隔，但这没有影响他们的夫妻关系，因为他们采取了各种能动的策略积极有效地与妻子保持沟通，在沟通中夫妻向对方表达关心，这种沟通能够拉近夫妻之间的心理距离，加强夫妻之间的亲密感，增进夫妻之间的相互信任。正如费孝通所言，"空间距离和社会距离固然并不是完全相同的，尤其是在现代交通工具日益发达的情形中，书信电话都能传情达意，配合行为，空间的隔膜已不成为社会往来的隔膜了"（费孝通，1998）。

四 留守妻子与丈夫相互爱对方

一些访谈对象将婚姻稳定归结为夫妻感情好。例如，来自福建永定的江先生，2002 年以前他在厦门搞装修，妻儿以及母亲留守在家。虽然夫妻分居，但他认为这对夫妻关系没有影响，"如果我对老婆没感情，那么即使在家也一样。夫妻之间如果有感情，那么无论我到哪里打工都是一样。如果夫妻有感情，那么彼此的关系就不会受影响"（个案 3-4：江先生）。

江先生的话语说明，夫妻关系是否会受流动影响跟流动前的感情基础是密切相关的。"最容易维持的关系就是那些一直运转良好的关系。"（切尔，2005：58）正因为流动前妻子与丈夫之间就已经有了比较牢固的感情基础，所以他们的婚姻关系才不会受暂时分离的影响。外出打工的丈夫通过汇款回家以及打电话进行沟通交流，使留守妻子相信丈夫的心还在家里。笔者在调研中发现，分居农民工夫妻的婚姻问题多是因为夫妻感情出了问题，而这个问题在流动前就已经出现，流动后夫妻感情问题因为空间分隔更不可能得到修复。"除了纯粹的性本能之外，恩爱之情也可以促使一对夫妻长久地待在一起，即使他们的婚姻达到了最初的目的。而随着精神素质对爱情的影响，夫妻之情自然也更趋长久。"（韦斯特马克，2015：1296）

第三节 离婚障碍与婚姻关系的维系

前文从婚姻回报的角度分析了分居农民工婚姻关系得以维系的原因，然而，并非所有的婚姻都是依靠婚姻回报来维系的，一些分居农民工夫妻的婚姻能够维持下去是因为存在离婚的障碍。

以往关于婚姻维系的研究已经注意到离婚障碍的作用。在亲密关系的周围存在许多障碍，这些障碍使得当事人很难逃脱亲密关系（Levinger，1976：21-47）。离婚障碍可能在离婚过程中发挥着关键作用，因为离婚障碍可以维持婚姻完整，并可能起到推迟甚至阻止离婚的作用（Booth and Knoester，2000：78）。离婚障碍被界定为婚姻解体的心理约束力量，它们来自婚姻关系质量之外的因素（Levinger，1965，1976）。通常而言，感知到的离婚障碍包括对小孩福利的担心、对经济安全的忧虑、宗教信仰的重要性以及家人和朋友的影响（Albrecht，Bahr and Goodman，1983）。离婚障碍或许是有用的，可以保护婚姻免受感情和情绪波动的影响，因为感情和情绪的波动可能会暂时改变婚姻关系的吸引力（Booth and Knoester，2000：81）。

虽然，在一半的婚姻最终以离婚而告终以及离婚的社会耻辱感基本消失的美国社会，离婚障碍的作用越来越微不足道（Booth and Knoester, 2000：97）。但在离婚率低的中国农村，离婚障碍可以发挥阻止离婚的作用。访谈分析发现，部分留守妻子的婚姻关系之所以能够维系与下述几个离婚障碍因素有关：顾及子女、亲属的干预、村庄熟人社会反对离婚的舆论压力。

一 顾及子女

随着时间的推移，婚姻会形成新的稳定基础。夫妻可能因为一系列原因而结婚，但随着时间的推移，夫妻需要额外的理由去维系婚姻。额外的理由之一就是子女。摩根等认为，子女可以提升婚姻的稳定性（Morgan et al., 1988）。有研究发现，63.5%的农村已婚夫妻承认自己为了子女而维持婚姻（徐安琪，1997：66~67）。

费孝通很早就指出："结婚若只是指两性的享受，这种关系是不易维持的。可是结婚却开启了另一种感情生活的序幕，孩子的出生为夫妇两人创造了一件共同的工作，一个共同的希望，一片共同的前途；孩子不但是夫妇生物上的结合，同时也是夫妇性格结合的媒介……稳定夫妇关系的是亲子关系。"（费孝通，1998：163）

"……婚姻重要就在于孩子。要不是为了生儿育女，任何与性有关的制度就完全没必要存在了，但是一旦涉及孩子，只要夫妻两人育有一儿半女，那么，他们就将被迫认识到，他们彼此之间的感情就不再是最重要的了。"（罗素，2014：57）罗素认为，"婚姻的主要不是性的结合，而首先应是生育和抚养孩子时进行合作的一种担当"（罗素，2014：161）。他还认为，家庭（子女的存在）具有稳定婚姻的功能（罗素，2014：121）。孩子都希望有双亲，从孩子的利益来看，婚姻的稳定是很重要的。"如果有了孩子，婚姻的稳定就是一件相当重要的事情。如果婚姻已经有了结晶，而且双方对待婚姻是理性的和庄重的，那么就应该期望婚姻是终身的。"（罗素，2014：103）此外，"在目前这种双亲家庭制度下，只要有了孩子，双方对婚姻的责任，就是他们尽最大力量去保持和谐的关系，就算这需要相当的自我克制，也是应该的"（罗素，2014：226）。

即使留守妻子与丈夫之间已经没有感情了，婚姻关系仍然能够延续，原因何在呢？部分就在于子女的存在，子女通过血缘纽带把父母联结在一起，一些留守妻子为了给子女完整的家，选择与丈夫凑合过下去。

"生育将夫妻双方更为紧密地捆绑在一起，男性对子嗣的责任和重视，也演变为对孩子母亲长久责任的一种保障。"（肖索未，2018：133）

关于子女在稳定婚姻关系中的作用已经有大量的相关研究进行分析。不少夫妇能够白头偕老靠的不是爱情而是爱情之外的其他因素，这些因素包括双方的家庭背景、小孩的教育、经济上的顾虑等。子女是当事人离婚时的顾虑，有子女的夫妇比较难以做出离婚的决定（蔡文辉、李绍嵘，2013：100）。

子女作为婚姻的特有资本会增加婚姻价值，从而起到稳定婚姻的作用。"如果一个婚姻保持其完整性，随着时间的推移，婚姻资本积累起来了，婚姻的价值也就增加了。孩子是首要的例子，尤其是年幼的孩子。……婚后，当一对夫妇有了自己的孩子，特别是当孩子年龄尚小的时候，离婚的可能性就会大大减少。不仅美国和其他一些富有国家的情况是这样，而且原始社会也是这样。"（贝克尔，2007：393）

沈女士的丈夫于2003年去厦门打工，在建筑工地上做工，因夫妻长期分居以及丈夫没有尽到他作为丈夫和父亲的责任，沈女士觉得有丈夫跟没丈夫一样。在访谈中沈女士一直感叹人生的不公平，对丈夫极度失望的她曾在亲属面前提出要与丈夫离婚，但后来她接受丈夫回家，并给了丈夫改过自新的机会，最主要的原因是她担忧两个儿子，"我就是看在两个儿子的面上，只会看儿子的面，像他（指丈夫）那么多年我觉得没什么好看的了。小孩是我生下来的，如果我不理，小孩会变成乞丐，这会害小孩一辈子"（个案3-5：沈女士）。

在访谈中她不断地强调自己对小孩的责任，"对于小孩的教育，我当时只会想尽自己的能力去做，能做到多少就做多少，做不到就没办法了"。

强烈的家庭责任感、深厚的母爱支撑着沈女士，正因为如此，她才能忍受抚育小孩过程中的种种艰辛。在访谈中提到小孩的成长，她表示倍感欣慰，小孩的懂事让她觉得自己的付出是值得的。当笔者问及为两个儿子付出这么多是否值得时，她回答道，"我自己生的子女怎么会不值得呢？当然值得，我自己生下来的子女，我无论做什么都是为了子女，累到死都值得"。

沈女士的一番话充分体现了爱的本质，即"爱是给予而不是获得，爱是奉献而不是索取"（周国平，2011）。沈女士对两个儿子的爱无以复加，正因为如此,她才甘愿为儿子付出,愿意为儿子受苦,并以苦为乐。沈女士对儿子的爱之所以会这么强烈,跟儿子可以延续香火、传宗接代密切相关。可以说,香火延续的需要唤醒了沈女士的母性。

无论是在婚姻的特有资本、婚姻的目的、家庭结构,还是在父母对子女的情感和责任感方面,子女都对婚姻的稳定具有正面的促进作用。

二 亲属的干预

在中国,尤其是农村,婚姻不仅是当事人个人的私事,它还是当事人所属家族的公共事务。费孝通很早就指出了这一点:"结婚不是件私事。……我说婚姻是用社会力量造成的,因为依我所知世界上从来没有一个地方把婚姻视作当事人个人的私事,别的人不加过问的。婚姻对象的选择非但受着社会的干涉,而且从缔结婚约起一直到婚后夫妇关系的维持,多多少少,在当事人之外,总有别人来干预。这就把男女个人间的婚姻关系弄成了一桩有关公众的事件了。"(费孝通,1998:129)

费孝通主要是从婚姻的意义的角度来探讨如何保持婚姻的稳定的。对于费孝通的观点我们可以做如下理解,即通过社会的力量把男人和女人结合在一起,社会的力量渗透到婚前婚后的各个环节。无论是婚前还是婚后,社会力量的介入目的都是保证婚姻中所生的孩子能够得到父母的抚育。换言之,婚姻外社会力量的存在是有功能的,即帮助维系婚姻的稳定,进而确保婚姻中出生的孩子能够得到父母的抚育。社会力量的存在可以帮助已婚夫妻更好地处理彼此关系,尤其是在婚姻出现危机的时候更是如此。如果夫妻关系融洽,社会力量的作用可能不那么明显;当婚姻出现问题时,社会力量的适当介入有助于婚姻危机的化解。诚如费老所言,婚姻的稳定不仅需要婚姻双方自身的努力也需要婚姻外社会力量的介入。

刘易斯和斯帕尼尔(Lewis and Spanier,1979:288)认为,来自家庭、朋友和教会的反对离婚的压力会使婚姻当事人选择保证婚姻关系的延续或婚姻的稳定。

在整合良好的农村社区,每当婚姻遭遇危机时,由婚姻当事人长辈、亲朋好友构成的亲情关系网络会极力加以劝阻,多以"为了孩子""为了家庭"为由,说服当事人要互相忍让。经过亲友的调解,闹离婚的夫妻多半会放弃离婚的想法(尚会鹏、何详武,2000:1~7)。当婚姻发生问题时,父母、亲友的劝和有助于婚姻的稳定(蔡文辉、李绍嵘,2013:101)。

在 M 村①也存在一套机制阻止婚姻的破裂。调查发现，女方的哥哥、父亲以及男方的哥哥、嫂子以及家族中的长辈会组成亲情调解网络。沈女士因丈夫不顾家曾在哥哥面前讲过要跟丈夫离婚的事，哥哥从抚育小孩的角度对她进行了劝导："你要看儿子一面，你跟他离婚也是这么大的事，不跟他离婚也是这么大的事。你的儿子都这么大了，儿子不是还小离婚了还可以带。现在这么大了，你没办法了，就当没这个老公好了。"

2005 年清明，沈女士的丈夫从厦门回来扫墓，与丈夫同房的一位叔叔（属于家族中的长辈，比较有威信）和其他亲属进来吃清明晚宴。晚宴后，沈女士跟这位叔叔说："我跟他出去厦门打工，他还跟其他女人在一起，经常躲避我，这样子我在这里住不下去了，这个房子呢，他也参与盖了，就每人一半。"沈女士的顾家行为为她赢得了道义支持，而丈夫的不顾家行为则使其丧失了道义资本。鉴于此，这位叔叔当即表态："房子都是你的，没有他的份。"这位叔叔的表态实质上是在通过财产的剥夺来惩罚丈夫，通过多分割财产来补偿沈女士（个案 3-5：沈女士）。

在 M 村这样的熟人社会，婚姻不是当事人之间的私事，而是两个家庭乃至家族的公事，当婚姻出现问题时，夫妻双方的亲属会及时介入。许烺光认为，"中国文化一向不鼓励强烈地表达个人情感，通过中间人参与讨论可以减少直接的情绪反应。这种把个人之间的私事转变为群体事务的意愿渗透在中国社会生活的方方面面"（许烺光，2017：39）。在本案例中，作为弱者的沈女士通过亲属的介入把自己的婚姻私事转变为家族的事务，从而为解决婚姻危机找到了出路。必须指出的是，作为婚姻外社会力量存在的亲属组织若能在当事人的婚姻出现危机时进行必要的干预，是能够化解婚姻危机的。在沈女士的案例中，无论是娘家还是婆家的亲属都劝当事人以家庭为主，看在小孩的分上，维持这段婚姻。

三 村庄熟人社会反对离婚的舆论压力

虽然受到人口流动的冲击，但乡村社会仍属于熟人社会，熟人社会容易生成强有力的舆论压力，生活在熟人社会中的村民（熟人社会人的可见度高）不得不顾及村庄的舆论。"熟人社会中社会约束力较强，在这种情况下，婚姻当事人能够容忍一般情况下会诱发离婚的因素。"（汪国华，

---

① M 村是闽西的一个客家村落，民风淳朴，村庄社会整合度较高，村民之间的联系紧密。

2007:9)"当婚姻责任承诺总是理所当然地被认为是终身的时候,离婚自然遭到抨击。"(斯滕伯格,2000:14)关注脸面是乡村熟人社会的一个基本特征。案例3-5中的沈女士放弃离婚念头的一个原因就是她在意自己的脸面,在乎村民的评价,"如果我不接受他回来,别人会说我一个女的那么强势"。

沈女士的话语清楚地表明,离婚在乡村中仍被认为不是很体面的事,她所生活的村庄民风较为淳朴,仍然存在反对离婚的舆论,这构成了村民离婚的障碍。

第四节　结论与讨论

上文对分居农民工夫妻的婚姻关系如何维系进行了深入探讨,研究发现,分居农民工夫妻的婚姻得以维系部分是因为当事人能从婚姻中得到回报,部分是因为在农村离婚依然存在种种障碍。婚姻的回报体现在夫妻拥有共同的目标、互相信任、互相理解、良好的沟通、互相爱对方等方面。当然,婚姻的回报不是天然就具有的,而是当事人自身努力经营的结果。在丈夫外出妻子留守的分居过程中,当事人能够积极互动,这进一步增强了婚姻的凝聚力。离婚的障碍体现在顾及子女、亲属的干预以及村庄熟人社会反对离婚的舆论压力。如果说婚姻回报使婚姻变得有吸引力,那么离婚障碍则为婚姻筑起了防火墙。

已有研究在探讨分居农民工婚姻稳定的原因时多强调经济因素的作用。农民工家庭成员虽然长期不共同生活但关系仍然稳固的原因是"农民工对家庭的经济支持"(李强,1996:77~81)。分离的核心家庭的维系是生存压力与传统伦理道德约束下的经济维系(潘鸿雁,2005b:18~21)。丈夫外出打工获取了经济收入(叶敬忠、吴惠芳,2009:130~134),从而家庭经济得以改善(许传新,2010:97~106)。

上述学者看到了经济因素对家庭维系的作用,却忽视了其他因素如情感因素在维系婚姻家庭稳定中的作用,有经济决定论的嫌疑。目前绝大多数的研究高度强调中国家庭的合作特性,特别是家庭在应对社会变迁时所显现的"集体行动方式"。结果,中国家庭的公共层面,也就是经济、政治、法律层面,吸引了大多数学者的目光,但是其私人生活的层面却往往被忽视(阎云翔,2006:8)。"虽然农村家庭生活里人与人之间的情感维

系自 50 年代以来已变得越来越重要，可学术界却几乎仍然没有什么人对此进行研究。"（阎云翔，2006：247）

经济虽然是婚姻家庭生活的基础，对于婚姻的维系作用固然重要，但必须承认的是单纯依靠经济因素还不足以维持婚姻的稳定。分居农民工婚姻关系的维系不仅在于经济维系，还在于情感维系（后文将详细探讨农民工夫妻亲密关系的维系）。① 留守妻子与外出打工丈夫在共同改善家庭生计的过程中，能互相信任、互相关怀、互相理解，通过各种方式加强彼此的联系，增进夫妻感情，能够增加婚姻回报，能够加强夫妻之间的连接纽带。家本位的文化使得外出丈夫与留守妻子能够共担家庭的责任。婚姻维系表面上是经济维系和情感维系，实质上在经济维系和情感维系的背后真正起作用的是当事人对于婚姻家庭的责任。因此，婚姻维系本质上是责任维系。斯滕伯格的爱情三角形理论认为，爱情包括亲昵、激情和决断/责任感三部分，在短期的卷入中，特别是在浪漫关系中，激情往往起重大作用，而亲昵可能仅仅起适度作用，决断/责任感可能不起任何作用；反之，在长期的亲密关系中，亲昵和决断/责任感则起相对重要的作用（斯滕伯格，2000：16）。对于长期分居的农民工夫妻而言，因为时空阻隔，夫妻之间难以拥有爱情所需要的激情，也难以享有正常夫妻所有的亲昵，因而他们婚姻的维系主要依靠的是双方对婚姻的责任承诺。正如许烺光所言："中国人尽管要承担纷繁复杂的责任与义务，但他们的婚姻相对更加持久。"（许烺光，2017：132）大多数外出务工的农民工和留守的配偶已经将"道德、良心、责任、义务、'一日夫妻百日恩'、'白头偕老'内化为惯性准则"（徐安琪，1997：104）并在日常婚姻生活中不断去实践。"家庭责任感的运作是建立在使家庭成员之间的合作和他们之间的正面情感最大化的基础之上的，其目的是为了让他们希望继续彼此之间的互动。"（切尔，2005：58）一项对上海婚外情的研究指出了家庭责任对于婚姻维系的重要性，"对家庭的'责任'，而不是配偶之间的'沟通'，是描述维持这种关系的努力的主要语言。而且，这些责任的对象不是夫妻，而是家庭，尤其是孩子。责任意味着实际的互助，维护家庭成员的幸福（包括对配偶

---

① 梁鸿的研究发现，对于乡村人而言，情感交流与表达是难以说出口的事情，他们已经训练出一套"压抑"自我的本领，性的问题、身体的问题，那是可以忽略不计的事情（梁鸿，2011：102）。在梁鸿的老家，一位留守妻子因为情感需求、性需求长期得不到满足，最终选择了自杀。她由此认为，需要关注农民工的性需求满足的问题。

的性关注)"(Farrer and Sun, 2003: 19)。

  本研究的发现与一项对墨西哥跨国家庭的研究结论相似,该研究发现,"考虑到几十年的共同经历,年轻夫妇可能会像他们的父母一样,认为真正维系婚姻的是共同工作和履行义务,而不是甜言蜜语和热吻"(Hirsch, 2003: 157)。由于历史的惯性和文化的积淀,农民工的婚姻以爱情为基础并以爱情来维系的只是少数,多数农民工婚姻维系的主要纽带是责任而不是爱情。正如许烺光(2017: 30)所言:"中国人的婚姻态度:婚姻关系更多基于夫妻间的责任和义务,而非男女的情爱。"

第四章 分居农民工维系婚姻的动因[*]

第三章探讨了分居农民工的婚姻关系是如何维系的，并认为分居农民工婚姻关系的维系本质而言是责任的维系。本章使用来自甘肃、安徽和福建的质性调查资料，从婚姻满意度、婚姻替代资源、离婚障碍和婚姻投资四个方面论述了处于分离状态的农民工夫妻基于什么动力去维系婚姻家庭的完整。研究发现，丈夫独自外出务工改善了家庭经济状况，减少了婚姻矛盾，提高了婚姻满意度，进而提升了婚姻稳定性；离婚障碍的存在以及婚姻替代资源的缺乏使得农民工夫妻不得不维系现有婚姻；婚姻投资的存在则使农民工夫妻需要维系婚姻的稳定。

第一节 问题的提出

在人口流动的背景下，农民工夫妻分居已成为一种社会事实。在绝大多数农村，人口流动所引起的夫妻分居成为普遍现象，且已经为农民普遍接受。本研究感兴趣的问题是人口流动所产生的夫妻分居是否会对婚姻稳定性造成影响，分居的农民工夫妻是基于什么原因去维系婚姻家庭的完整，在这个过程中他们采取了什么策略。

前文的文献综述表明，对分居农民工婚姻稳定性的研究取得了一定成果，增进了我们对相关问题的认识，但仍有拓展的空间：首先，从理论上看，已有研究多数只能解释一方面的现象，难以解释相反的现象；其次，从方法上看，已有的质性研究存在个案同质性强、异质性弱的问题，已有的定量研究虽能从整体上把握离婚率，但难以知道当事人的婚姻是如何走向解体或保持完整的，也难以从当事人的角度去深入了解他们维系婚姻的

---

[*] 本章内容在修改后发表于《江南大学学报》（人文社会科学版）2019年第4期。

动因。

鉴于此，本研究试图从理论和方法方面对已有研究进行拓展。从理论上借鉴并整合已有研究成果解释何以多数处于分居状态的农民工夫妻能够维系婚姻的完整，而有一些却失败。从方法上通过考察流动前与流动后的婚姻关系状态以及对比婚姻稳定与不稳定的个案，从而克服既有研究方法上的不足。

第二节 理论视角

莱文杰（Levinger，1965）通过对大量文献的整理，建构了解释婚姻稳定性的概念框架，他认为婚姻关系的稳定性与婚姻凝聚力密切相关，而影响婚姻凝聚力的因素主要有三个：婚姻吸引力、离婚障碍和婚姻替代的吸引力。该研究认为，婚姻凝聚力与婚姻吸引力和离婚障碍呈正相关，而与婚姻替代的吸引力呈负相关。

Rusbult等（1998）认为，婚姻承诺是解释一些婚姻关系走向解体而另一些婚姻关系得以维系的关键变量。他们提出了承诺的投资模型，该理论模型由婚姻满意度、婚姻替代和投资规模三个要素构成。该理论认为人们之所以愿意维系婚姻是三个要素共同作用的结果，具体而言，婚姻给当事人带来的满足感促使当事人想维系婚姻；现有伴侣之外的婚姻替代缺乏或婚姻替代质量差使得当事人不得不维系现有婚姻；当事人对婚姻的投入构成了离婚的代价，一旦离婚，投入婚姻中的时间、精力、资源等价值将下降或面临损失。

综上，我们看到，影响婚姻稳定性的因素主要分为四个方面：一是婚姻吸引力或称为婚姻满意度，婚姻吸引力或婚姻满意度使得当事人愿意维系婚姻；二是婚姻替代的吸引力，如果婚姻替代的吸引力大于现有婚姻的吸引力，那么现有婚姻容易走向解体，反之则比较稳定；三是离婚障碍，即在婚姻周围存在离婚的障碍，这些障碍阻止当事人走出婚姻；四是婚姻投资，在婚姻存续期间，当事人对婚姻的投入包括时间、精力、情感、资源等，一旦婚姻解体，婚姻投资的价值会减少，从而使得当事人不得不维系婚姻。

下文我们主要从上述四个方面分析处于分离状态的农民工夫妻维系婚姻的动因。

第三节　分居农民工维系婚姻的动力

本研究调查表明,尽管人口流动客观上造成了农民工夫妻时空上的分离,农民工夫妻无法过上正常的婚姻家庭生活,但总体而言,农民工夫妻的婚姻是稳定的。通过对调查资料的系统分析,本研究发现,农民工夫妻婚姻关系比较稳定是因为受到如下几个因素的影响。

一　婚姻满意度

以往的研究大多认为,丈夫务工妻子留守会造成夫妻分居。夫妻时空相隔,情感交流随之减少,同时缺少正常的婚姻生活会造成婚姻质量的下降,进而影响婚姻稳定。例如,许传新(2010)认为留守妻子与丈夫长期分居导致婚姻的许多功能难以实现,这会降低婚姻幸福感和婚姻满意度,从而影响婚姻稳定。留守妻子由于与丈夫分离,无法过上正常人可以享有的夫妻生活,导致性压抑、性饥渴,这不仅会降低留守妻子的婚姻满意度,还会影响婚姻质量,从而危及婚姻稳定。类似的,刘筱红、施远涛(2014:81~89)的调查显示,留守妻子的婚姻质量因为与丈夫长期分居而降低;长期分居还使留守妻子的婚姻变得脆弱,夫妻之间感情淡化导致婚姻解体。马忠东、石智雷(2017)认为,夫妻一方流动会降低婚姻质量,进而导致婚姻破裂。

应当承认,丈夫单独外出就业确实会影响婚姻某些功能的实现,比如,不能享有正常的夫妻生活在一定程度上影响了婚姻质量。然而,本研究调查发现,多数分居农民工夫妻的婚姻稳定性并未受到婚姻质量下降的影响,很重要的一个原因就在于丈夫外出务工挣到了钱。需要追问的是丈夫外出务工挣到钱是如何促进婚姻的稳定的?本研究认为,首先,丈夫外出务工挣到了钱实现了夫妻之间最初的目标。农民外出务工的首要目标是挣钱改善家庭生计,为此才做出一方外出另一方留守的家庭安排。丈夫挣到了钱能在一定程度上满足家庭的需求,包括提高家庭的生活水平、消费水平,可以建房子、培养小孩等,婚姻满意度因此得到提高。其次,家庭经济状况的改善减少了夫妻之间的矛盾。外出务工前,家庭经济状况捉襟见肘容易导致夫妻矛盾,外出务工开拓了家庭收入的来源,家庭经济状况好转,婚姻矛盾因此减少,婚姻幸福感因此增加。莱文杰(1965)认为,丈夫的收入尤其是高收入会增强婚姻的吸引力。有研究认为，与低收入夫妻相比，高收入夫妻更可能有高度的相互尊重和相互爱对方的感觉。高收入有助于妻子积极评价丈夫养家糊口的角色，也有助于丈夫积极评价自己的角色（Bradburn, 1969）。这种积极的评价会产生婚姻的满足感，满足的夫妻更可能继续在一起。成功的角色扮演维持了丈夫和妻子之间相互的爱（Cutright, 1971）。有研究认为，富足的经济生活是维系婚姻较为重要的因素（李良哲，2000）。泽利泽认为，即使是充满爱的家庭，如果没有经济上持续性的投入，也不会维持多长时间（泽利泽，2009：3）。换言之，即使是最亲密的关系，也需要经济上持续性的投入。最后，丈夫外出务工挣到了钱，这表明他履行了男性养家糊口的义务。能挣到钱展现了丈夫的能力。有研究认为，角色扮演者的角色能力越大，角色扮演者的配偶越可能对婚姻感到满意（Nye and McLaughlin, 1976）。

李先生，50岁，高中学历，结婚25年。甘肃省内打工，在建筑队上抹灰搬砖，城里哪里有活去哪里，打工差不多20年了。妻子在家里种地、养牲口（个案4-1：李先生）。

谈及如何在长时间、长距离分离的情况下维系婚姻关系，李先生如此说道："我觉得钱是重点，都是为了钱，就是因为家里太穷没有钱我才出来的。现在我把钱挣回来了，走得又不是很远。家庭条件好了谁都开心，关系自然就好了。"

李先生，45岁，初中学历，结婚22年。从事建筑行业，一般在定西、通渭、兰州、西宁打工，哪里有工程就去哪里。在工地上当工人，累计打工15年。家里有两个孩子，都到了结婚的年龄（个案4-2：李先生）。

问及单独外出务工对夫妻感情的影响，李先生回答道："我在外面挣的钱多了，我们吵的架也少了，以前为钱吵的架可不少。有句老话说得好'小别胜新婚'，我还觉得我们感情越来越好了。"

两个个案都表明，婚姻关系没有因丈夫外出务工、妻子留守而受影响。婚姻关系和夫妻感情还因为丈夫外出务工改善了家庭经济条件而变好。外出务工的丈夫通过汇款履行对子女、配偶和父母的经济义务，并从中获得情感的满足。汇款维持了农民工与仍然在家乡的亲人之间的家庭联系。

二　婚姻替代资源

以往的研究认为，农民外出务工会增加与异性接触的机会，进而增加婚姻替代资源。李萍（2011：17~20）认为，农民工的人际关系网络在流动的过程中不断扩大，进城务工人员接触异性的机会大大增加，婚姻的替代资源也相应增加。远离传统道德规范约束和村落社区力量监督的农民工容易受到婚姻替代资源的吸引，导致婚外恋或重婚行为的发生，进而威胁婚姻的稳定。马忠东、石智雷（2017）认为，人口流动会增加可接触到的婚姻替代资源，降低婚姻搜寻成本，进而威胁婚姻稳定。有研究认为，如果一个人想要一段关系，但认识到除了现在的伴侣没有其他人可供选择，那么这个人就不得不继续和现在的伴侣维持关系（Stanley and Markman，1992）。

本研究发现，多数已婚农民工缺少婚姻替代资源。已婚农民工的人际关系网络具有内卷性和封闭性的特点，换言之，农民进城务工后交往的对象基本还是同样身为农民工的老乡、亲戚和朋友，依旧生活在由熟人构成的圈子中。熟人圈子使得已婚农民工的行为具有可见性，受制于熟人圈子的监督，农民工很难有接触异性的机会。当然，不同职业的农民工接触异性的机会差异很大。建筑工人接触异性的机会微乎其微，商人因为生意和交际的需要会进入夜总会等消费场所，接触异性的机会相对较多。总体而言，对于普通的打工者而言，其婚姻替代资源是缺乏的。

在建筑工地打工15年的李先生表示："我一天到晚都在工地上，接触的也都是大老粗。"（个案4-2：李先生）

在人口流动背景下，理性的农村女性倾向于从经济贫困地区流向经济相对发达的地区。农村适婚女性的外流会加剧农村婚姻市场的性别失衡和婚姻挤压，会减少农村适婚男性的婚姻资源，同时会减少已婚农民的婚姻替代资源。不断上涨的结婚成本也提醒已婚人士珍惜现有婚姻。

郭先生，35岁，高中学历，结婚10年。在兰州打工，做装修、干木工活，打工有7年了。妻子在家带小孩。问及长时间、长距离的分离情况下如何维持和妻子的婚姻关系，郭先生如此回答："我们家本来条件就不太好，这边娶老婆也要十几万，也是父母借了点钱才够付彩礼钱的。她跟了我以后我也挺高兴的，按我们家这个条件很难再找一个，就安安心心地和她过日子。"（个案4-3：郭先生）

张先生，男，32岁，高中学历，结婚3年。跟几个亲戚在西安打工，在工地上做些体力活，打工差不多10年了。妻子在老家种地和养牲口。问及在长时间、长距离的背景下如何维持婚姻关系，张先生说："我们家家庭条件不好，我是一直拖到29岁了才结的婚，村里好多女的嫌弃我们家的家庭条件。所以这段婚姻我肯定会好好珍惜，多迁就她，多挣点钱给她。"（个案4-4：张先生）

上述个案表明，丈夫单独外出务工后并没有增加婚姻替代资源。受家庭经济、婚姻市场结构约束的影响，农民工夫妻格外珍惜现有婚姻。

三 离婚障碍

离婚障碍指阻止或反对当事人离开婚姻的约束力，包括对受抚养子女的义务、社会压力、经济依赖/经济依附等。

（一）对受抚养子女的义务

人们普遍认为，只要不牵扯到孩子，离婚就是夫妻自己的事情。由此可以预计，与没小孩的夫妻相比，有小孩（特别是未成年子女）的夫妻在离婚时会感到更大的约束。

许多人认为离婚在许多方面对小孩有害，所以很多不幸福的夫妻为了小孩的利益仍待在一起（Levinger，1965）。贝克尔（2007）认为，结婚的时间越长，离婚的可能性越小，原因就在于婚姻特殊资本的积累。子女作为婚姻的特殊资本会增加婚姻的价值，这种资本在婚内的价值比婚外大很多。另有研究发现，第一个出生的孩子在学龄前提高了婚姻稳定性，其他的孩子只有在他们非常小的时候才增加婚姻稳定性。年龄较大的孩子和婚前出生的孩子增加了婚姻破裂的机会（Linda and Lee，1991）。

本研究发现，不少婚姻不幸的夫妻是基于对小孩的义务而维系没有情感的空壳婚姻。

刘女士，35岁，高中文化，结婚11年，有一个在读小学的儿子。丈夫在外地做生意，自己在家开日用品批发店。丈夫一年回家一两次。刘女士家境殷实，她很满意这样的生活，儿子读书很上进不需要她操心。但她总担心丈夫在外面有别人。刘女士跟丈夫也会通电话，但对丈夫在外面的具体情况不是很了解。由于丈夫长期在外，两人之间的感情也越来越淡薄了。2015年暑假，她带孩子去丈夫那边住的时候，发现丈夫手机短信里有一些与别的女人暧昧的内容。当她质问丈夫是否和别的女人有不正当往来的时候，丈夫信誓旦旦地说没有，并解释说那只是自己生意上的伙伴。刘女士将信将疑，后来她撞见丈夫和一个女人搂搂抱抱，当时她对丈夫彻底失望了，于是她带着儿子第二天就回到老家，走之前还跟丈夫说要跟他离婚。刘女士跟笔者说，当时一心想的是离婚，她也知道现在婚姻法在离婚这方面有明确规定的，她丈夫后来跟她说他很早就打算离婚了。不过后来在公公婆婆的劝说下，出于对儿子的考虑，刘女士还是没有选择离婚。她说："但是那个时候我对他已经死心了，现在只希望儿子能够健健康康地成长，至于其他的事我也不想管了，也管不了了。"（个案4-5：刘女士）

张女士，35岁，初中文化，结婚10年，有一个独生子。张女士现在独自在老家务农，孩子经常寄养在其母亲家。丈夫常年在本市经营水果批发生意。她身体状况一直不太好，定期去医院买药。她平时很少有时间照顾孩子，偶而将孩子从其母亲家接回来。每次丈夫回来，双方都会为一些鸡毛蒜皮的小事吵架，动静大的时候街坊邻居都过来劝。因为忍受不了丈夫的坏脾气，加上丈夫对她和孩子的冷漠，他们之间很少交流，她对丈夫在外面的情况也知之甚少。她也想过离婚，但是为了孩子，不得不打消这个念头，"哎，现在孩子还这么小，我如果离婚了，到时候我们孤儿寡母该怎么过，现在至少有个男人作依靠，凑合着过吧"。（个案4-6：张女士）

（二）社会压力

社会压力指的是关系网络中的人对婚姻当事人施加的反对离婚的压力

以及婚姻当事人所生活的社区反对离婚的舆论所产生的压力。

在农村，婚姻不是当事人之间的私事，而是家族之间的公事。当婚姻出现危机时，当事人所处的关系网络中的重要他人如父母、亲戚、朋友会对其进行劝解，多以提醒当事人要为小孩考虑来阻止他们离婚。

> 刘女士，40 岁，小学肄业，结婚 15 年，有一个儿子和一个女儿，一个读初中，一个读高中。丈夫在外面做酒店生意，自己则在老家开精品店。虽然丈夫一年回家就两次，但一家子生活得很幸福。前几年，她听闻丈夫在外面有其他的女人，刚开始还不信，后来她决定去丈夫所在的城市，当面要让丈夫说个清楚。丈夫认为她无理取闹，死活也不承认他有其他的女人。后来，她找机会翻看了丈夫的手机，才确信丈夫出轨了。她回到老家后，跟自己和丈夫的父母说了此事。他们都劝她为了两个孩子不要离婚。她也考虑了很久，最终还是放弃离婚。她说："不是我不想离，我知道我跟他的婚姻早已名存实亡，但是我要是离了，在这儿多少会让人说闲话的，况且对孩子影响也不好。"（个案 4-7：刘女士）

（三）经济依赖/经济依附

既有研究表明，当妇女在经济上依赖于丈夫时，即使婚姻不幸福她们也不愿意选择离婚，因为离婚后她们的生活水平、消费水平将下降，她们得自己养活自己；而当妇女在经济上独立于丈夫时，她们能够摆脱不幸福的婚姻。

受受教育程度限制，留守妻子的人力资本积累低于丈夫；此外，她们的体力也不如丈夫。因此，当有外出打工机会的时候，家庭一般是选择丈夫外出务工，妻子留守。留守妻子在一定程度上依赖丈夫的经济收入来改善家庭的经济。从夫居的传统和现有的土地制度也在一定程度上增强了留守妻子对丈夫的依赖感。

个案 4-6 中的张女士之所以选择不离婚，部分原因在于儿子还小，部分原因在于对丈夫的依赖感。

四 婚姻投资

婚姻投资指夫妻在婚姻持续过程中投入的时间、精力、物质财产和共同的朋友等,这些附着在婚姻关系之上的资源的价值将会随着婚姻关系的结束而消失或减少(Rusbult,1983;Rusbult,Drigotas,and Verrette,1994)。Rusbult 等(1998)认为,婚姻满意度使得婚姻当事人想维系婚姻,婚姻替代资源的缺乏使得婚姻当事人不得不维系婚姻,而婚姻投资则使得婚姻当事人需要保持现有的婚姻关系。

随着婚姻持续时间的延长,婚姻当事人对婚姻的投资会越来越多。这些婚姻投资作为婚姻的沉淀成本只有在婚姻关系延续的情况下其价值才能得到体现,一旦婚姻关系终止,这些婚姻投资将失去其价值。正因为婚姻投资的存在,一些想离婚的当事人还是选择了继续保持其婚姻关系。贝克尔(2007)认为,结婚时间越长离婚可能性越小的一个理由是,如果一个婚姻保持了其完整性,随着时间的推移,婚姻资本积累起来了,婚姻的价值也就增加了。孩子是最典型的例子,尤其是年幼的孩子。

如前所述,不少对婚姻关系不满意的留守妻子因为子女的存在放弃了离婚。此外,对于留守妻子而言,离婚势必涉及对夫妻共有财产的分割,比如房屋产权、耕作的土地等。

因外出打工的丈夫把钱花在情人身上而不履行其婚姻家庭的责任,沈女士利用亲戚前来家里参加清明晚宴的机会提出要与丈夫离婚,并向亲戚表示:"家里的房子是夫妻共同建的,一人一半。"夫家的一位长辈当即对沈女士表态:"房子都是你的,没有他的份。"不过部分是因为房子、土地和儿子等婚姻特有资本的存在,部分是因为亲属反对离婚,沈女士最终放弃离婚(个案3-5:沈女士)。

第四节　结论与讨论

本章从婚姻满意度、婚姻替代资源、离婚障碍和婚姻投资四个方面分析了处于分居状态的农民工夫妻是基于什么缘由去维系婚姻的。本研究有如下几点发现。

首先,分居农民工的婚姻关系得以维系部分是因为丈夫外出务工改善了家庭经济状况。家庭经济状况的好转减少了夫妻矛盾,夫妻关系因此变好。对于农民工夫妻而言,外出务工的首要目标是挣钱,丈夫挣到钱既实现了夫妻最初的期望和目标,也展现了丈夫的能力。丈夫挣到钱使家庭的需求更容易得到满足,比如培养小孩在经济方面更容易实施,家庭生活水平得到提高等，家庭需求的满足提高了夫妻双方对婚姻的满意度。

以往的研究过于强调夫妻分居所引起的婚姻质量下降对婚姻稳定的影响。马忠东、石智雷（2017）的研究认为丈夫独自外出就业会降低婚姻质量，从而增加了离婚的风险。与以往研究不同，本研究认为，对于还处于谋求家庭生存阶段的农民工夫妻而言，婚姻质量是第二位的，而改善家庭生计、培养子女则是第一位的。受农业生产力水平、市场以及其他制度环境因素等的限制，社会化小农单靠务农无法满足家庭的需求。为了拓展家庭收入来源以改善家庭生计，家庭本位的农民工夫妻无奈地做出了一方外出另一方留守的安排。这种安排是农民工家庭在现有的资源条件下的理性选择，当然这种选择以牺牲家庭成员的共同生活为代价。费孝通说过，理想的婚姻生活是夫妻既能享受共同生活的乐趣，又能把抚育事业经营好（费孝通，1998：147）。但在现实生活中，感情上的需求和事业上的合作很难兼顾。作为共同体的农民工夫妻往往更为强调彼此在事业上的合作，压抑感情方面的需求。虽然农民工夫妻一方外出另一方留守不可避免地会在一定程度上降低婚姻质量，但夫妻分居显然更有利于家庭整体利益的获得，因此农民工夫妻的婚姻关系不会因为婚姻质量降低而变得不稳定，相反还会因为夫妻分居所带来的家庭经济状况改善而变好。

农民工的婚姻类似于蔡文辉（2003）所讲的"功利性婚姻"，在功利性婚姻中，夫妻把维持婚姻看作一种责任，至于夫妻之间是否亲密并不重要。夫妻双方在各自的小世界中按照既定的角色模式各做各的，平平稳稳地过日子。翟学伟（2017）指出，对于中国夫妻而言，婚姻质量对于婚姻关系的维系似乎没有那么重要。原因在于中国人（特别是农民）的婚姻多属于缘分婚姻，在这种婚姻模式中，夫妻忽视内在吸引力，不会去制造浪漫、不会频繁亲昵，夫妻不介意暂时的别离。农民工的婚姻多属于缘分婚姻，夫妻中一方的长期外出不会影响婚姻的维系。

其次，婚姻替代资源的缺乏以及离婚障碍的存在使得分离的农民工夫妻不得不维系现有婚姻。人口流动尤其是农村适婚女性资源向外流动加剧了农村尤其是贫困农村地区婚姻市场的婚姻挤压，面对这种结构性约束以及昂贵的结婚成本，大多数外出务工男性格外珍惜现有婚姻。

再次，婚姻投资如房屋、土地、子女的存在使分居的农民工夫妻需要维系现有婚姻。因为随着婚姻的维系，农民工夫妻对婚姻的投入会越来越多，这些婚姻投资只有在婚姻维系的情况下才有价值。

最后，尽管农民工夫妻在空间上相互分离，但他们把彼此视为家庭不可分割的一部分。在分居的过程中，他们彼此信任、相互理解。受家本位文化的影响，农民工夫妻把家庭的利益置于个人利益之上，为此他们愿意牺牲夫妻的共同生活，乐意为家庭奉献。无论是留守妻子还是外出务工的丈夫，他们都在各自的领域中履行其婚姻家庭的责任。用左际平的话说，外出务工丈夫和留守妻子遵循的是"平等责任原则"（equal obligation principle）（Zuo，2004），即努力为家庭做贡献的丈夫可以要求妻子也为家庭做贡献，反过来妻子也可以要求丈夫为家庭做贡献。而贡献的标准则根据文化规定的丈夫和妻子的家庭角色来界定。以平等责任原则为指导，从本质上看丈夫与妻子之间交换的是维系婚姻关系的一种长期承诺。本研究认为，根据平等责任原则来指导的夫妻之间关系取向的交换有助于婚姻关系的长期维持。换言之，当留守妻子和外出务工丈夫都能够履行文化规定的其对婚姻家庭的责任时，夫妻之间能够维持责任平衡，家庭也能够过上好日子，婚姻关系也能够因此维持稳定。

第五章　分居农民工婚姻关系为何难维系？*

第三章和第四章探讨了分居农民工婚姻关系得以维系的原因，并认为多数分居农民工夫妻的婚姻保持稳定。但笔者在田野调查中也发现，仍有少数分居农民工夫妻的婚姻关系走向了终结。本章将深入探讨分居农民工婚姻关系解体的原因。基于对分居农民工夫妻的质性研究，从婚姻的吸引力、离婚障碍、家庭责任感和妇女独立意识等方面分析了留守妻子的婚姻关系是如何走向解体的。研究发现，夫妻长期分居弱化了婚姻的诸多功能，降低了婚姻质量和婚姻对配偶的吸引力；夫妻长期分居还容易引起伴侣之间沟通的不畅和信任感的下降；外在离婚障碍的减少使离婚变得容易；当事人一方婚姻责任感的缺乏易引起婚姻冲突，进而危及婚姻的稳定；妇女独立意识的加强使婚姻不幸的留守妻子敢于提出离婚。

尽管已有研究取得了不少成果，丰富了我们对相关问题的认识，但已有研究存在以下几个缺陷。第一，已有研究只是指出了影响留守妻子婚姻稳定性的因素，至于这些因素在什么情况下起作用、如何起作用，已有研究并未进行深入分析。第二，已有研究多就事论事，缺少理论框架，也缺少理论对话。第三，已有质性研究所选择的个案同质性强，个案类型不够丰富，个案之间缺少差异性，这使得已有的研究只能解释婚姻不稳定的个案，难以解释婚姻稳定的个案，影响了既有研究的解释力。第四，已有的研究多采取文化客位的立场，没有站在当事人的角度去理解他们的婚姻状况。第五，已有研究在没有对比流动前后婚姻关系状况的情况下将婚姻关系的变化归因为流动与留守所引起的夫妻分居。

---

* 本章内容在修改后以"留守妻子的婚姻为何走向解体？——基于对农民工家庭的定性研究"为题发表于《江南大学学报》（人文社会科学版）2018年第1期。

第一节 研究框架

莱文杰较早使用婚姻回报、离婚障碍和婚姻替代建构了一个解释婚姻稳定性的模型（Levinger，1976）。后续也有研究使用该模型框架对人们为何维系婚姻进行了探讨（Previti and Amato，2003）。本章在借鉴以往研究的基础上，结合调研资料建构了一个解释分居农民工婚姻不稳定的框架图（见图5-1）。

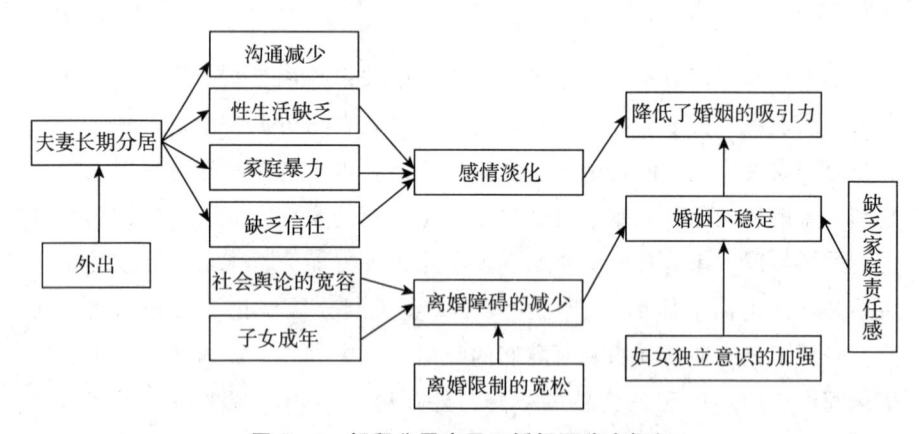

图5-1 解释分居农民工婚姻不稳定框架

第二节 分居农民工婚姻关系走向解体的原因分析

通过对调查资料的反复分析，本研究认为，影响分居农民工婚姻稳定的因素主要有：婚姻对夫妻双方吸引力的下降；婚姻外部的约束力量即离婚障碍的减少；缺乏家庭责任感；妇女自身独立意识的加强，使得婚姻不幸的她们能够不必再依赖丈夫。

一 夫妻长期分居降低了婚姻的吸引力

佟新、戴地（2013：12~17）对婚姻互动与婚姻质量之间的关系进行了深入地探讨，认为夫妻之间积极的互动关系是人们评价婚姻质量的重要标准。当夫妻之间能够积极地互动，包括积极地进行沟通、陪伴彼此、拥有满意的性生活以及互相理解时，便能拥有较高的婚姻质量。依据佟新、戴地的研究，我们可以推论，当夫妻之间无法积极地互动，比如无法积极地进行沟通、无法陪伴彼此、缺乏满意的性生活、无法相互理解时，婚姻质量会较低。刘易斯和斯帕尼尔的研究认为，婚姻质量高的夫妻，其婚姻稳定性好（Lewis and Spanier，1979：290）。徐安琪、叶文振（2002：103~112）也认为，婚姻稳定性最主要、最直接的预测指标是婚姻质量，高质量的婚姻是夫妻关系持续稳定的前提与保障。

本研究发现，夫妻分居两地给彼此的互动增添了障碍。夫妻长期不在一起，婚姻的诸多功能（情感抚慰功能、性生活功能）的实现会遇到障碍。夫妻长期分居不仅会降低婚姻的吸引力，也会降低婚姻质量。在其他条件不变的情况下，婚姻质量和婚姻吸引力的降低会对婚姻关系的稳定产生负面影响。

1. 沟通减少

沟通可以让夫妻分享感情，通过情感的交流让夫妻感受彼此的关心与爱，能够增进夫妻关系，使夫妻更紧密地结合在一起；沟通也有利于夫妻分享经验、感受、思想和期待。良好的沟通有助于婚姻的美满（彭怀真，2001：176~178、230）。婚姻的和谐程度与夫妻之间的沟通程度有关（蔡文辉，2003：185）。

巫女士，1969年生，与丈夫施先生（1965年生）于1992年经人介绍后相识，1993年登记结婚。巫女士与丈夫共有两个女儿，1994年生育一女，1998年生育次女。2009年9月起，施先生外出务工，分居期间双方缺少交流与沟通，导致夫妻感情不和。2014年巫女士以夫妻分居已达四年之久，夫妻感情破裂为由向法院提出离婚诉求。法院认为，夫妻之间的感情隔阂是施先生外出务工后双方缺少沟通与交流造成的（个案5-1：巫女士）。[①]

唐女士，1985年生，2005年2月经人介绍与黄先生认识，2007年3月登记结婚。唐女士于2007年5月生一子。2008年至2009年，夫妻一起在福建泉州、晋江等地打工，维持家庭生活。其间，双方因家庭琐事经常发生争吵。自2012年5月起，黄先生单独外出打工，唐女士在家抚养儿子，双方很少联系和共同生活，影响了夫妻感情。黄

---

① 福建省宁化县人民法院民事判决书，（2014）宁民初字第20号。

先生认为，2012年5月起的外出打工是家庭生活所迫，并不是夫妻感情不好而分居生活（个案5-2：唐女士）。①

上述两个个案共同表明了一个事实，那就是丈夫外出务工妻子留守造成了夫妻时空上的分离，使得夫妻之间的交流与联系明显减少，这在一定程度上导致夫妻感情淡薄，婚姻的吸引力由此减弱。个案5-1中，夫妻长期分居期间缺少交流导致感情不和，这种不和最终引发婚姻危机。个案5-2中，唐女士与黄先生在一起生活的过程中就因家庭琐事经常发生冲突，频繁的冲突势必淡化夫妻感情。在分居期间夫妻很少联系彼此，这进一步弱化了夫妻之间原本就已经淡薄的感情，最后唐女士以夫妻感情破裂为由提出离婚。

2. 性生活缺乏

国外的研究认为，性生活对于婚姻关系的建立和维系有正面作用。例如，"从前，性是已婚个体社会角色的特征之一，但是现在，性已经成为了夫妻生活不可或缺的人生经历，因为它形成了夫妻关系的基础言语"（博宗，2010：33）。"当代的夫妇之所以与众不同，不仅是因为婚姻中包含了爱情，也在于除了相对衰弱的夫妇领域之外的夫妻个人领域和利益的重要性不断增强，另外还在于，性在夫妻关系的建立和维持中起到了崭新的作用。"（博宗，2010：33）另有研究认为，"一种相互的、对于性行为具有排他性的关系所聚焦并强化的是伴侣彼此之间所存在的爱情。它也加强了对这种独特的重要关系所具有的感觉，并且它支持着这样的观念，即认为这种关系将会持续下去。因而，在婚姻持久的情感联系中，性欲爱情是相提并论的"（切尔，2005：9）。婚姻关系是一种亲密关系，夫妻之间正常的性生活有助于亲密关系的维系、有助于增进夫妻之间的情感。留守妻子与外出打工的丈夫时空上的分离使得他们难以过上正常的夫妻本可拥有的性生活。性生活的缺乏以及不和谐毫无疑问会削弱夫妻之间的亲密性，不利于伴侣间情感的培养与巩固。

婚姻关系的维系与夫妻共同生活、亲密沟通和互动密切相关。两地分居的婚姻状态使留守妻子处于性压抑状态（吴慧芳、叶敬忠，2010）。梁鸿指出，外出打工的农民以及留守妻子，都正值青春或壮年，正是身体需

---

① 福建省宁化县人民法院民事判决书，(2014) 宁民初字第352号。

求最旺盛的时期，但是他们长期处于一种极度压抑的状态（梁鸿，2011：103）。在乡村社会，"情感的交流与表达，更是难以说出口的事情，他们已经训练出一套'压抑'自我的本领，性的问题、身体的问题，那是可以忽略不计的事情"（梁鸿，2011：102）。

谢女士于 2002 年 3 月在河田镇登记结婚。谢女士与丈夫生育了两个小孩，女儿于 2003 年出生，儿子于 2006 年出生。从谢女士怀上第二胎开始，丈夫就公然带着情人租房过起了同居生活。小孩出生后，丈夫从未碰过她，即使同床丈夫也不碰她。在家人的反对下，丈夫带情人到汕头打工，一起租房居住。2011 年 6 月，丈夫在宁德打工，谢女士带小孩去看望，但在同一张床上，丈夫连碰都不碰她。2006 年 5 月第二个小孩出生后，夫妻关系名存实亡。2014 年 2 月 19 日谢女士以分居九年多，双方互不履行夫妻义务，夫妻感情完全破裂为由起诉离婚（个案 5-3：谢女士）。[①]

个案 5-3 中，谢女士与丈夫结婚前的感情基础薄弱，婚后夫妻感情并未建立。也许是因与妻子感情不和，丈夫选择搞婚外情。丈夫的婚外情进一步破坏了原本就脆弱的夫妻关系，这导致后来在谢女士去看望外出打工的丈夫并与其同居期间，丈夫并未碰她。丈夫的婚姻不忠以及性生活的缺乏影响了婚姻的稳定。

3. 家庭暴力

家庭暴力得到全球的普遍关注，是一个重要的社会问题，家庭暴力对家庭的稳定构成极大的威胁。家庭暴力现象在农民工家庭中比较普遍（李成华、靳小怡，2012）。

徐安琪认为，夫妻发生争执后如果彼此不理不睬、赌气冷战，乃至动手打人等，将对婚姻的凝聚力和婚姻稳定性产生消极的影响（徐安琪，2012）。

当伴侣之间的冲突众多且严重、婚姻冲突得不到有效的解决、配偶不能容忍这些冲突时，婚姻关系容易走向解体。夫妻一方对另一方施暴的行为属于配偶之间的消极互动，这种行为不仅会破坏夫妻之间的感情，而且会降低婚姻质量和婚姻的吸引力，甚至危及婚姻稳定。

[①] 福建省长汀县人民法院民事判决书，(2014) 汀民初字第 563 号。

肖女士辛苦在家种田、抚养儿女，在外打工的丈夫怀疑她有第三者，并以此为借口动不动就殴打她。迫于无奈，肖女士曾于1999年7月2日、2006年5月25日两次向法院提出离婚（个案5-4：肖女士）。①

个案5-4中丈夫之所以对妻子实施家庭暴力是因为他怀疑妻子与第三者有染，家庭暴力不仅破坏了夫妻感情，还减弱了婚姻的吸引力。因为不堪忍受丈夫的家暴，肖女士选择提出离婚。

4. 缺乏信任

使得亲密关系易于保持的另一个因素是信任，即期望对方会善待和尊重自己（Simpson, 2007）。如果丧失了这种信任，亲密伴侣也会常常变得猜忌与疑虑，以致损害亲密关系特有的开朗、坦诚和相互依赖（Jones et al., 2004）。有研究认为，男方单独外出所造成的夫妻空间上的长期分离影响了夫妻之间正常的心理沟通与情感交流，结果是加强了彼此的距离感和疏离感，相互的信任受到影响，进而波及婚姻的稳定（李萍，2011）。

个案5-4中，外出务工的丈夫不信任留守妻子，并以她有第三者为由对其实施家庭暴力。夫妻之间相互信任是婚姻得以维系的心理基石，在夫妻分居的背景下更是如此。然而，因为时空分隔，夫妻之间面对面互动的缺乏以及沟通的减少容易导致彼此猜忌和不信任。这种不信任感会威胁婚姻的稳定。

二 离婚障碍的减少

离婚障碍包括离婚的社会障碍、离婚的法律障碍和离婚的子女障碍等。离婚障碍的减少体现在三个方面：其一是社会舆论的宽容；其二是婚姻法对离婚限制的宽松；其三是子女的成年。离婚率的上升部分原因在于离婚障碍的阻止作用越来越无效（White and Booth, 1991）。古德认为，"离婚法越松，离婚率也越高"（古德，1986：225）。"只有在实行离婚制度的地方才可能有真正的婚姻不稳定，因为只有离婚才使婚姻完全破裂，而分居只是推迟离婚的某些影响，并没有使夫妻双方都恢复自由。"（迪尔凯姆，1996：295）"中国社会转型期离婚率的持续上升跟社会环境的日渐

---

① 福建省长汀县人民法院民事判决书，(2013)汀民初字第3314号。

宽松有关。"(徐安琪，1997：106)

随着社会的变迁，农村社会的离婚现象日益增多，离婚作为一种社会事实渐渐为村民所接受。"在21世纪初，当城市居民的离婚趋势减缓时，农村人口的离婚趋势继续加剧，城市居民和农村人口的离婚差距缩小。"(Ma and Rizzi，2018)对于离婚现象，村民不像以前那样严厉反对，而是选择默默接受。在离婚问题上村庄舆论效果的弱化意味着离婚当事人所需承受的社会压力会减小。

1980年《婚姻法》第四章规定了离婚的法定原则，即感情确已破裂，调解无效，应当准予离婚。有研究指出，伴随着时代的变迁，婚姻法出现了更加宽松化的新规定。例如，最高人民法院于1989年11月发布了关于确定感情破裂的十四种情形（黄宗智，2007：339）。

不少婚姻不幸福的妇女之所以选择维系空壳婚姻是因为子女的存在，她们在离婚时会考虑到离婚给子女带来的负面影响，尤其是当子女还小的时候会更加慎重，而子女长大成人则会大大减少离婚当事人的离婚顾忌。

> 肖女士分别于1999年和2006年两次向法院提出离婚诉讼请求，后在亲友的劝说下以及考虑到年幼的子女，肖女士撤回了诉讼。自1999年撤诉后，肖女士与丈夫一直分居生活，夫妻关系名存实亡。2013年肖女士又一次向法院提出离婚诉讼，法院考虑到双方当事人在婚后未能建立较为深厚的夫妻感情，且肖女士的丈夫长期外出务工，肖女士无法联系上他，表明夫妻感情已经破裂，无和好可能。法院支持了肖女士的离婚诉讼请求，准予她与丈夫离婚（个案5-4：肖女士）。[①]

个案5-4中的肖女士曾经三次提出（分别是1999年、2006年和2013年）离婚，我们可以通过这三个时间点看到子女的存在对离婚的不同影响。1999年肖女士首次提出离婚时，她的两个儿子均未成年，长子才15岁，次子只有5岁；2006年第二次提出离婚时，长子22岁，次子已经12岁；2013年第三次提出离婚时，两个儿子均已成年。前两次离婚之所以没成功，很重要的一个原因是肖女士考虑到孩子还小，而第三次提出离婚时，长大成人的子女已经不再成为离婚的障碍。相反，长大的子女看到父

---

① 福建省长汀县人民法院民事判决书，（2013）汀民初字第3314号。

母婚姻的不幸，可能还会因为考虑父母的幸福选择支持父母离婚。

此外，肖女士前两次提出离婚时，亲友都进行了劝说。而当她第三次提出离婚时，亲友不再进行劝说，可能还会鼓励她离婚。因为一再提出离婚的事实表明，夫妻之间的感情确实到了不可调和的地步。个案 5-4 表明，外在离婚障碍的减少是促使肖女士成功离婚的重要原因。

三 缺乏家庭责任感

夫妻关系属于亲密关系，亲密关系能否维持跟夫妻双方对彼此和家庭是否有责任感密切相关。在布劳看来，当夫妻双方都能对对方和家庭负起责任时，婚姻关系能够维持。对此他说道："在具有深刻意义的亲密关系中，相互提供报酬是重申和维持交往本身的手段，而在其他社会关系中，交往则是为获得各种外在报酬的手段。个体在对他们具有内在重要性的人际关系中的强烈责任感往往使这一交往的持续成为一种至高无上的价值，为了它，他们愿意作出巨大的牺牲。""某人对他所钟爱之人的福利作贡献，其目的不在于以适当的外在收益的形式为自己所施予的每种恩惠索取特定回报。相反，这些贡献将作为表现该个体对这一关系负有坚定责任的象征，并作为使对方尽到某种相应责任并继续交往的诱因。"（布劳，2008）

而在婚姻关系中，如果夫妻一方对对方和家庭尽职尽责，而另一方却不履行他或她该承担的责任，那么婚姻关系会变得紧张甚至走向解体。对此，布劳说："如果一个人为他人作出贡献并准备给她带来好处而不期望任何特定的偿还，而后者却通过为自己谋取外在收益来剥削前者，那么，在这种关系中就会出现严重的紧张局面。"（布劳，2008）

> 肖女士与丈夫于1983年经人介绍认识，1984 年 4 月按农村风俗举行婚礼。肖女士与丈夫育有两子，长子1984年生，次子1994年生。肖女士诉称，1993 年正月开始，丈夫一直在外打工，在外打工期间他很少顾及家庭及子女，即便是再高的收入，也很少寄钱回家。1999 年开始，丈夫连小孩的学费都不寄回家，她靠一个人种田的微薄收入维持小孩的生活学习费用。肖女士所在的村委会出具的证明证实其丈夫长期外出务工（个案 5-4：肖女士）。[①]

[①] 福建省长汀县人民法院民事判决书，(2013) 汀民初字第 3314 号。

家庭是命运共同体，家庭的正常运转需要夫妻共同履行对家庭的责任。而在个案5-4中，外出打工的丈夫并没有履行其作为丈夫对家庭的责任，尤其是对子女的抚养责任。丈夫这种长期不顾家的行为引起了肖女士的不满。丈夫的不作为甚至失职行为使得婚姻失去了平衡，而婚姻责任的失衡会导致付出的一方产生不公平感，进而破坏婚姻关系的稳定。

四 妇女独立意识的加强

妇女参与就业使她们在经济上有了保障，离婚的经济障碍也因此减少，她们可以去追求可能存在的更多满足而不必束缚于苦闷的婚姻中。妇女经济独立性的不断增强为她们解除失意的婚姻提供了更多的可能（赫特尔，1988）。

有研究认为，妇女经济独立性的增强是导致离婚的宏观因素。如果婚姻幸福，那么妇女的就业不会增加离婚的可能性，但是就业为妇女从不幸的婚姻中解脱提供了一条道路（诺克斯、沙赫特，2009）。唐盛明认为，妇女外出工作后取得经济上的自主能力，降低了对丈夫的依赖程度，面对婚姻不幸，她们不必再忍气吞声，有了退出婚姻的选择（唐盛明，2014）。

前述离婚案例不少是由女方提出的。在遭遇婚姻不幸时，女性敢于提出离婚的事实表明女性独立意识的加强。农村女性在留守过程中增强了自主性，能够摆脱对丈夫的经济依赖。

第三节 结论与反思

综上所述，本章从婚姻的吸引力、离婚障碍、家庭责任感以及妇女独立意识四个方面分析了分居农民工婚姻关系走向解体的原因。研究有以下几点发现。

第一，导致分居农民工婚姻关系解体的不是单一因素，而是多种因素共同作用的结果。本章虽然主要从婚姻的吸引力、离婚障碍、家庭责任感以及妇女独立意识四个方面进行论述，但其实还有其他影响因素。此外，上述因素也受到其他因素的影响。例如，婚姻的吸引力既受到婚前夫妻感情的影响，也受到婚后夫妻感情的影响。不少婚姻走向解体部分是因为婚前感情基础就比较薄弱，婚后感情又因各种因素影响没有建立。婚姻既是经济共同体也是情感共同体，男女缔结婚姻既有经济方面的需求，也有情感方面的需求，还有性生活的需求。任何一方面需求的不能满足都会在一定程度上降低婚姻的吸引力。

第二，研究分居农民工婚姻的稳定性需要将流动前就不稳定的婚姻与流动后不稳定的婚姻进行区分，只有进行这种区分才能确切地知道是什么因素导致分居农民工婚姻变得不稳定。在本研究中，部分留守妻子的婚姻在丈夫外出务工之前就已经岌岌可危，这表明婚姻解体并非由于流动以及夫妻分居。由于流动前婚姻关系就已经存在裂痕，这种裂痕在夫妻分居后不但没有得到修复反而越来越明显，并最终导致离婚。

第三，丈夫外出务工妻子留守所引起的夫妻分居确实在一定程度上降低了婚姻吸引力。由于长期分居，夫妻之间缺少面对面的互动，婚姻家庭的许多功能无法实现。长期不在一起共同生活无疑会降低婚姻的质量，进而降低当事人对婚姻的满意度，从而危及婚姻的稳定；时空的阻隔势必减少夫妻之间的正常交流，信息交流的减少和信息的不对称容易引起夫妻之间的猜忌；相互信任是婚姻得以维系的心理基础，而信任感的缺乏则会破坏夫妻双方的感情基础。

第四，伴随社会的变迁以及媒体的宣传，离婚现象日渐增多并慢慢为村民所接受。离婚现象作为社会事实的存在会不断地提高村民对离婚的容忍度，村庄舆论压力因此慢慢被弱化。村庄舆论压力的弱化毫无疑问会减轻离婚当事人的社会压力。婚姻法有关离婚的规定为离婚减少了制度上的障碍。子女未成年会构成离婚的强大障碍，而子女长大成人则会减少离婚当事人的顾虑与担忧。这些外在离婚障碍的减少使离婚变得容易。

第五，婚姻是命运共同体，也是责任共同体。只有当夫妻双方都能自觉履行其对家庭的责任时，家庭才能够正常有序地运转。而当夫妻一方尤其是外出一方不能自觉地担负起其养家糊口的责任时，婚姻责任的失衡轻则引起付出较多一方的不满，重则危及婚姻的稳定。

第六，不少离婚诉讼的发起人是留守妻子的事实表明，妇女经济上自立以及人格意识的独立使得她们不必依赖于婚姻和丈夫。当婚姻不幸福时，她们有了走出婚姻围城的勇气与底气。

虽然笔者试图从多个方面尽可能地对分居农民工婚姻关系解体的原因进行解释，但如前所述，影响分居农民工的因素是多方面的，本研究不可能穷尽所有的影响因素。此外，受样本数量、类型等因素的限制，本研究的结论无法进行外推。

第六章 婚姻伦理变迁对农民工婚姻稳定性的影响[*]

第五章探讨了分居农民工婚姻关系走向解体的原因，但忽略了婚姻伦理变迁对农民工婚姻关系所产生的负面影响。基于实地调研，本章从婚姻伦理变迁的视角分析了农民工婚姻关系走向解体的原因。研究发现有以下几点。其一，社会性价值的衰弱。部分农民工从过去的"要脸"变为现在的"不要脸"。社会性价值的衰弱减少了离婚的外在约束力。其二，本体性价值的衰弱。过去农民工是为了他人（家庭和子女）而活，现在则是为了自己而活。本体性价值的衰弱减弱了农民工维系婚姻的动力。其三，农民工的行动取向发生了从"家庭本位"向"个体本位"的转变。个体本位的行动取向不利于婚姻关系的维系。其四，农民工的消费观念也相应地从"禁欲主义"转变为"享乐主义"。享乐主义的消费观容易使农民工夫妻对婚姻产生失望，进而危及婚姻的稳定。本研究认为，在社会转型的背景下，农民工的婚姻伦理发生了变迁。婚姻伦理的变迁不仅减弱了农民工离婚的障碍，还弱化了农民工维系婚姻的动力，增强了农民工走出婚姻围城的动机。

第一节 问题的提出

已有不少研究指出，农村的离婚率在逐年上升。例如，陈讯对贵州一个乡镇的调查发现，农村的离婚率在持续上升（陈讯，2014）。另据民政部发布的社会服务发展统计公告，全国的离婚率在不断上升。笔者近几年在乡村调研的过程中也发现农村婚姻家庭领域发生了巨大的变化，这些变

---

[*] 本章内容修改后发表于《福州大学学报》（哲学社会科学版）2020年第4期。

化并不是仅存在于笔者调查的村庄，而是普遍存在于全国各地农村。"抛夫弃子"现象、骗婚现象、闪婚闪离现象等日渐增多，这需要学界进行进一步的调研并在学理上进行探讨。

笔者认为，研究农村的婚姻危机（离婚潮）需要超越个体的视角，从更宏大的社会变迁的角度进行把握。有学者认为，研究当前农民工家庭关系不能单从权利义务、公德的角度出发，而应从农民工价值观变迁和价值世界坍塌的视角去理解农民工家庭关系的变化（陈柏峰，2007）。有研究将20世纪90年代以来乡村社会离婚现象增多的原因解释为乡村婚姻伦理出现了变异（申端锋，2007）。

贺雪峰也认为中国农村出现了严重的伦理性危机，并将此归结为现代性因素进入村庄使得农民传宗接代的本体性价值观开始衰退，而农民对社会性价值和基础性价值的追求则变得亢进。现代性因素伴随快速的经济发展、人口流动和信息传播进入农村，受此影响，农民的价值观被重塑，农民行动的结构性条件也因此被改变（贺雪峰，2008）。

与上述学者所持观点不同，有研究认为中国农村并未出现严重的道德危机，中国农村社会正在经历的是一场道德转型，即从强调个体责任和自我牺牲的集体主义伦理到强调个体权利和自我发展的个体主义伦理，并主张从道德转型的角度去理解改革时代不断变化的道德景观（阎云翔，2006）。

笔者不加入有关中国农村是否出现道德危机的争论，而是在已有研究的基础上探讨当代中国农村家庭结构变动（离婚率上升）的社会根源。本章试图从农民工价值观变迁入手去理解农村婚姻稳定性下降的原因。文中所有访谈资料（除非特殊说明）都来自笔者的实地调研。

第二节 婚姻价值观变迁及其对婚姻稳定性的影响

改革开放以来，我国不仅在经济层面发生了巨大的变迁，在社会结构层面以及社会文化价值观层面也有巨大的变化，在社会变迁的裹挟下，农村的婚姻家庭也发生了相应的变化。笔者在调研过程中发现，多个调查对象将农村婚姻危机的出现归结为"社会风气变坏了"。下文从四个方面具体论述农民工婚姻价值观的变迁及其对婚姻稳定性的影响。

一 社会性价值的衰弱：从"要脸"到"不要脸"

社会性价值是"关于人与人之间关系，关于个人在群体中的位置及所获评价，关于个人如何从社会中获取意义的价值"。"社会性价值追求在社会中的地位，在人群中受尊敬，希望个人生活得体面，希望获得其他人的好评，希望有面子和尊严……"（贺雪峰，2008）"不要脸"是一种很严厉的指责，是指个人不在乎社会对他的品格的看法，为了私利而违反道德要求（胡先晋，2006）。

传统农村社会是一个熟人社会，村民之间的互动比较频繁，村民彼此在日常生活以及公共生活中"抬头不见低头见"。由此，农村社会容易生成强有力的村庄舆论，村民通过舆论影响村民的行为。俗话说，"人活面子，树活皮"，在流动性受阻的村庄社会中，农民非常在意其他村民的评价，在乎自己以及家人的脸面，而违反村庄伦理规范的行为会导致当事人丧失脸面。改革开放后，随着户籍制度的松动，村民开始大规模向城市流动，村庄由封闭走向开放。农民进入城市打工并在那里生活，但城市的伦理规范无法调节农民工的行为，而原本有效的村庄舆论以及村庄伦理规范则鞭长莫及，因此农民工容易产生越轨行为。一些进城打工的农民与他人以临时夫妻的身份共同生活，有的包工头则包养起情人。在调查中，一位在城市帮儿子带小孩的老人告诉笔者，一位在厦门开饭店的男子与妻子的妹妹通奸，虽然妻子碍于面子没有离婚，但丈夫和小姨子的行为已经不仅使当事人丢脸，其家庭的脸面也因此被"丢尽了"。

伴随社会的转型，现代性因素和商品经济、市场经济全面渗透到农村社会中，受此影响，农民的社会性价值不断衰弱，表现为一些农民在婚姻实践中不在乎村庄舆论所产生的心理和社会压力。笔者在田野调查中发现，闽西客家 M 村发生了多起骗婚的事件，部分女性村民及其家人把婚姻作为谋利的工具。由于农村婚姻市场挤压使得骗婚成为可能，少数女性村民通过骗婚来获取彩礼，在彩礼到手后，便想方设法离婚，一旦离婚成功便故技重施。离异女性村民的如此做法得到了其娘家亲属的支持，甚至是其娘家亲属动员其去这么做。村民对于骗婚的评价是"不要脸"。"脸"不仅意味着个人尊严，同时意味着个人与其他人的关系，尤其是与家庭及社群的关系。因此，"不要脸"这句话不仅侮辱了所指对象，同时侮辱了她的家人（潘毅，2011）。而当地村民普遍把这类骗婚行为的发生归结为"社会风气变坏"。

社会性价值的衰弱不仅意味着个体的自我约束减弱，而且来自村庄舆论的外在约束也在减弱，受此影响，农民离婚的障碍减少。

二 本体性价值的衰弱：从"为他人而活"到"为自己而活"

传宗接代是农民的本体性价值，农民将自身置于祖先和子孙的链条中，从而使得有限的生命获得无限的意义。恰如许烺光所言，在传统中国农村，每一个个体都是生在祖荫下，长在祖荫下，终其一生都离不开祖荫。农民生养子女的行动类似于韦伯所讲的价值理性行动，传宗接代的价值观赋予农民抚育子女的行动以宗教般的意义。对传统社会中的农民而言，传宗接代类似于西方意义上的宗教，农民对传宗接代的价值追求使农民愿意承受并担当现实的苦痛。

传统农民婚姻的一个重要功能是传宗接代，因此拥有后代尤其是男性后代对于宗族血脉的延续是非常重要的，由此婚姻不是当事人个人的私事，而是要对祖宗及后代负责的公事。"婚姻的法定行为尽管先于生孩子，但结婚总是为了有后代。生孩子的期望先于婚姻。在农村中，结成婚姻的主要目的，是为了保证传宗接代。"（费孝通，2001）

与费孝通的观点相似，许烺光对喜洲镇的研究发现，"婚姻是延续父系家族的一种手段。……婚姻是男性为中心的。婚姻强调的不是丈夫与妻子的感情，而是妻子对丈夫，尤其是对公婆的义务。妻子必须生育男性后嗣，这是妻子对婚姻的应做的贡献"（许烺光，2001）。类似的观点还有"至少在意识形态层面上，家庭的存在并不是为了支撑个人，恰恰相反，个人的存在是为了延续集体"（阎云翔，2012）；"因为有了祖先崇拜这一最原始的宗教，中国人的家庭观念才会如此强烈，才会以家庭为自己的生活重心"（李银河，2003）。

当前中国农村巨变最为根本的方面是维系社会基础结构的价值观发生了巨变，换言之，当代中国农村中的农民关于人生意义的价值导向发生了变化。在传统农村社会，农民有着强烈的传宗接代、延续香火的价值理念，农民人生的目标、生命的意义和生活的动力都来源于传宗接代的价值追求，这也是农民安身立命的基础（贺雪峰，2009）。

现代农村社会，一些妇女的结婚目的发生了明显变化，她们结婚的目的是追求美好生活，因此当婚姻不幸福时，她们敢于向丈夫提出离婚。一位流动妻子谈及离婚的原因时,就明确说要争取自己的婚姻幸福。

众多田野调查发现,农村女性在离婚时往往选择不要孩子,这个事实表明这些女性的婚姻目已经发生了根本性改变,即从"为了他人而活"转变为"为自己而活",她们不再追求传宗接代的本体性价值。"现代社会的个体不再愿意为了集体的利益和扩展家庭的绵延不绝而牺牲自己。"(阎云翔,2012)本体性价值的衰弱使得农村女性无法形成长久和稳定的生活预期,她们更在乎的是个体当下欲望的满足。

农民价值观变化的重要原因在于伴随工业化和市场经济的发展,现代性因素全方位地渗透进农村,消费主义和个人主义观念通过电视、互联网等媒介进入农村,强调和保障个人权利的政策、制度和法律进入乡村;随着农民在乡城之间大规模的流动,城市的生活方式和婚姻价值理念也进入农村。与此同时,原本封闭的村庄共同体不断解体,传统文化和信仰生存空间不断被挤压,农村文化越来越边缘化。

城乡流动会在一定程度上弱化农民工夫妻关于婚姻意义的价值共识,流动前的村庄社会是一个相对封闭且静止的社会,在这种社会中,村民容易在婚姻的规范以及婚姻的意义上形成价值共识。流动前农民的婚姻观念相对传统,他们多数认为,婚姻的意义是传宗接代,结婚是确立双系抚育;流动后这种婚姻价值观不断被弱化,因为流动者所接触的城市文化和西方文化关于婚姻的价值观更加多元,这种多元的婚姻价值观会冲击原先主宰或笼罩农民的单一婚姻价值观,婚姻价值共识的弱化会阻碍农民工夫妻的团结。夫妻之间因婚姻价值观念不一致,在行为层面容易导致冲突,冲突的不断累积势必引发婚姻危机,进而影响婚姻关系。受传统婚姻价值观的影响,农民夫妻会强调亲子关系的重要性,重视彼此在抚育子女过程中的合作与配合。他们在婚姻生活中会首先重视子女需求的满足,而对自己需求的满足则相对忽视甚至延迟满足。他们会把子女的幸福视为自己婚姻幸福的前提条件,强调对子女的付出,换言之,他们是为了子女而活,为了他人而活。走出村庄来到城市之后,接受城市以及西方婚姻价值观洗礼的部分农民工,会从原先的"为他人而活"转变为"为自己而活",不再追求传宗接代的价值观,转而追求个人的幸福,并以后者作为婚姻幸福的标准。当个人的需求难以从婚姻中得到满足时,他们容易心生不满,容易抵挡不住婚姻之外的诱惑。

三 行动取向的改变：从"家庭本位"到"个体本位"

在传统社会，中国人在日常生活中是社会取向的（杨国枢，2008）。"中国传统家庭伦理的基本精神是家庭本位，一切以家庭利益为重，个人必须无条件地服从家庭利益。"（李桂梅，2004）

在农村，农民的道德实践实现了从集体主义的责任伦理向个体主义权利伦理的转变（阎云翔，2006）。在刘燕舞所做的对湖北省 J 县 J 村 16 人次离婚案例的研究中，除了两个离婚案例没有涉及孩子，其余 14 个案例中女性在离婚时都选择了不要孩子。女性抛弃丈夫的行为是可以理解的，但抛弃自己的孩子的行为则突破了伦理底线（刘燕舞，2009）。农村离异女性"抛夫弃子"的行为说明这些女性的道德观发生了改变，即从家庭主义责任伦理转为追求个人幸福和欲望满足的个人主义伦理。

在现代性的冲击下，传宗接代的价值理念以及地方信仰被冠上了"愚昧""封建""落后"等负面的标签，并被农民逐步抛弃，农民人生的意义变为"个人奋斗"和"及时行乐"，"为个人而活"替代了为祖先和子孙而活，农民安身立命的基础渐渐瓦解（贺雪峰，2009）。

农村中出现了个体化趋势。一项对东北下岬村的田野研究发现，在改革开放前的集体化生活中农村就出现了个体化的趋势，而在集体化生活解体之后农村的个体化趋势更加明显。在集体化时期国家对本土道德世界进行的社会主义改造以及集体化生活解体之后商品经济与消费经济的冲击共同推动了农民个性的觉醒与个人主义的兴起（阎云翔，2006）。农村女性通过进城务工不仅实现了经济上的自立，而且实现了人格上的自立。在流动的过程中，农村女性接受了现代的价值理念，在行动取向上从原来的家庭本位转为个体本位。当然由于中国仍然处于转型过程中，价值理念也处于转型中，农民既受传统价值理念的影响，也受现代价值理念的影响。但根据一些农村女性在离婚时不要子女的事实来看，这些女性确实在行动的取向上已经在奉行个体本位的价值观。她们不仅抛弃丈夫而且抛弃子女的行为表明，她们缺乏婚姻家庭的责任感和义务感。

在个体化进程中，结婚的意义已经发生了根本性的改变，已经从"为他人而活"转向"为自己而活"。个体需求的满足成了判断婚姻好坏的标准，"好"婚姻标准的转变使夫妻关系变得脆弱，甚至倾向于解体。因为如果共同生活无法符合对它的期待，符合逻辑的结果就是分开生活（贝克、乌尔里希，2011）。

笔者在田野调查中发现，一些农村青年妇女在行动取向上不再以家庭为中心，而是以自我为中心。一位访谈对象告诉笔者，她的一个亲戚在县城一家工厂打工，儿子四五岁了，找了别的男人，后面回来闹离婚。她评论说："现在的年轻人，只顾自己的快乐幸福，连小孩都不要。"

现代婚姻法减少了对离婚的限制，离婚变得容易，婚姻的稳定与长久取决于双方从婚姻中得到的持续的满足以及对婚姻承诺的坚持（斯科特，2005）。

从文化的视角看，传统的家庭本位文化使得婚姻当事人难以做出离婚的决定；而现代个体本位文化则使人们可以较为从容地做出离婚的选择，个体本位的文化对农村社会离婚率的上升起到了催化的作用（李迎生，1997）。

在笔者看来，农民行动取向的改变跟国家推动的社会转型密切相关。改革之前的人民公社制度使得农民脱离家庭的约束进入集体（生产队），从而削弱了以儒家和父权为主的传统价值观念的影响；而在改革开放之后，市场化改革以及去集体化运动推动了农民流动，农民进城打工使得农民可以摆脱来自家庭、亲属群体和村庄社区的影响。同时，在城市的生活过程中，农民工耳濡目染现代的价值观，包括消费主义和个人主义。当前农民工婚姻价值观的转变主要跟现代性以及农民工的流动有关。农村行动取向从家庭本位向个体本位的转变会在一定程度上影响农村婚姻的稳定性。

四 消费观的变迁：从"禁欲主义"到"享乐主义"

中国传统文化对个人趋乐避苦天性的否定态度和以苦为乐的精神以及中国文化以家庭为本位而不是以个人为本位的价值取向有助于婚姻家庭关系的稳定（李银河，2003）。中国城市社会发生了从苦行者社会到消费者社会的转型（王宁，2009）。其实，不仅城市社会发生了这样的转型，农村社会也正在经历这样的转型。

随着消费观的变迁，日常生活中的道德规范从强调为了一个伟大目标而自我牺牲和艰苦奋斗转变为在具体的物质方面专注地追求个人幸福和自我实现。换言之，界定人生意义的伦理已经从集体主义转变为以个体为中心的道德规范（阎云翔，2012）。20世纪90年代，在政府与国际资本的共同推动下，消费主义作为一种新的文化观应运而生（阎云翔，2006）。现代社会的特征是很多人都是物质主义者，或者说很多人不同程度地受到物质主义的影响。现代性的价值导向就是物质主义、经济主义和消费主义的价值导向。现代性价值导向通过制度、主流意识形态、媒体，激励着多数人以物质主义的方式追求人生意义（杜维明、卢凤，2009）。

伴随消费社会的来临，农民的消费观也在发生转变与重构。当下农村社会，农民的消费观呈现多元的倾向，节俭主义与享乐主义并存。也有一些人放弃传统的节俭主义，追求物质的享乐。

"如果她有一份工作，可以在经济上摆脱对丈夫的依赖，她会更容易下定决心离婚。但也需要认识到，女性有工作只是离婚的'助推器'；其深层原因是某种欲望的出现，不管这些欲望实际上是什么。"（贝克、乌尔里希，2011）打工使农村女性可以摆脱对丈夫的经济依赖，她可以更容易做离婚的决定。女性有工作只是离婚的助推器，深层的动因是追求个人幸福的欲望的出现。

一项田野调查发现，20世纪90年代的农村青年与上一代人相比有许多自身的特征，包括在个人生活中强烈追求幸福的愿望。他们的幸福观也比前辈更个人化，而且通常更物质化（阎云翔，2006）。

在匮乏经济背景下成长起来的妇女，在进入丰裕的经济环境中时，由于基本的生存需求已经得到满足，她们会对过日子的状态感到满意。而在丰裕的经济背景下被社会化的年轻的农村妇女，追求的是享受型的生活，由于享受型的欲望更难得到满足，她们更容易对生活现状感到不满。因为欲望是无止境的，旧的欲望满足后会滋生新的欲望，因而追求享受型生活的年轻妇女们容易因为生活的暂时不顺而提出离婚。

不同于倾向于将农村离婚率的上升视为道德危机的观点，阎云翔等从道德转型的角度来分析农村妇女通过离婚来追求美好生活的欲望，他们把欲望视为新的社会伦理的一部分。20世纪90年代以来，个体欲望觉醒和迅猛发展的根本原因是"从注重责任和自我牺牲的集体主义伦理体系向强调个体权利和自我发展的个人主义伦理体系的转变"（阎云翔，2006）。在个人主义责任伦理得以确立的背景下，欲望不被看作对道德和规范的颠覆，由此农村妇女通过抛夫弃子来追求个体幸福的行为被合理化了。改革开放前，个体欲望是被批判的，而到了90年代中期个体欲望则被自然化和合法化了，欲望的满足获得了正当性和合理性（肖索未，2018）。

在社会转型的背景下，受商品经济和消费主义的影响，人们形成了追求个人享受和满足个人欲望的道德观。这种个人主义的道德观势必影响婚姻家庭的稳定性（金眉，2010）。

第三节　结论与讨论

上文从婚姻伦理变迁的角度分析了何以农村家庭结构会在社会转型的背景下发生巨大的变动。研究有如下几点发现。

首先，农民对社会性价值的追求已经有所弱化。在传统封闭的且不流动的农村社会中，农民会渴望得到社区的尊重，而改革开放后，村庄的边界不断被流动所打破，熟人社会慢慢地转变为半熟人社会甚至陌生人社会，村民日益在村庄之外实现自己的人生价值，他们不像过往那样在意社区的评价。社会性价值的衰弱意味着来自村庄的对离婚的外在约束在慢慢弱化，外在约束的减弱无疑会使离婚变得容易。

其次，农民的本体性价值已经衰弱了。在传统社会中，农民结婚的目的就是传宗接代，而在现代性的影响下，农民不再为了他人而活，而是把满足自己的需求作为人生的追求。以往乡村婚姻稳定的一个重要原因就是子女在维系婚姻中起着重要的作用，不少婚姻不幸福的当事人出于对孩子的考虑选择了隐忍。可以说，中国式乡村婚姻的稳定在很大程度上取决于子女。而随着中国社会的全面转型以及乡村的变迁，子女在农民婚姻维系中的作用不断弱化，这也是乡村婚姻陷入危机的一个重要原因。

再次，农民的行动取向从过去的家庭本位日益转变为个体本位。以往农民在行动的时候多首先考虑家庭的利益，先满足家庭的需求，然后满足自身的需求，而如今的年轻农民夫妻则更多地把个体自身作为行动的出发点。中国的传统文化往往突出集体而忽视个体，可以说，在中国的文化尤其是家庭本位文化中没有给个体自我留什么位置，婚姻当事人在考虑问题时多把家人放在首位，很少考虑自己的利益。然而，乡村的文化在社会转型过程中发生了变化，由原来的一元变为现在的多元。虽然家庭本位文化仍然处于主流位置，但个体本位的文化也在不断发展。家庭本位文化有利于婚姻矛盾的处理以及婚姻维系，个体本位文化则不利于婚姻维系。

最后，农民的消费观发生了从"禁欲主义"到"享乐主义"的转变。传统的农民成长在匮乏的经济环境中，在过日子的过程中知足常乐。而在丰裕的经济环境中长大的新生代农民则在商品经济和消费主义的影响下，开始追求享乐主义。传统农民奉行禁欲主义的消费观，这种消费观使农民夫妻易对物质生活产生满足感，较少因此产生婚姻矛盾。享乐主义的消费观会不断催生新的消费欲望，而人的欲望不仅是多样化的而且从本性上来说是难以被满足的。不断升级且难以满足的消费欲望易使夫妻对婚姻产生失望，一旦因婚姻压力引发的婚姻矛盾难以调解，婚姻便容易处于危机中。

　　本章侧重从婚姻伦理变迁的角度去探讨农村家庭结构变动的原因，但在现实生活中，影响农村家庭结构变动的因素是多方面的。农民工婚姻伦理的变迁与农村家庭结构的变动之间会有互动关系，即农村家庭结构的变动对婚姻伦理的变迁产生影响，而婚姻伦理的变迁会反过来影响婚姻关系的稳定性。

第七章 共同流动农民工婚姻关系的维系

前文探讨了分居农民工夫妻的婚姻维系问题，本章则探讨共同流动的农民工夫妻的婚姻维系问题。本章将探讨两个问题，一是夫妻共同流动的婚姻关系是如何得以维系的；二是夫妻共同流动的婚姻关系又是如何解体的。

第一节 问题的提出

现有关于流动农民工家庭婚姻稳定性的研究散见于其他主题的研究中。张鹂（2014：140～144）对北京"浙江村"的研究指出，在家庭政治中，作为社会能动者，女性做出现实的选择，使用种种策略去提升自己的地位，并能根据具体情况来反抗性别压迫。

由于担心离婚可能会使自己失去财产、孩子以及脸面，妻子会避免公开的冲突。受教育程度较低且缺乏社交技巧的女性在家庭政治当中倾向于使用一些间接的手段。比如一些妇女利用自己的"贤惠"（如把家和孩子照顾得很好）和社会压力来留住自己的丈夫而不是将他们推出家门。尽管离婚被视为社会污点，但在北京的"浙江村"离婚已经很普遍了。离婚多是由发生婚外情的男性提出的。面对家庭破裂所带来的苦楚，一些女性通过建构自己的关系网（结成互助组）来加以反击而不是长期受困于充满折磨的生活之中。

张鹂的研究发现，"浙江村"中相对富裕的男性企业家嫖娼以及和其他女性发生关系的情况非常普遍。对男人来说，这样的性活动是向其他男性民工证明自己经济实力和男人气质的一种方式。他们的妻子抱怨说，这样的行为在村里不会发生，这是被城市和消费导向的经济改革腐蚀的结果（张鹂，2001：132）。虽然这些妇女由于出来打工以及丈夫做买卖挣了钱在经济上很成功，然而她们并没有感觉到更幸福，反而觉得她们的社会地位和在家庭中的稳定性在新的情境中遭到了破坏。张鹂的研究关注的是北京"浙江村"的企业家以及他们的婚姻稳定性，企业家这个群体因为经济状况较好，经常出入歌厅、舞厅、酒店等场所并在这些场所嫖娼和搞婚外情，这种行为对婚姻的稳定性产生了影响。

杰华（2006：187）对北京市农村流动妻子的研究指出，已婚女性到城里打工并没有提升她们在家庭中的权力地位；流动还潜在地导致了家庭内部的不合，比如家庭暴力和冲突。这种家庭不和是因为妻子对男性的经济地位和性权力构成了威胁，男性通过暴力和冲突来应对这种威胁，这种威胁导致家庭的不和以及损害女性的健康和福祉（杰华，2006：192）。

综上，关于流动对农民工婚姻稳定性影响的研究多关注夫妻一方流动对婚姻稳定性的影响，而夫妻一起流动对婚姻稳定性的影响缺少专门的系统性研究。已有的研究关注了进城经商的企业家的婚姻稳定性，对于普通的打工者夫妻的婚姻稳定性缺少关注；即使在关注进城打工对婚姻稳定性影响的研究中，我们看到的是流动对家庭关系的破坏性作用，而对农民工夫妻是如何维系自己婚姻的缺少研究。

第二节　共同流动农民工婚姻关系的延续及原因分析

一　共同流动农民工婚姻关系的延续及表现

在婚姻幸福且稳定的流动家庭中，丈夫和妻子一起打拼来共同维持家庭，并在这个过程中相互体贴、相互支持。进城务工的农民工夫妻大多是家庭取向的，他们拥有共同的目标即多挣钱，一方面提升家庭的生活水平，另一方面培养子女。

江女士，1984年生，小学文化，福建永定人；徐先生，1976年生，初中文化，福建永定人。该夫妻于2008年登记结婚，育有两个小孩，2002年生儿子，2005年生女儿。江女士与丈夫是在做工过程中认识的，夫妻俩一起做泥水装修，江女士给老公做小工，自己包活自己做。为了让小孩上学，江女士与丈夫在打工的城市即福建省龙岩市买了两套学区房。江女士与丈夫关系良好，婚姻幸福，从没有想过要离婚。

问及夫妻关系能够维持14年的原因是什么，江女士说是因为感情深。问及丈夫会制造浪漫吗，她说丈夫没有买过任何东西，就是为了两个小孩子。两个人没有什么其他的要讲，天天干活挣钱，养两个小孩子，买房子也是为了小孩读书。江女士说，夫妻沟通顺畅，丈夫去打麻将，无论输赢都会说。回老家家里有大事小事都会跟对方讲，家里有红白喜事，也会跟对方讲，会跟对方商量。丈夫为人老实、干活勤奋，她对丈夫满意。问及丈夫对自己满意吗，她开始说，那是他的事。后来补充道，丈夫也经常在别人面前表扬自己。问及夫妻在城里打工对夫妻关系有没有影响时，她说没有影响。即使在与丈夫吵架闹矛盾的时候，江女士也没有要找其他男人的念头。她说："想也不敢想这方面的问题，因为有小孩、有家庭，日子过得也不会很差，就算吵嘴了夫妻关系也很快就好了。"（个案7-1：江女士）

张女士，42岁，罗先生，45岁。夫妻育有两个小孩，女儿1988年生，儿子1990年生。夫妻共同外出打工五年，在此之前，丈夫农闲时外出务工，农忙时节回家帮忙。因为务农没有效益，无法负担两个小孩上学，2004年江女士决定跟丈夫一起外出务工。张女士表示，外出后夫妻之间的关系没变化，她认为夫妻在一起比分开更好。张女士与丈夫在2004年共同外出打工之前经历过多年男外出、女留守的夫妻分居生活，但这没有影响夫妻关系。她说，夫妻本来关系很好，丈夫一个星期会打一次电话回家，他这种人够老实，不会怀疑他做什么事，因此不会产生矛盾，信任他不会做坏事，其他的也不会怎样。她觉得夫妻共同外出后彼此的关系没变，跟在老家时一样。问及如何评价丈夫时，张女士说，"无论如何，我已经认他好，工地上只有我讲老公好，只有我讲老公如何思量我。即使我对他生气，也不会说他的不好"。贵州、四川的工友对张女士说："阿姨，从来都没人说老公好的，就你一个人说你老公照顾你如何的好，什么东西都不要你做，你老公叫你不要做小工。"（个案7-2：张女士）

江先生，1978年生，初中文化；彭女士，初中文化。2008年调查时他们一家八口人，分别是父母、弟弟弟媳、妹妹、夫妻俩和儿子。江先生与彭女士在2002年结婚。2007年以前因为儿子还小没到上幼儿园的年龄，江先生上半年与妻子和父母在家务农，下半年忙完农活后外出务工。2008年儿子可以上幼儿园了，夫妻俩一起到厦门进厂打工。彭女士在电子厂上班，江先生在另一工厂做电焊，是技术工。江先生每个月的收入比妻子多五六百元，夫妻关系好（个案2-2：江先生）。

二 共同流动农民工婚姻关系延续的原因分析

托尔斯泰说过："幸福的家庭是相似的，不幸福的家庭各有各的不幸。"在本研究中我们注意到，婚姻幸福的流动农民工夫妻也是相似的，婚姻不幸福的流动农民工夫妻则是各有各的不幸。那么婚姻幸福的农民工夫妻是如何维系婚姻的？婚姻不幸福的农民工夫妻的婚姻关系又是如何走向解体的？本研究发现，婚姻幸福的流动农民工夫妻拥有相同的奋斗目标、较好的感情基础，而且夫妻都能尽力履行其对婚姻家庭的责任；而婚姻不幸福的流动农民工夫妻没有共同的目标、感情基础较差，婚姻当事人未能履行其对家庭应尽的责任。

调查表明，农民工婚姻关系能够延续主要跟下述因素有关：其一是夫妻关系和睦；其二是拥有共同目标；其三是夫妻各尽其责，其四是妻子对丈夫的监督和管束；其五是家庭经济状况的改善。

（一）夫妻关系和睦

1. 夫妻互相沟通

问及夫妻关系能够维持14年的原因是什么，个案7-1中的江女士说，是因为感情深。江女士与丈夫是自由恋爱，她说："丈夫是隔壁村的，跟我堂哥是同学，读初中的时候经常跟堂哥一起玩，成年之后还是一起玩。丈夫在外包工地，堂哥给他干活。18岁的时候我先在漳州卖鸭粥，卖了十多天，后面堂哥叫我到工地做，在工地负责做饭。我与丈夫没有经人介绍，自己谈的。"

流动农民工夫妻的感情好，跟夫妻之间顺畅的沟通有关。问及如何把夫妻关系搞得这么好的，江女士说，要相互沟通。沟通很重要，夫妻有什么事情都要相互坦白，多沟通多坦白，不能有隐私，不能有什么东西藏起来，藏东西藏习惯了，后面就会爆发矛盾，夫妻就会因此吵架。夫妻之间不能相互隐瞒，隐瞒就会生气。江女士告诉笔者，她们一方离开一段时间后，一旦回来，会分享彼此的快乐。"我有什么事情回家，一从老家回来，他会问，我会跟他讲，或者他回老家，一上来，什么事情都会跟我讲。一条虫都摸得到。自己心里有什么，他都知道。他心里有什么我也知道。"

江女士的一番话表明，夫妻之间的沟通可以分享信息，消除对方的猜忌，增进夫妻之间的相互信任，促进夫妻感情。

2. 夫妻互相体贴

农民工夫妻之间的感情是在共同经营家庭、共同为家庭打拼的过程中不断加深的。农民工夫妻进城后一般是租房子居住，虽然是租来的房子，但也是一个家。在这个租来的家中，农民工夫妻互相体贴、互相理解。

个案7-1中的江女士跟丈夫一起做泥水装修，丈夫是大工（技术工），她则是小工，为丈夫打下手。客观而言，丈夫的工作量更大，更辛苦。干完活回家，家务基本都是她做，丈夫偶尔帮忙洗菜。尽管跟自己相比老公家务做得少，她也没怎么抱怨。她说："只要老公在外面天天有活干，家里的家务活我多干一点都没关系。只要他不去花天酒地，不去赌博，天天去干活，有钱挣，我干多点家务没关系。"江女士的一番话表明她是家庭本位的，有极强的家庭责任感，另外也说明了她对丈夫的体贴，她知道丈夫做工过程中的辛苦。

个案7-2中的张女士白天与丈夫一起去工地做工，丈夫是技术工，她做小工。丈夫会主动帮忙做家务。她说自己负责买菜、烧火、洗衣服，丈夫洗碗筷、烧洗澡水。她说，丈夫这两年更勤劳，以前没这么勤劳，原因是自己更多的做不了，做了身体会痛，他就要帮忙做。

家务劳动是指家庭成员为满足其成员的精神生活和物质生活需要进行的无酬劳的劳动（刘爱玉、庄家炽、周扬，2015：20~28）。家务劳动对婚姻稳定有促进作用。有研究认为，在父权制度建构下，女性可能把家务作为一种资源，女性将分担更多的家务作为保持婚姻稳定和家庭关系和谐的一种策略（杨菊华，2015：31~41）。该研究的贡献在于把家务视为女性维系婚姻关系的一种资源，开辟了一个新的解释女性为何愿意多承担家务的视角。本研究要追问的是对于女性而言，做家务是一种策略，那么对于男性而言做家务意味着什么？

有研究认为，婚姻关系建基于情感之上，婚姻关系的维系需要夫妻双方的共同努力，家务劳动是维系婚姻关系的一条非常重要的纽带。夫妻共同承担家务或者丈夫能够自觉主动地承担更多的家务劳动，不仅有助于增加夫妻的彼此信任、增进双方的情感，还有助于夫妻关系的亲密与和谐（刘爱玉、庄家炽、周扬，2015：20~28）。该研究的贡献在于，从经验上证明了家务劳动除了时间约束、性别角色观念以及相对资源等理论解释，也是一种情感表达。

上述两项研究采用的是定量的方法，探讨的是女性多做家务对于维系婚姻关系的促进作用以及做家务其实是对于配偶以及家庭成员的一种情感。笔者在研究中发现，丈夫自觉主动地承担家务不仅表达了他对妻子的情感，而且有助于夫妻关系的和谐。

有研究认为，在家庭内部，爱和道德被视为行动的规范。情感不但是实质上的维系情感关系的纽带，而且是一种义务配置的依据——"有情"往往意味着"有义"（王宁，2014：218）。在家庭内部，家庭成员也会相互期待情感（慈爱、恩爱、孝顺等），如果缺乏这种情感，家庭关系就会受到损害，甚至破裂（如夫妻离婚）（王宁，2014：218）。个案7-2中张女士的故事清楚地表明，家务劳动是一种情感劳动（刘爱玉、庄家炽、周扬，2015：20~28），丈夫主动承担家务体现了他对妻子的关爱、体贴与照顾，正因为如此他得到了妻子的高度认可。与以往研究相似，本研究发现，丈夫与妻子共担家务或者丈夫主动多承担家务确实能够增进彼此的亲密感，有助于夫妻关系的维系。

> 问及什么样的老公才算有出息，彭女士表示："不一定是要挣很多钱，要能体贴对方；再一个小孩要受到教育；能感觉到对方做家务的辛苦，能了解到对方对家庭的付出；要对自己比较了解，能体会她对家里做了什么。挣了很多钱的男人不晓得你在家里有多少活，一般很会挣钱的男人他老婆是在家里的。他挣了很多钱但不知道她在家里有做什么，在家里有怎么样的辛苦。"听妻子这么一说，江先生表示，他能体会到老婆在家里的辛苦，包括她现在在外头的辛苦和自己的辛苦，大人在家的辛苦也都了解（个案2-2：江先生）。

3. 夫妻互相忍让

有研究指出，如果在夫妻相处的过程中，婚姻当事人能够忍受伴侣的一些不严重的冒犯而不还击，那么此种行为反应有助于亲密关系的维持

(米勒，2015：440）。这种行为反应被称为顺应行为，它指伴侣一方能够控制冲动，避免以类似的方式应对对方的挑衅，甚至相反，做出一些建设性的反应（Rusbult, Martz and Agnew, 1998：74－113）。当配偶的冒犯只是偶尔或暂时的，顺应就是避免无谓冲突的有效方法。当伴侣双方都能够保持冷静而不以眼还眼，以牙还牙时，他们一般会拥有幸福的亲密关系（Rusbult, Arriaga and Agnew, 2001：359－387）。古德（1986：115）认为，如果夫妻双方都有"利他主义行为"，即双方在冲突中都能让步，他们的婚姻会比较美满。夫妻在婚姻相处过程中的"互相忍让"就是一种顺应行为，顺应行为是婚姻当事人有意识地做出努力以使亲密关系免受损害。具有顺应性的人能容忍伴侣的破坏性行为，顺应行为有助于消除而不是加剧伴侣的糟糕情绪，有利于亲密关系的保持（米勒，2015：215）。

共同流动农民工夫妻之间深厚感情的形成跟夫妻能够妥善地化解婚姻矛盾有关系。

问及要怎么做才能使夫妻关系稳定时，个案7－1中的江女士说："要互相忍让一点。除非忍无可忍才会生气。他生气的时候自己要少吭声。他生气的时候如果你呱呱叫就会打起来。他生气的时候我不怎么吭声，我生气的时候他也不怎么吭声。他要吵架的时候，不要跟他吵，一下子就过去了，就没事了。要生气的时候脸色看得出来。"

江女士跟丈夫偶尔会有矛盾，因为丈夫喝酒喝太多了或赌博，赌博的原因最大，其他都不会引起矛盾。没活干的时候，没收入，人会烦躁，丈夫就去赌博，本来就没收入，他还去赌博，夫妻会因此吵架，吵架一般是丈夫让步。之所以是丈夫让步，理由是他赌博才会吵架，因此他必须让步。夫妻虽然也吵架，但吵过之后第二天关系又好了。江女士说，如果两个人都僵着，那么半个月都不会讲话。

问及夫妻产生矛盾后一般怎么解决，江女士说，有时是自己让步，有时是丈夫让步。最近一次吵架是因为自己去帮别人干点活，丈夫就去赌博，他不管小孩，不回来煮饭，就这样吵起来了。

刘易斯·科塞的功能冲突论提醒我们，夫妻之间发生冲突并非都是坏事，若能妥善合理地处理夫妻间的冲突，甚至还能增强婚姻的团结。以互相妥协这种合理的方式解决夫妻间的冲突能够促进婚姻关系的美满与和谐（蔡文辉，2003：185）。

吵架也是一种沟通方式，通过吵架夫妻双方能够知道对方想什么，要求是什么。根据刘易斯功能冲突论的观点，吵架作为冲突的一种方式只要不危及双方关系存在的基础，对于婚姻的团结还是有帮助的。正如个案7-1中的江女士所言，夫妻之间吵架，次数多了，会把感情吵没掉。她说："没活干，就会烦躁，就会吵架。吵多了就会有隔阂，关系就没那么好，感情就没那么好。"

（二）拥有共同目标

调查表明，农民工夫妻一起进城打工就是为了多挣钱，挣钱的目的主要有两个：一是让家庭过上好日子；二是培养子女。

对于夫妻的目标，个案7-1中的江女士如此说道："两个人都是为了小孩子，要挣钱养家，生活过得好一点。现在两个孩子都那么大了，接下来读初中、高中、大学，要很多钱来培养。"

问及丈夫是否会制造浪漫时，她说："没有买过任何东西，就是为了两个小孩子。两个人没有什么其他的要讲，天天干活挣钱，养两个小孩子，买房子也是为了小孩读书。"

江女士夫妇为了让小孩在打工地上好的学校，买了两套房子。江女士说："那时候房价很高，所以先买个小的，买下后开发商很小气，没给小学赞助费，要入住了才能上学。所以后面才买第二套，都是为了小孩读书。有赞助的可以马上读书，没赞助的要交房后有了房产证才能读。"

个案7-2中的张女士表示，2004年之前丈夫外出妻子留守的决定是她做出的，2004年夫妻共同外出也是她提出的。问及外出务工的原因，江女士说，种烟种得不好，种烟收两三千块钱不合算，最主要的原因还是小孩读书。如果不出去打工，小孩读书的钱挣不到，子女越长越大，需要的钱越来越多，在家种田务农难以供子女上学。没有上过学的张女士深知自己没读过书的苦楚，下定决心要培养子女上学。

张女士说，干活很辛苦，挣钱很辛苦，留了很多汗。对于这个家付出这么多，就是为了挣钱培养小孩，她觉得自己的付出值得。

笔者：为何会选择出来打工，而不是继续在家里种烟？

彭女士：在家里种烟很累，夫妻都在家里的时候会多种点烟，但夫妻都在家里也是这么多收入，夫妻不在家里也是这么多收入，不在家里就是少种点烟。所以收入分为两路比较好：我们在这里挣钱，老人在家里种田。我们出来这里挣钱的话可以多积累点钱，如果不出来在家里的话就只有偶尔帮人做点小工，收入比较少。也就是说夫妻出来打工粮食不会减少，而且收入增加了。我们出来后两个老人还是有能力去种田的，只不过没种烟，负担跟从前差不多。

笔者：出来打工的目的是什么？

彭女士：出来挣钱的目的是自己能够过上比较好的生活，为了家里负担比较轻，以后盖栋房子，然后好好培养小孩。另一方面，小孩带到外头来接触的人比较多，不会像自己从山沟里出来见人都会怕，也是让小孩来外面适应下，好让他性格不会那么内向。小孩现在四岁半，六岁半上一年级，五岁半到六岁半的时候自己送小孩去县城读一年的学前班，让小孩先适应环境，直接升一年级。初步的想法就是这样（个案2-2：江先生）。

（三）夫妻各尽其责

从结构功能主义的角度看，妻子和丈夫在家庭中所处的位置不同，对家庭的功能也不同。一个家庭要运转需要家庭成员承担起自己对家庭的责任。对于农民工夫妻尤其是传统农民夫妻而言，丈夫的角色是挣钱养家，妻子则要料理家庭。而对于现代农民夫妻而言，虽然挣钱养家不一定完全要丈夫承担，但男性依然要承担主要责任。研究表明，当男性农民工能够胜任其家庭角色时，家庭经济能够得到改善，夫妻关系也比较稳定。

笔者：在这个家中，男人的责任跟女人的责任有无不同？

彭女士：男人对于挣钱方面肯定比较重视的，女人家庭的思想负担比较重，比如如何让自己小孩吃得更好，把他的营养要提上去，做小孩欢喜吃的东西。女人负责家里面的，对于外头比较大的负担如要买什么房呀，则是男人的负担。家里的如饮食方面主要是女的（负责），家外主要是男的（负责）。还是有点"男主外、女主内"，行动上肯定有分工的，各人尽个人的能力，他能挣5000（元），自己只能挣1000（元），尽了自己的能力，都是一份心（个案2-2：江先生）。

问及什么样的老公才算有出息时，彭女士认为必须有责任感。而关于什么是责任感，她认为"如果今天要上班他不去，偷懒去其他地方玩，在家里睡觉不去上班，那么他就没有什么责任心，因为你有挣钱的机会你不去挣。如果厂里的生意不好，你找不到其他的事做，但只要尽了心、尽了力那么就可以了。如果你有机会而不去上班那么你就没什么责任心"。

彭女士的一番朴实的话语表明，在家中男人和女人的责任是不同的。男人对于家庭的责任更多地体现在外出挣钱养家，女人则负责家里面的事务。

问及夫妻间有没有什么分工，彭女士说，不属于分工，谁有能力去做谁先去做，如果自己不用加班先回家，家务事自己会做。丈夫没加班的时候比较早回家会给小孩洗澡、洗衣服，谁更有时间谁就去做家务。现在在外地不比在老家，在这里夫妻比较平等。她说丈夫比较有时间，因此夫妻俩做的家务差不多。他七点半下班接送小孩，给小孩洗澡，那时她也回家了，这时候他就晒衣服。她说丈夫也尽他的能力去做家务，时间来得及的话他会做好饭（个案2-2：江先生）。

为了履行自己为人父母的家庭责任，流动农民工夫妻拼命地干活挣钱。个案7-1中的江女士给丈夫做小工、当帮手，自己包活自己干。江女士说："老公嘴巴很来得，很有活干。"夫妻俩很勤劳，几乎天天都干活，一个月没休息几天。她说："没活干的时候很无聊，巴不得天天有活干，有活干就有收入。没活干的时候，没收入，人会烦躁。"

江女士的丈夫很顾家，不会乱花钱。她说，丈夫很心疼钱，不舍得乱花。衣服一年买一两次，有时过年的衣服两年买一次。谈及丈夫的好，她说："老公勤劳干活，不会去外面花天酒地。比较自觉。"

江女士的一番叙述表明她是家庭本位的，为了家庭、为了两个孩子，她拼命干活。江女士认为丈夫也很勤劳，她说："老公比较能吃苦，主要是为了小孩子，请工人划不来，只能自己干。十多年来都是自己干。"

个案7-2中的张女士表示，在家务农的时候很拼命，自己来外面也很拼命，即使身体偶尔有疼痛，都还要去做。以前即使生病，也能拼得下来，也不吃药。丈夫经常叫自己不要拼命，要身体好。她觉得夫妻同心，干活有劲，今天挣了钱，会天天想去做。

张女士觉得丈夫对家庭尽了力,她说:"丈夫十分疼爱小孩,过分疼爱,不会大声骂小孩,小孩被他宠坏了,他宁愿自己累得过,都不叫小孩去干活,现在的社会不同,小孩都在玩,他从来没骂小孩。"

有研究认为,角色扮演者的角色能力越大,角色扮演者的配偶越可能对婚姻感到满意(Nye and McLaughlin,1976)。江女士以及张女士都对丈夫感到满意,原因是她们的丈夫能够胜任他们的家庭角色,尤其是能够挣钱养家。由于妻子也尽力履行其对家庭的责任,因此丈夫也对自己的妻子感到满意。丈夫合格的角色表演得到妻子的角色表现的回报,同理,妻子合格的角色表演得到了丈夫的角色表现的回报。夫妻各自合格的角色表现增强了双方对婚姻的满意度。对婚姻感到满意的个人(和夫妻)不太可能离婚或分居(Nye and McLaughlin,1976)。

(四)妻子的监督和管束

在访谈中,江女士提到,有的男的外出打工把老婆留在老家,结果自己搞婚外恋。问及怎么看婚外恋这种现象,江女士说,其实真正打工都要夫妻两个人在一起,不管哪里都好,不然一个人很孤独,外出打工带着小孩也好,这样就不会产生婚外恋。

江女士(个案7-1)的丈夫干活勤劳,比较自觉,不会花天酒地。在访谈中,江女士的邻居告诉笔者,江女士会管丈夫。[①] 江女士说:"自己天天跟丈夫在一起,小孩大了又不用管,他出去泡茶我也跟着去,丈夫出去泡茶的时候也会带我出去。干活的圈子就那么几个人,老板、房东、一两个知心的朋友,大家都是老实人。天天就那么几个人在一起玩,圈子比较小,不会去花天酒地。"

江女士认为丈夫在没喝酒的情况下性格很好。她说:"他性格好,干活什么的,都慢悠悠的,很好。"但是一旦喝了酒,丈夫不仅爱说话而且喜欢赌。她说:"酒喝下去后性格就不好,喝酒后讲话比较牛;还有很想赌,赌瘾会上来。没喝酒都不会的。假如有朋友一起喝酒,就讲也没有用了。没喝酒就不会想赌,喝酒了就会手痒想赌,不知道是什么原因。"江女士知道丈夫的爱好,对此她并没有完全限制,但也不是完全放任,而是

[①] 巴斯认为,女性也会性嫉妒,女性性嫉妒是因为担心"配偶和其他女性接触可能使他撤走资源和承诺而转向别的女性和那名女性的孩子"(巴斯,2011:127)。参见戴维·M. 巴斯,2011,《欲望的演化》(修订版),谭黎、王叶译,北京:中国人民大学出版社。

给予了一定的约束和空间。她说，现在这两年小孩也比较大了，春节的时候，他想赌就让他去。干了一年的活，春节又没几天。平时会讲，丈夫自己要控制，赌资不能超出预算，平时生活要节俭。

江女士管丈夫的一个重要原因是结婚前的丈夫尽管打工十几年，但没积累到钱，连结婚的钱都没攒够。丈夫在家排行第二，初中毕业。后面去跟别人做学徒，做泥水装修，中途学了半年水电。他是在16岁时出去的。他在26岁的时候认识了江女士，虽然打工十年，但没积累到什么钱。她说，以前做工不像现在，当时包工地要亏，没钱赚，有时连工钱都付不出。年轻人包工地，自己没怎么干活，靠工人干活，赚不到钱，有的工地活干完了，但账目不好结。江女士嫁给他的时候，他还欠别人工钱一万多元。最近十年有包活，但没请人，夫妻俩自己干。因为现在工资高，请人划不来，而且干出来的活没质量。以前两个人包活干，包到过年又没钱，所以害怕承包活干。

江女士说，定亲的时候他口袋里就五百元。他大哥说，没钱定什么亲，没钱就不要娶老婆。他以前不懂事，天天喝酒，狐朋狗友一大堆。酒喝了就没钱，过年回家的时候就一点点钱，这点钱还会赌掉。结婚后有了家庭有了孩子，才有了压力，慢慢攒钱。

江女士管丈夫的另一个原因是她不想步弟媳的后尘。在访谈中，她提到了老公的弟弟离婚的事情。她说："我原来那个弟媳，是厦门的，她跟我老公的弟弟在同一个工厂，谈了好多年才结婚，可以说是患难之妻。结婚后他弟弟在外面跑业务，周边的老板很多都有'二奶'，估计对他影响也比较大。他在外面认识了一个女的，和那个女的有小孩了，没打掉。他弟弟跟小三好了，跟老婆离婚了。他和老婆生了一个女儿，和小三生了一个儿子。"之前，他弟弟的前妻在厦门给看店铺，弟弟全国跑业务，一个月或者半个月才回来一次。现在的老婆会管，没让他再到处跑，如果现在的老婆管不住的话，就会再有一个小三出来。

有的农民工主动把钱交给妻子管，从而控制自己的赌瘾和消费欲望。谈及钱的管理，从事空调装修的罗先生说："因为钱在我身上我会花，钱拿给她后她会控制，我很好赌博，自己有自知之明，钱在身上自己比较难把持住，会产生消费的意愿。"（个案7-2：张女士）

张女士表示，她与丈夫合得来，夫妻24小时在一起，电话费也省了。在访谈中，她提到夫妻不和以及妻子不监督丈夫的后果：有一对新桥的夫妻，经常吵架，弄得夫妻不和；男人不那么正经，一年到头嫖娼，这必然要花费一些，还要产生通信费。

上述个案分析表明，来自妻子的管束有助于丈夫把心留在家里。"保持警惕是两性用来留住配偶的方法。"（巴斯，2011：134）下文的分析将从反面说明，只有当丈夫对家有责任感时，妻子才能管得住他。

（五）家庭经济状况的改善

与低收入夫妻相比，高收入夫妻更可能有高度的相互尊重和相互爱对方的感觉。高收入有利于妻子积极评价丈夫养家糊口的角色，也有利于丈夫自己积极评价自己的角色（Bradburn，1969）。这种积极的评价产生婚姻内的满足感，满足的夫妻更可能留在一起。成功的角色扮演维持了丈夫和妻子之间相互的爱（Cutright，1971）。

> 问及收入对于保持夫妻关系稳定的重要性，江女士说："这个（指收入）也要一点。"江女士在16岁时出来打工，她说，那时候很单纯没什么想法。那时候也没钱存，工资低，干活挣不到钱，老公包工程还亏。真正挣钱是在女儿出生后，那时候工价高了。当时丈夫在安溪包活，那时省下一点钱。2006年到龙岩工作，头一年还好，下半年比较有活干，2007年没活干，一年只干了2006年半年的活，一年才赚三万元，生活费都差点不够，2008年挣的钱比2007年多一点点。2008年之后慢慢的一年比一年好。现在一年交给房东要交一万多元，一年挣三四万元都不够用。前几年自己也有想挣钱买房子，因此天天去干活（个案7-1：江女士）。

个案7-2中的张女士表示，外出打工后家庭经济条件得到了很大改善。有能力借给姐姐1.3万元盖房，借给外甥2万元，借给两个哥哥各2000元，还能负担两个小孩上学的钱及日常生活费用。夫妻俩在建筑工地打工，丈夫是技术工，每天90元，妻子做小工，每天50元，一年做将近300天。

> 笔者：你一家有八个人，其实你们一个家和分成两个一样，老家一个这里一个，虽然这里住得比较分散。要维持两个家会不会感觉比

较不容易？

彭女士：不会。在外头每个人都有能力而且赚钱还能有富余，他们两个老的在家里不会有什么开销，如果要钱用，大家会寄钱回家。现在的社会潮流是年轻人出门。在家里赚钱是来得比较集中（因为收成是集中在一年中的某一时候），但比较不好挣。在这里只要我天天上班就跟领工资一样，每个月都有。最起码这里的收入比较稳定，在家里的话是做一天玩好几天。家里要钱的时候会寄钱回家，而且家里也有收入（个案2-2：江先生）。

第三节 共同流动农民工婚姻关系的解体及原因分析

一 共同流动农民工婚姻关系的解体

以下是两个共同流动农民工婚姻关系解体的案例。

李女士，1975年生，小学文化；丈夫1975年生，初中文化。夫妻育有一个儿子，2008年生。2014年7月，与丈夫分居两年多的李女士与丈夫协议离婚，儿子归李女士抚养。她当初是经亲戚介绍，与丈夫认识几个月后结婚，结婚第一年丈夫对她很好，后来对她越来越不好。结婚后夫妻俩先在县城长汀服装厂打工，她当学徒，老公做服装；后来在广州服装厂打工，再后来去福州做，也是进服装厂。现在她带儿子在龙岩一个小区做清洁工，打扫楼道卫生。她也知道离婚对小孩不好，但没离婚的时候夫妻关系不好，丈夫不顾家，夫妻经常吵架，不离婚对小孩更不好（个案7-3：李女士）。

赖女士，1984年生，小学文化；江先生，1973年生。两人经人介绍于2001年相识，不到一个月即结婚，属于闪婚。夫妻育有两个女儿，大女儿于2002年生，小女儿于2007年生。赖女士是一个小区的清洁工，丈夫则是做油漆装修的。2016年5月夫妻吵架闹离婚，6月，夫妻再次闹离婚，而且已经闹到了民政局，但均被亲戚成功劝阻。赖女士于2017年3月与丈夫协议离婚（个案7-4：赖女士）。

个案 7-3 中的李女士与丈夫是经亲戚介绍认识的，两人的婚姻持续了 10 年。李女士说，结婚的头一年丈夫对她还可以，后来就变质了。丈夫的酒肉朋友很多，正月他会请朋友喝酒，会有三四桌的朋友。丈夫长得很帅气，到哪里都有女人缘。他干活干不久，喜欢找女人，喜欢赌博，喜欢喝酒，爱好抽烟。她说自己离婚是因为丈夫会找女人、会赌、会家暴。她说，丈夫吃喝嫖赌样样齐全。丈夫对父母也不孝顺，对儿子也不闻不问，他只顾着自己。

在 10 年的婚姻生活中，她有两次逃跑经历，一次是从福州到厦门，一次是从福州到三明，两次丈夫都有打听她的下落。第一次逃跑时有孕在身，第二次逃跑时带着小孩。访谈中提及婚姻生活的辛酸事时，她多次流泪。对于婚姻的不幸，李女士的亲戚也很后悔把她介绍给现在的丈夫。

个案 7-4 中的赖女士与个案 7-1 中的江女士是邻居，都租房住。赖女士的丈夫与江女士的丈夫是老乡。赖女士很羡慕江女士夫妇，说对面的邻居夫妻比较幸福，夫妻沟通很好，夫妻一起干活，也一起休闲；别人请丈夫吃饭他会带上妻子。她觉得自己不幸福，她说丈夫什么事情都没沟通，他过他自己的。

赖女士近两年春节都没回丈夫家过年，她说情愿一个人在这边过年。婆婆比较小气，会把人家提来的东西藏起来，自己看到这种情况会生气，婆婆跟弟媳更合得来。自己跟婆婆关系不好，老公要进行调解也很麻烦。自己在这边过年，不会吵也不会闹，不回去过年就不会那么多矛盾。总的来说还是夫妻关系不好。

赖女士对婚姻感到失望，说自己原本不想嫁给他，夫妻之间没共同语言、没感情基础。因为婚姻不幸福，赖女士想离婚。2016 年 8 月再次接受访谈时，她说要离婚，要追求自己的幸福。但怎样才算幸福，她说不出来。

（一）共同流动农民工婚姻关系解体的原因分析

调查表明，农民工婚姻关系走向解体主要与下列七个因素有关。其一，夫妻感情基础薄弱；其二，丈夫对婚姻不忠；其三，丈夫家庭责任感弱；其四，妻子无法有效地管束丈夫；其五，家庭经济状况得不到改善；其六，家庭关系不和睦；其七，女性独立意识的增强。

1. 夫妻感情基础薄弱

个案 7-3 中的李女士与丈夫是同一个乡镇的,夫妻经亲戚介绍认识,认识几个月后结婚。在访谈中,李女士提到,在婚姻的头一年夫妻感情还可以,后来丈夫对她越来越不好。李女士认为有几个原因:一是丈夫对婚姻不忠诚,即使在夫妻同居期间,丈夫也会去外面找女人;二是丈夫赌博,上班期间也会溜出去赌博;三是家庭暴力。正因为夫妻感情不好,生活过得很艰辛,李女士在访谈中多次流泪。

个案 7-4 中的赖女士认为自己的婚姻不幸福。赖女士与丈夫在 2001 年结婚,他们相差 11 岁。她对婚姻感到失望,一是没共同语言,二是没感情基础。她说:"什么都没有,主要是没有感情基础,两个陌生人走到一起,两个人没怎么谈恋爱就在一起了。"2015 年 8 月接受访谈时,赖女士说,自己在生大女儿之前是想离家出走的,后来考虑到他家太穷,担心自己走了他娶不到老婆,才留下来。

如前所述,李女士和赖女士与各自丈夫的相识时间短,感情基础没有建立起来就结婚了,感情基础薄弱为后来的婚姻危机埋下了隐患。农村的夫妻很多是先结婚后恋爱的,夫妻之间的情感很多是依靠婚后的相处慢慢培养起来的。夫妻感情的培养与沟通息息相关。赖女士认为,感情要靠沟通,他们虽然结婚十多年了,但感情没培养起来,培养起来的是亲情——因为小孩建立的一个家庭的亲情。她觉得自己婚姻不幸福,因为丈夫很少跟自己交流。丈夫有时间也是看电视,夫妻之间没有什么事可讲,他很少跟自己说起做工地方的事情。他喝酒和赌博的事情是在她跟对面的邻居聊天的时候,邻居告诉自己的。她说,什么事情都没沟通,他过他的,自己过自己的,丈夫前段时间去厦门和漳州玩,都没跟自己谈起。

> 问及怎样做才能使夫妻关系和谐稳定,赖女士说,什么事情夫妻都要摆到桌面上来说,有事情要多沟通,不能隐藏,不能遮遮掩掩。家里的有些事,包括大家庭的事要拿出来讲,不能把自己当作局外人。如果大家庭的事不跟自己讲,那是对自己的不尊重。各自内心的想法要让对方知道(个案 7-4:赖女士)。

如前所述,婚姻矛盾若能得到妥善地处理,不仅不会破坏夫妻感情,夫妻感情甚至还会因此而改善。而当婚姻矛盾无法解决时,则会危及夫妻感情。

问及怎么做才能使夫妻关系和谐稳定，赖女士说，要互相忍让；不能靠一个人忍让，如果都是一个人让步，到后面他（她）不会让步时关系就完了。她跟丈夫也打过架，吵架一般是她让步。她说，吵架后丈夫跟女人一样，自己做的饭他不吃，自己买泡面吃。

赖女士跟丈夫的矛盾体现在下列几个方面。一是夫妻会因为不信任吵起来。这种不信任主要是夫妻之间缺乏沟通造成的。二是丈夫会赌博。她说，丈夫一出去玩就跟别人赌博，回来就说自己没办法，是别人叫上了。三是受父母的影响，丈夫想要儿子。赖女士与丈夫已经有了两个女儿，大的已经上初一，小的上三年级。赖女士不想再生小孩，之前生完第二个女儿时，考虑到她身体不好，一家人同意不生了，因此才结扎。现在计划生育政策放开后，周围的村民都在生，公公婆婆又劝丈夫再生一个，生个儿子。公公婆婆及丈夫前后思想及行为的不一致使她对丈夫及公公婆婆有了不满。不过后来，她同意了，公公婆婆给了一万元用于做手术。然而，虽然丈夫想生小孩，但他给予妻子的关心不够，没给妻子买营养品补身体。四是公公婆婆要求儿子买房。赖女士说，他父母经常说别人买房子的事情，但他们夫妻俩白手起家资金不够，而且他父母没有帮忙带小孩，什么都没帮。她说，房价比较低那几年，她想借点钱买房子，但丈夫不想买，他怕借钱。

2. 丈夫对婚姻不忠

个案7-3中的李女士在与丈夫一起外出打工的过程中，发现丈夫有外遇。在访谈中，李女士讲述了自己亲自抓到丈夫跟别的女人约会的事。"夫妻都在县城打工的时候，堂姐发现到我老公在县城带女的，（堂姐）开始怕我生气，后来才打电话叫我一起去抓。见到老公和那个女在一起，我非常生气，抓起一个啤酒瓶想要砸过去，堂姐怕出事阻止了我。堂姐也骂他不是人。那时候儿子已经几岁了，儿子都是自己带，出生后都是自己带的。家庭开支都由我负责，丈夫挣的钱不够他自己花，他还把钱花在别的女人身上。"

个案7-4中的赖女士也怀疑丈夫有对婚姻不忠的行为。2016年7月31日接受访谈时，赖女士说跟丈夫闹离婚已经两年多了，始于丈夫到适中镇做工的时候。她说，丈夫在适中镇打工的时候，曾跟朋友去夜总会，找女人。每次夫妻生活后，她都感觉下身不舒服。她为此去医院检查过，用过药后会好。她语气肯定地说:"如果发现丈夫有婚外情,肯定要离婚。"

3. 丈夫家庭责任感弱

配偶的角色表现越有效,越有可能出现对配偶的积极情感平衡(Nye, White and Frideres, 1973)。成功的角色表演维持了男人和妻子之间的相互感情(Nye, White and Frideres, 1973)。本研究发现,丈夫不合格的角色表演会破坏夫妻之间的感情,甚至破坏婚姻关系的稳定。这是因为当丈夫不能承担挣钱养家的责任时,家庭经济状况难以改善甚至处于困境,家庭的经济压力会使妻子对丈夫感到失望,夫妻之间的感情会受到破坏,进而危及婚姻的稳定性。有研究发现,经济困难通过增加婚姻互动中夫妻之间的相互敌视、减少配偶之间的温情和相互支持,从而对婚姻质量和婚姻稳定性产生消极影响(Conger et al., 1990)。

个案 7-3 中的李女士的丈夫在服装厂上班,月收入三四千元,挣的钱主要花在自己身上,没有给儿子买过一套衣服。丈夫爱打扮,头发打摩丝,皮鞋擦得很亮,穿衣服要穿有牌子的。丈夫经常借口老板找他深夜外出,然后彻夜不归。实际上丈夫是外出找女人去了,陪女人吃喝玩乐。丈夫在外面带女人,不把钱花在家庭,却花在别的女人身上。在儿子出生后的头一两年,他每月会给三五百元,在 2010 年之后就几乎没有再给钱了。丈夫爱赌博,经常不去上班而去赌。丈夫挣的钱都不够他自己赌,赌博没钱的时候,丈夫会向她要钱。为此,她与丈夫经常吵架,丈夫会打她,她也会打丈夫。

问及要如何处理好夫妻关系时,李女士认为,男的不能打人,要顾家,不要到外面乱搞,不要赌博。丈夫活得很"潇洒",只顾着自己,不顾家。丈夫挣的钱从来没拿回家,还会借钱去赌。她曾经跟借钱给丈夫的人说,你们借钱给他,到时不要找她还。李女士的丈夫没有家庭责任感还表现为他不体贴妻子,没有帮忙做家务。在福州打工期间,夫妻租房住,家务都是李女士做,小孩也是她自己带。2014 年 7 月笔者访谈李女士时,她已经跟丈夫分居两年多了,准备上法院起诉离婚。2015 年 8 月再次访谈时,李女士已经跟丈夫协议离婚一年多了。

个案 7-4 中的赖女士也认为丈夫不上进,没有担当,家庭责任感不强。她说,丈夫在没活干、没钱用的时候,没有主动去找活干。她有叫他在没有活的时候去用摩托车载客,但他不愿意去。他一年到头就冬天干的活会多些,上半年经常在玩。访谈的时候,赖女士说,丈夫很久没活干了，因为油漆装修有淡旺季。赖女士认为，男人对家庭的职责，是养家糊口；女的负责把家庭料理好，也可以在外面挣点钱补贴家用。

她说，丈夫一出去玩就跟别人赌博，回来就说自己没办法，要不然他就不出去在家里玩电脑。他不勤奋，很懒，别人去干活了，他还在睡。自己没包到活干的时候，以前还会给别人点工，现在没活干的时候都待在家。丈夫人懒，比较不好干的活他会推掉，边边角角的活他不愿意干，价钱低的活也不愿意干。丈夫的理由是，做了一套便宜的活，以后的活都会因此变得便宜。

邻居是丈夫的老乡，也是永定人，夫妻俩生活幸福，为了子女上学，花钱买了学区房。赖女士也想买学区房，但丈夫没有买学区房的想法。赖女士说，两三年前，他们手头上有七八万元，房价也比较低，她想向亲戚再借点，先交房子的首付，剩下月供再慢慢还，但丈夫怕借钱。赖女士曾问丈夫打工为了谁，丈夫说为了小孩，她追问为了小孩的什么，他说不上来。赖女士认为，买一套学区房既能体现对小孩的关爱，又能解决一家子的住房问题。赖女士说，即使面积小点也可以，可是这一切没能实现。虽然丈夫已经外出打工几十年，他们结婚也已经15年，但因为丈夫不上进、懒惰，家庭经济长期未能得到改善，至今没什么积蓄，也没有自己的房子。

同样是装修工，租住在赖女士家对面的邻居兼老乡，会主动搞好与装修公司老板及房东的关系，几乎天天都有装修的活。夫妻俩勤劳肯干，家庭经济蒸蒸日上。而且邻居买了两套学区房，解决了小孩的上学问题。因为有收入，他们夫妻干活有劲；因为背负房贷，夫妻有经济压力；因为有目标，他们有打拼的动力。由于丈夫没有担当，赖女士看不到家庭的未来。在与邻居的对比中，赖女士对丈夫产生了不满，她觉得自己婚姻不幸福。虽然不知道什么是幸福，但她表示："要离婚，要追求自己的幸福。"

个案2-2中的江先生在接受访谈时说，之所以想离婚是因为他觉得自己压力太大了：来自父母要求生儿子的压力，来自老婆不想生的压力，来自老婆怪他不好好挣钱的压力。他想通过离婚来逃避这些压力。他以为离婚了，就没有了来自妻子的压力，也没有了来自父母的压力，他会因此轻松许多。没有了夫妻争吵，家庭会安静，但这显然是他的一厢情愿。生活不可能没有压力，有压力时也不能选择逃避，作为男人要敢于面对压力，勇敢承担责任。

李女士的离婚和赖女士的离婚在很大程度上是因为各自的丈夫无法承担养家糊口的责任，作为妻子的她们完全看不到希望，看不到未来，因此在痛定思痛之后她们下定决心离婚。

4. 妻子无法有效地管束丈夫

前文的分析说明，当丈夫有家庭责任感时，来自妻子的管束有助于丈夫把心放在家庭上；而本部分的分析将表明，当丈夫不顾家，没把家庭放在心上时，来自妻子的管束将失效。无论是个案 7-3 中的李女士还是个案 7-4 中的赖女士都表示，她们无法有效地管住自己的丈夫。

谈及丈夫的不是，个案 7-3 中的李女士和亲戚经常劝他不要赌，但丈夫只是口头答应，过一两天又去赌博。丈夫还搞婚外恋，即使是跟妻子同居的时候，他也去找女人。无论是在县城打工，还是在广州和福州打工，他都在搞婚外情。夫妻俩时常因此吵架。丈夫赌博恶习难改，她对此很失望。她早就想离婚，但亲戚和父母都劝她，为了孩子，给丈夫改正的机会。李女士表示，她给过丈夫很多机会，看在儿子的分上一次次原谅丈夫，总以为他会改正，但丈夫没有改变。

问及夫妻关系平等吗，个案 7-4 中的赖女士说，平等，但自己比较霸道。虽然她认为自己霸道，但她认为自己的女邻居比自己更霸道，因为女邻居能管住自己的丈夫。她说，女邻居怕丈夫在外面带女人，在丈夫外出时也跟着外出。赖女士很羡慕邻居，因为邻居能管住丈夫，而自己却管不住自己的丈夫。丈夫没活干的时候，赖女士会劝他去用摩托车载客，也会鼓励丈夫搞好与装修公司老板的关系，建议丈夫向邻居学习，过年的时候给装修公司老板送点家乡的特产，但妻子的话丈夫听不进去。她笑着说，自己虽然霸道，但没威信。

如前所述，李女士和赖女士之所以都管不住丈夫，一个很重要的原因是他们的心不在家庭，家庭责任感不够强，不上进、没担当。

5. 家庭经济状况得不到改善

赖女士的丈夫做油漆装修，由于丈夫不擅长交际，通常春天接不到活干，下半年活多些。丈夫挣的钱扣除房租、日常生活开销以及两个小孩的教育费用，几乎没有什么剩余。赖女士也有去打一份工，但每个月只有一两千元。夫妻尽管结婚十几年，但家庭经济状况长期得不到明显改善，在老家没有盖新房，也没有在打工的地方买房子。家庭经济状况不好影响了夫妻之间的感情。赖女士抱怨丈夫，丈夫也觉得压力大，最终在众多因素的影响下夫妻关系走到了尽头。古德（1986：219）的研究发现，经济地位低下的夫妻之间容易因经济问题引发紧张关系，许多农村夫妇离婚的根本原因在于家庭经济困难（吴德清，1995：118）。

"男性有能力和意愿向女性提供资源，这是他配偶价值的核心，是她选择他作为结婚伴侣的重要依据，是男性用来吸引配偶的主要手段，也是男性用来留住配偶的主要手段。从进化角度讲，男性未能向妻子和孩子提供资源，会成为导致婚姻破裂的一个主要的与性别相联系的原因。男性不能或不愿提供资源，就违背了女性当初据以选择他们当配偶的标准。"（巴斯，2011）

6. 家庭关系不和睦

从系统的视角看，核心家庭这个小系统会受到大家庭的影响。赖女士的婆媳关系不好就是影响夫妻关系稳定的一个原因。赖女士的婆婆偏袒二儿子和儿媳，只帮助他们带小孩。而赖女士由于缺少公公婆婆的劳力支持，只能自己带小孩，无法去打工挣钱，这间接影响了家庭经济的改善。

7. 女性独立意识的增强

无论是李女士的个案还是赖女士的个案，都表明了女性独立意识的增强。她们作为现代女性的代表，敢于摆脱不幸的婚姻。她们不再依赖丈夫，事实上也无法依赖。她们通过自己的双手谋取生活上的自立，维护了个人人格的平等。

第四节 结论与讨论

一 结论

综上所述，本研究基于对流动农民工家庭的质性研究，通过对婚姻稳定的个案和婚姻不稳定的个案的比较，探讨了流动背景下农民工夫妻是如何维系婚姻家庭的完整的。

研究发现，婚姻幸福的农民工夫妻的婚姻比较稳定。这与以往有关幸福的婚姻比较稳定的研究结论相一致。调查表明，婚姻幸福的农民工婚姻关系的稳定与三个因素有关：一是夫妻之间的感情深厚且牢固；二是拥有共同目标的夫妻能够自觉履行对婚姻家庭的责任；三是妻子能够有效地对丈夫进行管束。

进一步的分析发现，幸福的农民工夫妻能够拥有深厚且牢固的感情首先是因为他们婚前的感情基础比较好；其次是婚后夫妻感情在共同打拼的过程不断得到深化；再次是夫妻在日常相处中能够及时顺畅地沟通，这促进了夫妻之间信息的共享及相互的信任；最后是夫妻能够妥善地化解婚姻冲突与矛盾。夫妻在共同生活的过程中难免会发生矛盾。如果发生冲突时，夫妻能够互相让步，能够妥善解决婚姻矛盾，那么婚姻矛盾不但不会破坏夫妻感情，夫妻感情反而会在矛盾与冲突中得到升华。夫妻之间的矛盾和冲突是一种负面的沟通，然而即使是负面的沟通也能在一定程度上增进夫妻之间的相互了解。

农民工夫妻进城的目的就是打工挣钱以改善家庭经济状况。而家庭经济状况能否改善取决于夫妻能否扮演好各自的婚姻家庭角色，当夫妻都能够扮演好自己的婚姻家庭角色时，家庭经济状况能够得以改善。夫妻能否扮演好自己的角色既跟角色能力有关，也跟是否愿意承担家庭角色责任有关。当农民工夫妻都是家庭取向的，都有家庭责任感，并愿意尽力去为家庭做贡献时，家庭经济状况基本能够得到改善。只有当夫妻目标一致时，他们才能够同心同德地为家庭做贡献。在为家庭共同打拼的过程中夫妻相互协作、相互支持，不仅可以改善家庭经济状况，还可以增进夫妻感情。

妻子对丈夫的监督与管束不仅可以激励丈夫努力为家庭做贡献，而且可以使丈夫把心留在家庭。当然，妻子对丈夫的管束能否成功跟丈夫是否愿意接受管束有关。如果丈夫是家庭取向的，那么他不会反感妻子的监督。调查中笔者发现，有的丈夫主动把挣的钱交给妻子管理。

婚姻不幸福不利于婚姻的稳定。不幸福的农民工夫妻的婚姻之所以走向解体跟以下几个因素有关。首先是夫妻感情不好。夫妻感情不好部分原因在于婚前感情基础不牢；部分原因在于丈夫对婚姻不忠，使得原本薄弱的感情更加脆弱；部分原因在于夫妻之间缺乏沟通，使得夫妻之间薄弱的感情不能得到进一步培养；部分是因为婚姻矛盾未能得到妥善解决，夫妻矛盾的不可调和会破坏夫妻感情。其次是丈夫家庭责任感不强，未能扮演好养家糊口的角色。当丈夫角色能力不强又无意愿承担家庭责任时，家庭经济状况难以得到改善。传统的角色要求丈夫必须承担养家糊口的责任，丈夫角色扮演的失败会使妻子对丈夫产生不满，降低妻子的婚姻满意度。当自己的丈夫不尽力扮演其婚姻家庭角色导致家庭经济状况难以得到改善，而其他背景相似的男性农民工却能通过自身努力改善家庭经济状况时，妻子会产生相对剥夺感。相对剥夺感会引发婚姻矛盾，当婚姻矛盾不能得到妥善解决时，夫妻之间原本脆弱的感情会进一步遭到破坏。一方面家庭经济状况因为丈夫的不上进长期得不到改善，另一方面丈夫赌博甚至搞婚外情进一步破坏了原本就薄弱的夫妻感情。尽力为家庭做贡献的妻子会因为看不到家庭的未来选择离婚，经济的自立使她们敢于选择退出婚姻。研究表明，当流动女性无法忍受婚姻的痛苦时，已经觉醒的她们会冲破离婚的障碍走出婚姻围城。"一旦婚姻当事人想要走出婚姻，没有什么障碍可以阻止他们。"（Knoester and Booth，2000）

个案分析表明，家庭本位的妻子除了尽力为家庭做贡献之外，还会想方设法管束丈夫以便丈夫能够把家庭放在心上。如果丈夫屡教不改，那么对丈夫失望的妻子会选择退出婚姻。如果农民工夫妻都是家庭本位的，并都能尽力履行其对家庭的责任，那么不仅家庭经济状况能够得到改善，夫妻感情能够得到巩固，而且婚姻关系也会因此稳定。

以上分析表明，虽然表面而言，流动农民工婚姻关系的维系依靠的是经济基础和感情基础，但经济基础和感情基础的背后其实是婚姻当事人对婚姻家庭的责任。因此，本书认为，农民工婚姻关系的维系在某种程度上是基于责任的维系。

二 讨论

（一）配偶的监督是否有助于婚姻的稳定？

马忠东和石智雷（2017）认为，夫妻一起流动，即使有配偶的陪伴和监督，与异性群体接触机会的增多也会增加配偶替代资源，并且社会规范的弱化使流动者的婚姻稳定性受到威胁。

配偶的监督真的无助于婚姻的稳定吗？本研究表明，妻子的管束在一定程度上有助于婚姻的稳定。妻子的管束可以减少配偶接触异性的机会，使丈夫把心思放在家庭上。当然，只有当丈夫是家庭本位的，他们才会甘心接受妻子的管束。家庭本位的丈夫知道妻子管束他的出发点是家庭的整体利益，也因为如此，对于妻子的监督他们才不会反感。而当丈夫是个体本位时，妻子即使想管也管不住。

笔者赞同许放明（2014）关于适度的"妻管严"可以增进夫妻情感，促进夫妻关系和谐的观点。他认为，"妻管严"反映了妻子对家庭的责任担当,丈夫接受"妻管严"的夫妇互动反映了丈夫对妻子的尊重。

本研究发现,妻子之所以去管束和监督丈夫是因为她们对家庭有责任感。她们虽然"霸道",但出发点是家庭,不是自己。当然只有当丈夫同样对家庭有责任担当时,他们才会接受妻子的管束。一旦丈夫是个体本位的,不愿意接受妻子的管束,婚姻很可能面临解体的危机。因为如果丈夫是个体本位的,他们往往会不顾家,家庭经济状况也很可能得不到改善,贫困会引发婚姻矛盾,婚姻矛盾的累积会冲垮婚姻关系。

(二) 婚姻靠什么来维系?

有研究认为,长期不共同生活的农民工家庭稳定的原因是因为农民工对家庭的经济支持,经济支持取代共同生活成为农民工家庭的基础条件(李强,1996)。丈夫单独外出就业对夫妻关系不但没有负面影响,而且有正面影响,原因在于丈夫外出就业挣到了钱(龚维斌,1999)。在分离的核心家庭中,家庭的维系与其说是一种夫妻情感的维系,不如说是生存压力与传统伦理道德约束下的经济维系(潘鸿雁,2005b)。

这些研究都强调了经济因素对于婚姻维系的重要性,有一定的解释力。本研究也发现家庭经济对于农民工婚姻维系的作用。但与此同时,也发现了情感因素对于婚姻维系的作用。在婚姻得以维系的个案中,妻子一直强调自己婚姻幸福,婚姻幸福并不单纯地来自家庭经济状况的改善,也来自夫妻之间顺畅的沟通,来自丈夫的体贴。

应该指出的是,对于传统农民家庭而言,养家糊口的责任依旧落在男性身上。家庭经济状况能否得到改善,取决于作为家庭支柱的男性是否有责任担当,能否自觉地履行其家庭责任。当男性农民工是家庭取向的,会尽力去打工挣钱时,家庭经济状况多半能够得到改善。因此,农民工婚姻的维系表面上是经济维系,实质则是基于责任的维系。这种基于责任的婚姻维系表现为夫妻都能扮演好各自的婚姻家庭角色。配偶的家庭角色是社会文化规定的。对于传统农民夫妻而言,那就是丈夫扮演好挣钱养家的角色,妻子扮演好持家的角色。当然,在履行各自婚姻家庭角色的过程中,夫妻之间若能相互理解、相互信任和相互体贴,那么婚姻会更幸福。

中国人的婚姻生活遵循的是过日子的逻辑。夫妻的日子能过下去表明夫妻"彼此维系住基本生活关系"(翟学伟,2017)。"过日子"作为一种夫妻双方都认为"必须如此"的价值系统对稳定婚姻是极为重要的(翟学伟，2017）。

  对于农民工夫妻而言，婚姻生活其实就是把婚后的日子过好，日子要过好需要物质基础、情感基础。本研究表明，维系婚姻的物质基础和情感基础是夫妻在婚姻生活中不断建立起来的。在为家庭共同打拼的过程中，家庭本位的农民工夫妻尽职尽责、相互理解、相互信任、相互体贴，那么家庭经济状况能得到改善，夫妻感情也会培养起来。因此，本书认为，农民工婚姻关系的维系表面而言是经济维系和情感维系，实质是责任维系。当农民工夫妻双方对婚姻家庭都能有责任担当时，婚姻生活就能过下去，婚姻关系因此也能稳定。

第八章　婚姻承诺理论视角下的农民工婚姻关系的维系[*]

以往关于农民工婚姻稳定性的研究，忽视了婚姻承诺在婚姻维系中的作用。本章基于对东莞、厦门、龙岩等地调研资料的质性分析，从婚姻吸引力、约束性因素和道德规范三个方面论述了农民工婚姻承诺的动因，归纳了农民工婚姻承诺的三种类型，并从文化、制度和结构三个维度探讨了农民工婚姻承诺的特点。研究发现，农民工对婚姻的承诺能解释婚姻的稳定性。受文化、制度和结构因素的影响，农民工的婚姻承诺虽然也包含个人承诺的成分，但以结构性承诺和道德承诺为主。本研究拓展了婚姻承诺理论的适用群体，丰富了关于流动与婚姻稳定性的相关研究。

婚姻承诺理论是西方婚姻研究中一个重要理论。婚姻承诺经常被称为个人维持他或她的婚姻关系的愿望。鲁斯布尔特等（Rusbult, Drigotas and Verrette, 1994）认为，主观承诺是激励当事人维持婚姻关系的核心力量，关系维系被界定为促进关系持续存在和促进关系健康运转的积极行动。亚当斯等（Adams et al., 1997）认为，婚姻承诺是亲密关系发展和持续稳定的重要因素。国外对亲密关系的研究显示，婚姻承诺在亲密关系的维持中起着重要作用。婚姻承诺视角具有较强的解释力，既可以解释婚姻不稳定的现象，也可以解释婚姻稳定的现象。

本研究采用婚姻承诺理论视角是基于以下几点考虑。首先，已有研究证实，婚姻承诺理论不仅可以分析婚姻关系的维系，还可以探讨男同性恋与女同性恋关系的维持（Duffy and Rusbult, 1986）；不仅在美国适用，而且在荷兰以及中国台湾也适用（Lin and Rusbult, 1995；Van Lange et al., 1997）。其次，婚姻承诺理论在解释婚姻关系的维系时不是仅从一个维度

---

[*] 本章内容在修改后发表于《青年研究》2020 年第 2 期。

（如婚姻满意度），而是从多个维度（比如个人承诺、结构性承诺和道德承诺）来进行解释。婚姻承诺理论既可以解释婚姻幸福的夫妻是如何维系婚姻关系的，也可以分析婚姻不幸的夫妻其婚姻关系是如何得以延续的。与以往的理论相比，婚姻承诺理论具有更强的解释力。最后，虽然中国城乡之间的人口流动规模巨大，但民政部公布的统计数据表明，农村人口（包括流动人口）的离婚率仍然非常低，这表明农民工的婚姻承诺程度依旧是很高的。

由于西方的婚姻承诺理论建立在个人主义文化基础之上，那么该理论能否解释关系本位文化背景下的农民工的婚姻稳定性现象呢？本研究尝试将婚姻承诺理论用于对农民工的婚姻现象进行解读，试图用农民工的案例来分析农民工婚姻承诺的动力、类型及特点，从而拓展婚姻承诺理论的运用范围。

一些调查研究认为，已婚农民外出务工是影响婚姻稳定性的一个重要因素（杜凤莲，2010；高梦滔，2011；莫玮俏、史晋川，2015；李卫东，2017）。相反的调查研究发现，农民外出就业并未导致农村离婚率的显著上升（叶敬忠、吴惠芳，2009；金一虹，2009）。根据第六次全国人口普查数据，2010年我国居民的离婚率为2‰，其中农村居民的离婚率为1.39‰；2014年的监测数据显示，农村户籍流动人口的离婚率为2.1‰（马忠东、石智雷，2017：70~83）。农村户籍流动人口的离婚率高于非流动人口的离婚率，这表明农村人口流动对婚姻关系的稳定性造成了一定的影响；但农村户籍流动人口的离婚率仅仅比农村居民整体的离婚率高0.71个千分点。换言之，农村流动人口的离婚率仍然维持在较低的水平。

笔者在调查中也发现，只有极少数的农民工家庭因为人口流动而解体，多数农民工的婚姻家庭依旧保持着结构上的完整。本研究的目标是通过对农民工的个案研究，分析农民工婚姻承诺的类型及特点，进而了解农民工是如何维系婚姻关系的。下文将首先对农民工婚姻稳定性的文献进行梳理，对国外婚姻承诺理论进行介绍；其次将探讨农民工婚姻承诺的类型及其特点；最后进行总结与讨论。

第一节　分析框架：婚姻承诺理论

为什么一些婚姻关系随着时间推移而稳定维系，但另一些婚姻关系却走向解体？许多学者对这个问题进行了思考。Rusbult 等（1998）认为婚姻承诺是解释一些婚姻关系走向解体而另一些婚姻关系得以维系的关键变量。Rusbult 等（1998）提出了承诺的投资模型，该理论模型由婚姻满意度、婚姻替代和投资规模三个要素构成（见图 8-1）。该理论认为人们愿意维持婚姻是三个要素共同作用的结果，具体而言，婚姻给当事人带来的满足感促使当事人想维系婚姻；现有伴侣之外有吸引力的婚姻替代资源的缺乏使得当事人不得不维系现有的婚姻关系；当事人对婚姻的投入构成了离婚的代价，一旦离婚，投入婚姻中的时间、精力、资源等价值将下降或面临损失。

投资模型来源于相互依赖理论，① "依赖"是相互依赖结构的核心特征。依赖程度是指个人"需要"特定关系的程度，或者依赖关系来获得期望的结果。

个人如何依赖他们的关系？相互依赖理论辨认出了两个主要过程，通过这两个过程依赖性成长起来。首先，个人越来越依赖他们的婚姻关系是因为在一定程度上他们对婚姻关系感到非常满意；其次，满意度并不是依赖的唯一依据。根据相互依赖理论，依赖也受到现有替代品质量的影响。替代品的质量是指感知到的对于现有婚姻关系的最佳替代方案的可得性。替代品的质量取决于个人最重要的需求在何种程度上可以在现有关系的"外部"得到满足。如果个人的需求无法在现有的婚姻关系之外得到满足，那么意味着替代品的质量低，反之则意味着替代品的质量高。

相互依赖理论表明，一个人想要坚持和特定的伴侣继续下去，即婚姻满意度高，那么说明这个人对关系的依赖程度高；在一定程度上一个人别无选择时，只能坚持与该伴侣的关系（即替代品质量很低）。

投资模式在两个方面拓展了相互依赖理论的主张。首先，投资模型表明满意水平和替代品的质量不能完全解释依赖性。如果依赖性完全取决于当前关系中得到的满意程度与其他地方得到的满意度的相比，那么在结果不佳的情况下或有吸引力的替代品出现的情况下，很少有关系能够持续下去，关系会变得不稳定。实际上，即使有一种有吸引力的替代方案，即使在一种关系不是很令人满意的时候，一些关系仍会幸存下来。面对诱人的

---

① 相互依赖理论由 Kelly 和 Thibaut 共同提出，参见 Thibaut, J. W., and Kelly, H. H., 1959, *The Social Psychology of Groups*, New York：Wiley 以及 Kelly, H. H., and Thibaut, J. W., 1978, *Interpersonal Relations：A Theory of Interdependence*, New York：Wiley.

替代品和波动的满意度,我们如何解释关系的持久性?投资模式认为依赖也受投资规模的影响。投资规模是指关系中投入的资源的重要性,如果关系结束,投入的资源的价值会下降或损失。随着关系的发展,伴侣把许多资源直接投入他们的关系中,希望这样做能够改善关系。

投资模式进一步延伸了相互依赖理论,认为承诺的感觉是依赖性不断增加的结果。承诺水平被定义为坚持某种关系的意图,包括长期取向于这种卷入以及心理依恋的感觉。承诺与依赖有何不同?依赖是关系的基本质量,描述了想要坚持(感到满意)、需要坚持(投入高)、不得不坚持(拥有不好的替代品)的叠加效应的关系状态;随着个人对关系的依赖性日益增加,他们倾向于发展坚定的承诺。承诺可以被解释为一种忠诚感,忠诚感建立在个人依赖的基础上。

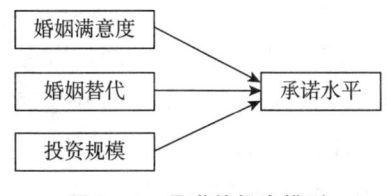

图 8-1 承诺的投资模型

Johnson 等(1999)认为,承诺涉及三种不同的体验:想要维系婚姻,感到道义上有义务维系婚姻,感觉不得不维系婚姻。承诺的体验不是统一的,有三种不同类型的承诺,每种都有不同的原因以及不同的认知、情感和行为后果。个人承诺是指婚姻当事人希望留在关系中的感觉;道德承诺指在道德上婚姻当事人有义务留在关系中;结构性承诺指不管个人或道德承诺的程度如何,继续维系关系是因为受到约束。

个人承诺表明一个人希望维系婚姻,其受到三个组成部分的影响。第一,个人可能希望继续一种关系,因为他们被他们的伴侣所吸引;第二,个人承诺是被关系吸引的一个功能;第三,夫妻身份认同。

道德承诺表明一个人应该维系婚姻。一种在道义上有义务继续关系的意识是由三个部分组成的(Johnson,1991)。第一,关系型义务是指关于解除特定类型关系的道德的价值观。例如,人们可能会觉得任何婚姻应该持续"直到死亡让我们分开"。第二,人们可能会对另一个人感到一种个人的道德义务。第三,由于一般的一致性价值观,人们可能会觉得有义务继续保持特定的关系。

Johnson（1991）认为，结构性承诺（表明一个人不得不维系婚姻）是一种重要的承诺，但只要个人承诺或道德承诺很高，结构承诺的影响可能就感觉不到。然而，如果个人承诺和道德承诺相对较低，结构性承诺的以下四个组成部分将变得突出。

第一是替代方案。对关系的依赖部分是替代方案的一个功能，如果关系结束，一个人就可以使用替代方案——虽然关于替代选择的文献的大部分重点已经局限于替代关系的吸引力。第二是社会反应。这种约束来自人们预计他们关系网络中的那些人的反应，关系网络中的人可能赞成也可能反对。第三是终止程序。这种约束形式涉及结束关系所需的行动的困难。第四是难以撤回的投资。这种约束涉及对婚姻关系已经投入的时间和资源的感觉。有些人可能会认为这些资源用得很好，使他们产生了积极体验，这是他们自己的回报；其他人可能会认为，如果关系结束，这些资源是被浪费的。因此，即使关系不令人满意，有些人可能也不愿意离开，因为他们觉得他们的离开将代表对直接投资和过去的机会的浪费。

Adams 和 Jones（1997）认为婚姻承诺存在三个主要维度：基于奉献、满意和爱的吸引力成分；基于维护婚姻的个人责任感的道德-规范部分，并认为婚姻是一种重要的社会和宗教制度；基于对关系终止的社会、财务和情感代价的担心的约束成分。Adams 和 Jones 认为，承诺可以用三个相对宽泛的方面来描述。具体而言，承诺反映了配偶意图维持婚姻的程度：由于他们对伴侣的奉献和满意；因为他们相信婚姻的神圣性，婚姻作为一个神圣的制度以及他们个人有义务履行婚约；因为希望避免离婚或分居可能造成的经济或社会惩罚。总之，婚姻承诺包括承诺的吸引力维度、承诺的约束维度和承诺的道德维度三个方面。

Stanley 和 Markman（1992）认为承诺包含两个相关的组成部分：个人奉献和约束性承诺。个人奉献是指为了参与者的共同利益，个人渴望维持或改善他或她的关系的质量。这种愿望（和相关的行为）不仅包括继续维持这个关系，还有要改善关系，为了关系愿意牺牲、愿意投资，把个人的目标与关系联系起来，寻求伴侣的福利而不仅仅是自己的福利。相比之下，约束性承诺是指逼迫个人维持关系的力量。约束或限制可能来自外部或内部的压力，并且通过使关系的终止在经济、社会、个人或心理上代价更高，从而促成关系的稳定。

综观上述关于婚姻承诺的研究成果我们发现，学者们在婚姻承诺的定义和模型上尚未达成共识，但多数研究认为婚姻承诺包含吸引的成分、约束成分和道德责任的成分。受上述研究的启发，本章采用婚姻承诺的视角分析农民工婚姻承诺的动力、婚姻承诺的类型以及农民工婚姻承诺的特点。

需要说明的是，国外已有不少研究运用婚姻承诺理论对婚姻关系的维系进行分析。国内心理学领域已有学者对国外的婚姻承诺理论做了介绍，并尝试分析了中国人婚姻承诺的特点以及影响婚姻承诺的因素（李涛，2007），不过该研究比较笼统，未对研究对象进行细分。根据笔者查阅的文献来看，目前尚未有学者运用婚姻承诺理论对农民工的婚姻稳定性进行研究。

第二节 农民工的个人承诺及特点

一 农民工的个人承诺

个人承诺是从婚姻吸引力的维度来分析婚姻当事人做出婚姻承诺的动力。个人承诺（personal commitment）指个人希望维系婚姻关系。个人承诺也被称为承诺的吸引力维度，承诺的吸引力维度是指婚姻当事人之所以愿意或想要维系婚姻是因为婚姻关系令人满意，留在婚姻关系中能够给当事人带来满足感（Adams and Jones，1997）。换言之，当事人的需求（物质需求、陪伴需求和性生活需求等）能够从婚姻中或伴侣那里得到满足。

谈及为何婚姻关系能够持续时，个案7-1中的江女士回答说："因为感情深呀！"问及是否对丈夫满意，她说："要不是对丈夫满意，夫妻关系不可能会维持到现在。"

进行访谈的时候，江女士已经结婚14年，当问她有没有后悔嫁给丈夫、有没有对婚姻失望过时，江女士说："不会，夫妻感情还算可以。双方性格合得来，丈夫比较悠哉，我比较开朗。两个人都悠哉或者两个人都强的话就合不来。"

在访谈中了解到，结婚后江女士与丈夫能够有效地进行沟通，这种沟通增进了夫妻之间的相互了解与相互信任，"沟通很重要，我有什么事情回家，一回来他就会问，我也会跟他讲，或者他从老家回来，有什么事情都会跟我讲"。问及夫妻要怎么做才能使夫妻关系稳定，她说："要互相忍让一点，除非忍无可忍才会生气。他生气的时候自己要少吭声，我生气的时候他也不怎么吭声。"

利翠珊（2006）发现，夫妻间的情感通过增加忍让行为、降低直接冲突行为的路径得到了提升。在后续研究中，萧英玲、利翠珊（2009）接着指出，"忍"在华人婚姻关系中扮演着相当重要的角色，对对方有情的夫妻似乎较愿意为对方克制当下的冲动，从而增加了婚姻的满意度与稳定度。

江女士的个案说明，夫妻之间的感情增强了婚姻的吸引力，增加了夫妻之间的相互依赖程度，吸引当事人去维系婚姻。下面的个案则说明，夫妻之间缺乏感情会降低婚姻的吸引力，减小夫妻之间的相互依赖程度，减弱当事人维系婚姻的动力。

个案7-4中的赖女士于2016年提出离婚，后在亲戚的规劝下暂时放弃离婚。2017年3月，赖女士还是与丈夫办理了正式离婚手续。谈及离婚的原因，赖女士认为跟夫妻之间没有感情基础有关，"什么都没有，主要是没有感情基础"。她坦言，自己与丈夫是两个陌生人走到一起，感情要靠沟通，要建立才有感情。她说虽然结婚十多年了，但感情没培养起来，培养起来的是亲情，因为小孩建立起来的一个家庭的亲情。赖女士与丈夫缺乏沟通，"虽然结婚十多年了，但是丈夫平时都没跟我沟通，他过他的，我过我的"。

应该指出的是，赖女士离婚并非仅仅是因为夫妻之间没有感情，没有感情只是其离婚的原因之一。但从赖女士的个案可以看出，作为新生代农民工的她已经对感情有了需求。

农民工的个人承诺不是来源于西方社会所强调的以爱情为基础的婚姻满足感，而是来源于长期的婚姻生活中所产生的亲情。农民工夫妻对婚姻的期望值相对较低，他们容易对婚姻产生满足感。如前所述，江女士之所以对婚姻感到满意，是因为跟结婚开始时比，她的婚姻生活得到了很大改善，表现在物质方面，收入在不断提高，住房条件得到改善，还买了两套房子；另一个原因是跟周围的打工群体相比，江女士的物质生活、情感生活都不错。很重要的一点是因为买了学区房，子女的上学问题得到了解决，这使江女士燃起了对未来的希望。换言之，社会比较（纵向和横向比较）增加了江女士的婚姻满足感，而高婚姻满意度提升了江女士的婚姻承诺。而赖女士对婚姻不满意则是因为纵向比较，家庭的经济状况没有改善；横向比较，家庭的物质条件比不上周围的打工群体，因为没有买学区房，子女只能上一般的学校，子女的教育资源无法跟老乡相比。低婚姻满意度降低了赖女士维持婚姻的动力，降低了她的婚姻承诺。

二 农民工个人承诺的特点

西方人的个人承诺更多是基于爱情的承诺。西方人的婚姻始于爱情，也终于爱情，翟学伟（2017）称这种婚姻模式为"爱情婚姻"。爱情婚姻的当事人追求彼此对对方的吸引力，追求婚姻质量。爱情婚姻是高度紧张的，需要时时保鲜，婚姻当事人需要在婚姻生活中不断地制造浪漫、惊喜来保持激情和爱情。西方人的婚姻是个体主义的婚姻，这种婚姻起始于爱情，夫妻之间有爱婚姻就能维系，当爱情消退时婚姻便难以维系。"婚姻发展趋势是预先存在的外在影响因素的逐渐剥离，而伴随这一现象的便是浪漫的爱情作为婚姻基本动机逐渐兴起。婚姻越来越多地成为由亲密接触产生的情感满足而直接导致的一种人际关系，它能持久维系也正是因为能为婚姻双方提供这种满足感。"（吉登斯，2016：83）西方人为了维系婚姻，往往会一起流动，很少会分开居住。因为在分居的情况下，浪漫的爱情难以维持，婚姻关系也因此很难得到维系。西方个体主义的婚姻导致婚姻当事人更多考虑的是个体的自我感受，他们在意的是个人需求的满足，很少考虑或在意他人的感受。"美国人大多具有自我依赖的观念，婚姻内部的调整靠个人魅力和双方感情来达成，这就要求他们必须努力维系婚姻，无人可以帮忙。……许多美国夫妻则一直担心对方的爱情由浓转淡。"（许烺光，2017：131）由于爱情起伏不定的特点，爱情婚姻的稳定性较低。

不同于西方人的个人承诺建立在爱情基础上，中国农民工的个人承诺不是基于夫妻之间强烈的吸引力，而是建立在亲情的基础上。个案2-2中的江先生在2002年以前独自在外面打工，老婆、孩子及父母留在老家。问及夫妻分开是否会对彼此的关系有影响，他说："这要看你个人的立场，如果你对你老婆没感情，那么在家里也一样。有感情跑到哪里还不是一样。"

不同于美国人的理想婚姻需要爱情、同居和共享的生活三个要素，中国人的完美姻缘是这样的："性的吸引只是婚姻的要素之一；两性关系是为了繁衍后代。同居虽然有必要，但也不刻意反对夫妻之间的长期分居。公然否定夫妻之间要共享生活，女人应待在家里，男人则出外工作。"（许烺光，2017：124）笔者经调查发现，对于农民工夫妻而言，丈夫进城务工经商、妻子留守农村这样的两地分居的现象非常普遍。

由于传统的惯性和经济文化发展的落后，农村中的择偶在很大程度上仍是"相亲式"的"点头婚"（徐安琪，1997：10）。少数农民工通过自由恋爱择偶，多数农民工则通过相亲来缔结婚姻。有研究在对都市外来打工者长期观察的基础上发现，外出打工的青年男女多数最终还是由父母给他或她在家乡物色好对象，回乡匆匆成婚（金一虹，2015：74）。跟农民的婚姻类似，多数农民工的婚姻并不始于爱情，即使双方并不互相喜欢也不影响结婚。

笔者经田野调研发现，农民工多利用国庆、春节假期回家寻找相亲对象，在父母的安排下与未来的妻子进行相亲，相亲过程中只要双方不会互相看不顺眼，双方便会交换联系方式。假期结束后农民工回到各自打工的地方，利用现代通信方式保持联络。在不断的联络过程中，双方会增进对彼此的了解。但由于很多农民工在不同的地方打工，彼此面对面互动的机会少，因此无法通过虚拟的交流培养起爱情。但如果双方沟通还算顺利的话，双方父母便会把婚姻提上日程。即使双方的爱情还没培养起来也不要紧，因为农民工的父母也是这么过来的，因而他们会不断地督促子女赶紧结婚。换言之，农民工情侣之间即使没有爱情也不影响结婚。

农民工的婚姻往往不是基于浪漫的爱情的婚姻，而是在亲情式爱情基础之上的婚姻。我们并不否认农民工的爱情里有浪漫的因素，但即使通过浪漫的爱情结婚的农民工，随着时间的推移，婚姻里的浪漫情感因素也会不断消退。在漫长的婚姻生活中占据主导地位的不是浪漫的爱情而是亲情式爱情。亲情式爱情是夫妻在长期共同生活过程中形成的相互信任、相互理解的情感，一种命运与共并对婚姻和家庭共同负责的责任感。由于在农民工的婚姻生活中亲情式爱情占据主导地位，农民工夫妻不会也不必花精力去制造浪漫，不用保持婚姻的新鲜感，农民工夫妻很少在生活中刻意去维持对彼此的吸引力。如前所述，江女士表示在婚姻生活中，大她8岁的丈夫并不会制造浪漫。她说："没有买任何东西，就是为了两个小孩子，两个人没有什么其他的要讲，天天干活挣钱，养两个小孩子；买房子为了小孩读书，就这样子。"江女士的话语清楚地表明，农民工的婚姻维系中虽然感情也很重要，但这种感情不同于西方人所谓的激情。农民工结婚也主要不是为了自己，而是为了子女。

由于在中国文化环境中，农民工夫妻对婚姻的预期是终身的、持久的，短暂的分居在漫长的婚姻生活中微不足道，因此农民工夫妻不介意分离，即使是长时间分居，留守妻子和丈夫的婚姻关系仍然能够得到延续。农民工夫妻对婚姻的期望值相对较低，较低的婚姻期望减少了婚姻失望的产生，这有助于婚姻关系的维系。周国平（2011）认为，以亲情式爱情为基础的婚姻是比较牢靠的，也是高质量的。罗素也认为，能够使婚姻幸福美满并实现其社会目的的爱并不是浪漫的，而是更亲密、更有亲情和更现实的东西（罗素，2014：57）。

本研究认为，由于农民工对婚姻的个人承诺是建立在亲情基础之上的，而亲情较为深沉，不易波动，且亲情形成的时间较长，经受住了时间的考验，这是农民工婚姻较为稳定的原因之一。

第三节 农民工的道德承诺及特点

一 农民工的道德承诺

道德承诺指一个人在道德上有义务将婚姻关系维持下去。约翰逊（Johnson，1991）认为道德承诺包括三个来源：第一是人们对待离婚的态度，如人们会认为离婚不道德；第二是人们觉得对伴侣有社会责任；第三是人们信守婚姻誓言，例如，人们认为一旦结婚就要坚守婚姻、白头偕老。笔者在田野调查中发现，第一代农民工在婚姻维持过程中仍然深受传统家庭伦理的影响。

> 杨先生一家有五口人，最大的孩子 22 岁，最小的 19 岁。杨先生在东莞做生意，妻子因病在老家休养。杨先生表示，夫妻分居期间，很少打电话，缺少沟通。妻子病好后跟随丈夫外出，由于妻子精神忧郁，夫妻之间仍然缺乏交流，杨先生为此很苦恼。杨先生与妻子有二十多年的婚姻生活，一起共同打拼过，共同生养了三个小孩。虽然妻子无法在业务上提供帮助，但她通过做好家务来为家庭做贡献。杨先生承认夫妻之间有感情，认可妻子对家庭的贡献，但他认为，谈及婚姻靠什么维系，杨先生说："我们情感交流比较少，靠的是责任感。"（个案 8-1：杨先生）

很显然，杨先生与妻子的关系是一种责任关系，他维系婚姻的动力来自他对妻子的责任感[①]的强烈认知，长达几十年的夫妻之情[②]使他觉得在道德上有义务去延续家庭。杨先生维系与妻子的婚姻关系体现的是"对夫妻结合的义务。通常，这种义务表现为维持婚姻而不使之解体和保持婚姻不被伤害的正常状态两个方面。……随着结婚时间的延长，配偶相互之间的义务会强化，因此离婚倾向就小"（Levinger，1965）。"夫妻关系的维系依赖各自义务的完成和较为长久的相互责任。"（肖索未，2018：129）换言之，农民工婚姻关系的维系依赖夫妻双方履行各自的义务和较为长久的对彼此的责任。正如周国平所言："喜新厌旧乃人之常情，但人情还有更深邃的一面，便是恋故怀旧。一个人不可能永远年轻，终有一天会发现人生最值得珍惜的乃是那种历尽沧桑始终不渝的伴侣之情。"（周国平，2011）罗素指出，"在大多数文明社会中，夫妻之间并不能存在任何真正的伉俪之情；夫妻关系一方面是主从关系，另一方面是责任关系"（罗素，2014：18）。费孝通也说过，婚姻关系更多是一种责任关系，"婚姻所缔结的这个契约中，若把生活的享受除外，把感情的满足提开，剩下的只是一对人生的担子，含辛茹苦，一身是汗"（费孝通，1998：147）。

二 农民工道德承诺的特点

中国是伦理本位的社会（梁漱溟，2005）。"伦理关系，即是情谊关系，亦即是其相互间的一种义务关系。"（梁漱溟，2005：72）"中国伦理明著其互以对方为重之义，一个人似不为自己而存在。"（梁漱溟，2005：178）例如个案8-1中已经结婚二十多年的杨先生，因妻子生病精神忧郁，夫妻缺乏必要的情感交流，但他出于对婚姻和家庭的责任感，选择了维系婚姻。[③] 杨先生对妻子的情感是伦理化的，这种伦理化的亲密情感是夫妻双方在长期为家共同奋斗的过程中形成的。

[①] 斯滕伯格认为，责任感是一个人愿意跟某人不分手并对他或她负责到底的承诺。参见罗伯特·J. 斯滕伯格，2000，《丘比特之箭》，潘传发、潘素译，沈阳：辽宁教育出版社，第14页。

[②] 根据周国平的观点，夫妻在漫长的共同生活中形成的感情可以称为亲情式爱情，建立在这种感情基础上的婚姻较为稳定。

[③] 在杨先生看来，婚姻是彼此承诺、互尽义务的关系。

农民工的婚姻属于"责任婚姻",责任导向的婚姻强调夫妻对家庭的责任,突出夫妻家庭角色的扮演。只要夫妻双方能够承担其为人父母、为人夫妻的责任,农民工夫妻之间即使没有爱,婚姻也能得到维持。"责任型婚姻的当事人对爱情的期望值较低,他们更看重婚姻的形式而非内涵……"(徐安琪,1997:11)"受到相互依赖的传统观念的影响,中国人婚姻内部的调整受到诸多责任和义务的制约。"(许烺光,2017:131)

农民工的受教育程度低、见过的世面相对较少,婚姻观也比较保守。农民工的社会经济地位低下,他们对婚姻的期望值较低,容易对婚姻产生满足感。农村女性一般是"嫁鸡随鸡、嫁狗随狗",农村男性也大多会坚守婚姻,从一而终。俗语说"一日夫妻百日恩"。即使婚姻不幸福,他们也不会轻易选择离婚,而是无奈地维持婚姻。

第四节 农民工的结构性承诺及特点

一 农民工的结构性承诺

已有研究指出,仅仅从婚姻满意度进行分析无法解释为何一些婚姻幸福的夫妻最终走向了分离,而一些婚姻关系在顺利时期和困难时期都能维持下来。这意味着我们需要寻找婚姻满意度之外的原因。个人承诺突出情感在婚姻维系中的作用,而结构性承诺则强调结构性因素的影响。结构性承诺指离婚时存在种种约束,当事人不得不维系现有的婚姻关系(Johnson,1991)。当个人承诺的程度高时,婚姻当事人往往感受不到结构性承诺的影响,例如婚姻幸福的人通常会强调婚姻的维持主要是因为伴侣有吸引力或婚姻本身让人满意,而忽略了婚姻之外的影响因素;反之,当个人承诺的程度低时,当事人就会感受到结构性承诺的约束。结构性承诺被描述为婚姻当事人意图维系婚姻以避免婚姻解体的后果。笔者在调查中发现,对农民工夫妻而言,维系婚姻的动力更多的来自结构性承诺,这些结构性因素包括离婚的结构性障碍、婚姻市场挤压、流动性的影响。

(一)离婚的结构性障碍

首先,是社会反应所导致的离婚压力。社会反应(Social Reaction)指当事人所属关系网络中的人对他或她离婚的反应。关系网络中的人可能赞成，也可能不赞成婚姻当事人离婚。婚姻当事人的朋友和亲戚会对当事人施加压力，要他或她坚持维系这段婚姻关系。当这种压力来自重要的他人时，即使没有个人承诺或道德承诺，当事人也会感受到压力，不得不去维持婚姻关系（Johnson，1991）。

中国社会是关系本位的社会（梁漱溟，2005）。农民工夫妻对所处关系网络中的人负有义务。农民工的婚姻具有乡村婚姻的特点。乡村婚姻较为稳定的原因部分在于农村社区传统上不鼓励离婚，而且存在反对离婚的强大社会规范。农村社会仍然是熟人社会，熟人社会"夫妻的社会可见度会很大"（野野山久也，1989：104），因此村庄熟人社会中的村民感受到的社会压力会更大。尽管反对离婚的舆论有所弱化，但村民仍然会受到村庄舆论的约束，离婚的人会被村民议论。生活在熟人社会中的农民非常在乎其他村民的评价，他们在乎自己和家庭的脸面，因为他们既生活在一个物质的世界，也生活在一个道义的世界。村民会顾忌并根据村庄舆论的导向来行动。徐安琪、叶文振（2002）认为，农村地区的社会文化环境依然较为保守，外在的限制离婚的压力依然较大。汪国华（2007：9）认为，熟人社会中较强的社会约束力会促使婚姻当事人去容忍某些诱发离婚的因素，乡村社会的婚姻维持主要是依靠强大的社会规范。一项对河南西村的调查发现，离婚在当地仍是一件名声不好的事（尚会鹏、何详武，2000），"离婚当事人要承受社区舆论谴责的压力"（徐安琪，1997：10）。

个案7-1中的新生代农民工江女士说，"在农村，离婚会被人指指点点，离婚的人会被人看不起"。个案3-5中的沈女士在谈到放弃离婚的念头时也提及了村庄舆论的影响，"如果我不让丈夫回来，村民还会讲我一个女的那么强势"。两位女性的故事表明，在熟人社会中村民的婚姻仍然受到社区舆论的制约。

在农村社会，农民的婚姻不仅受到舆论的制约，还会受到家族的干预（陈文玲，2008）。中国人的婚姻不只是夫妻双方的事，还涉及双方的父母（许烺光，2017：123）。在农村社会，婚姻不是私人领域的事务，而是涉及家族的公共事务。"婚姻是用社会力量造成的，因为依我所知世界上从来没有一个地方把婚姻视作当事人间个人的私事。婚姻对象的选择非但受着社会的干涉，而且从缔结婚约起一直到婚后夫妇关系的维持，多多少少，在当事人之外，总有别人来干预。这样就把男女个人间的婚姻关系弄成了一桩有关公众的事件了。"（费孝通，1998：129）农村社会聚族而居，亲属关系地理上的相近使得亲属能够对村民的婚姻生活产生持续性的影响。由于结婚成本高，村民结婚时往往需要向亲朋好友借钱才能凑齐结婚所需的费用，筹办婚礼时也需要亲朋好友的劳力支持和情感支持，村民关系网络中的人通过经济上的支持以及参与婚礼筹办来介入村民的婚事。当村民婚姻发生危机时，其亲朋好友也会好言相劝，在这种调解下当事人往往会放弃离婚的念头。"单靠法律的制裁犹嫌不足，于是把其他经济关系渗入婚姻关系中，并扩大向婚姻关系负责的团体，这样使夫妇间的联系加强，即使夫妇间一时感情失和，每会因牵涉太多，不致离异。"（费孝通，1998：132）亲属网络的调解是农村离婚水平低的原因之一（吴德清，1999：63）。

农民工的婚姻基本属于缘分婚姻，缘分婚姻的内涵在于"外在性"，外在性一方面体现在农民工夫妻对亲密关系状态的体验会把家庭其他人的感受和期待考虑在内，他们希望亲朋好友看到婚姻状态中好的一面；另一方面体现在农民工夫妻会将亲密关系遭遇的困境交由外部因素（父母、家族、朋友等）去处理。"中国人以情境为中心的生活方式重视相互依赖"（许烺光，2017：116），这导致农民工夫妻在处理婚姻问题时会在意他人的看法、顾虑他人的感受。汪国华（2007）指出，乡村社会是熟人社会，熟人社会通常会以息事宁人的方式调解婚姻危机。个案3-5就是一个典型案例：沈女士由于外出打工的丈夫搞婚外情不照顾家庭而提出离婚。沈女士的婆家亲属、娘家亲属都劝她不要离婚。在亲属的道德规劝下，沈女士给了丈夫改过自新的机会。可以说，农民工的婚姻较为稳定的一个重要原因就在于农村存在一个由亲属网络构成的有效的民间调解系统。沈女士的案例说明农民工婚姻不仅是婚姻当事人的私事，而且是家族的一件公共事务。

除了亲属的劝说，沈女士还顾及村庄舆论的影响，"没办法，他回都回来了，如果我不让他回来，村里人还会说我强势"。

在访谈中，沈女士多次抱怨命运的不公平。谈及婚姻的不幸，沈女士多次流泪。虽然沈女士想离婚，但在种种结构性因素的制约下，她最终放弃了离婚的想法并转而接受丈夫回家。

其次，是难以分割的婚姻投资。随着时间的推移，人们会在婚姻中投入越来越多的时间、精力和资源。婚姻投资包括直接投资和间接投资。投入的资源会增加人们对婚姻的承诺，因为投资行为会增加结束婚姻关系的成本，投入的资源成为维系婚姻关系的强大心理诱惑力。子女、土地和房子都属于婚姻中的投资。离婚必然涉及这些共同财产的分割,子女作为婚姻的特有资本会增加婚姻的价值。贝克尔(Becker,2007:393)认为,结婚的时间越长,离婚的可能性就越小,因为随着时间的推移,婚姻资本和婚姻价值都增加了。孩子是首要的例子,尤其是年幼的孩子。

谈及维系婚姻的原因,个案3-5中的沈女士一再提及是为了两个儿子,"我就是看在两个儿子的面上,只会看儿子的面,像他没什么好看的了。小孩是我生下来的,如果我不理,小孩变成乞丐,会害小孩一辈子"。

农村的婚后居住模式以从夫居为主,农村女性居住的房子多属于男方的婚前财产,离婚意味着她必须寻找新的住处。即使结婚后夫妻住在新盖的房子里,在离婚时也会遇到分割的障碍。例如,个案3-5中的沈女士婚后与丈夫共同盖了一栋房子,在离婚闹得比较凶的时候,沈女士向帮忙调解的亲属表示,房子一人一半。虽然亲属们站在沈女士的一边,赞同房子全部归她,但丈夫不同意离婚。

一项对苏南农村的研究发现,"离异女性在财产分割过程中处于不利位置,离婚后妇女基本得不到住房,即使在婚后夫妻俩共同翻建加盖过住房。父系继承制使人们普遍认为,这是男方的财产,无论夫妇共同生活多少年,继续投入多少,也不能转为夫妇共同财产"(金一虹,2000)。另一项对河北后村的研究发现,在农村,几乎所有的女人都是在婚后搬去男方的家庭,即使和男方父母分了家,也是在男方的村庄落户的。一旦离婚,女人不但面临离家问题,还要面临离村问题。"……离开前夫的村子,她没有住处,只好回娘家,而娘家人尤其是嫂子弟媳都会对她冷嘲热讽。"(李银河,2009:224~225)虽然依据法律,农村妇女在离婚时可以分得一份属于自己的土地和财产,但是现实往往是离婚妇女因此失去了自己的土地和居所。"与城市女性相比,农村女性找到替代性工作、住房或新的伴侣相对更难。"(Zeng et al.,2002)农村社会"嫁鸡随鸡"的传统观念使得离异女性回娘家居住不易被娘家人所接纳(徐安琪,1997:99)。

在人口流动的背景下,离异女性在离开夫家之后,由于无法在娘家长期居住,外出打工为离异女性提供了新的出路。农民可以通过打工和经商在农业之外获取生计资源,但打工只是阶段性的,不是长久之计,从长远来看,农民工依旧需要依靠土地来获取基本的生计资源。根据法律规定,与村集体签订土地承包经营合同的当事人是农户(通常是男性户主)而非个人,家庭中个人(如妇女)的权利在以户为单位的家庭承包经营制度中没有得到确认（耿卓，2016）。无论是土地承包经营权还是宅基地的使用权，主体都是农户而非个人。农村土地产权制度设计是以户为基础的，这种制度安排忽视了对妇女权益的保护（吴存玉，2018）。在现有乡村管理制度和农地制度安排中，生于斯长于斯的农村男性可以无条件地获得土地和宅基地，而已婚女性则必须以妻子的身份来获得土地和宅基地。农村"基于男性世系的有关资源和福利的制度安排"（金一虹，2010）使得农村女性在离异后会丧失生计资源。对离婚不良经济后果的考虑打消了当事人的离婚念头，约束了当事人的离婚行为，使得当事人具有极强的忍耐力。即使婚姻关系紧张、婚姻不幸福，多数当事人仍选择凑合过日子。

户籍锁定了农民工的生活目标和生活预期，多数农民工以及他们的家人认为他们最终是要返回家乡的（李强，2005）。受体制性因素影响，农民工的全部社会福利只能在户籍所在地实现（金一虹，2010）。流动在一定程度上增加了农民工的个体化程度，但由于缺乏国家制度保障，已脱嵌的农民工为了寻求新的安全网，被迫回到家庭和私人关系网络中寻求保障（阎云翔，2012）。

受户籍身份的影响，农民工不能进入正规劳动力市场，只能在城市次级劳动力市场就业。次级劳动力市场中的工作不仅工资低而且不稳定。一项 2006 年实施的调查发现，在珠江三角洲地区打工的农民工平均月工资为 1100 元（刘林平、张春泥，2007）。2010 年的一项调查发现，珠三角地区农民工的平均月工资约为 1917 元，长三角地区的约为 2052 元（刘林平、雍昕、舒玢玢，2011）。打工的低收入以及流动性带来的收入不稳定意味着农民工难以依靠自身的努力（通常需要依靠家庭或家族的力量）支付高额的结婚成本，结婚带来的经济压力以及离婚的经济损失迫使男性农民工采取各种策略去维系已有婚姻。

农民工进入的劳动力市场是依据户口和性别高度分隔的市场。这意味着，尽管流动女性可能找到挣得现金收入的城市就业机会，但她们的收入可能还是比她们的丈夫少一些（杰华，2006：188）。受家庭经济贫困以及重男轻女观念的影响，流动女性的受教育程度普遍偏低，她们只能在低端的劳动力市场上工作，她们在城市劳动力市场的境遇、享受的社会福利处于比男性更为不利的位置，流动女性不得不更多地依赖于男性和家庭，经济上无法完全独立的她们在离婚后有可能面临更为困窘的境地。"依存于丈夫的妻子，由于没有独立的收入，在离婚时会遭遇经济障碍。"（野野山久也，1989：103）"城市不友好的环境使得农民工尤其是女性农民工，在几乎生活的每个方面都遭受歧视，这使得已婚农民工有很大的兴趣去维系他们的婚姻。"（Zuo，2008）

女性农民工的职业社会地位较低，仍然受传统社会思想的影响。对她们而言，离婚并不是一件光彩的事，同时她们每天都需为生计奔波劳碌，因此她们对婚姻的期望值相对较低，较低的婚姻期望值使她们容易对婚姻产生满足感。如上文所述，女性的离婚代价大，这些因素限制了她们的离婚。

在现有的体制环境下，农民工的社会经济地位低下，而离婚的经济和社会代价比较大。这意味着对于经济资源匮乏的农民工而言，维持现有的婚姻无疑是比较现实的选择。

最后，是离婚的法律障碍。伴随时代的变迁和社会的转型，我国的婚姻法呈现离婚自由化的趋势，但这并不意味着婚姻当事人可以随意离婚。事实上，婚姻法对于离婚有一定的限制。我国的婚姻法规定只有在夫妻感情彻底破裂无和好可能的情况下才能准予离婚，感情是否破裂由法院裁定。对于夫妻一方首次提出的离婚请求，法院通常会判决不予离婚，从而给予婚姻当事人和好的机会。法官在庭审过程中会对当事人进行调解，即使调解无效，也会通过判决不予离婚来限制初次提出的离婚诉求。虽然，婚姻当事人可以在初次判决半年之后再次提出离婚请求，但这半年的时间给了婚姻当事人和好的机会。正如学者指出的，"司法的慎重和诉讼离婚中的高时间成本，有利于克服离婚的随意和冲动，反映出司法对离婚诉讼控制的程度"（姜金良、朱振媛，2014）。

我国婚姻法规定夫妻之间感情破裂便可以协商离婚或起诉离婚，但离婚过程需要履行一定的法律程序，这其中包括财产的分割和子女监护权的确定。婚姻法规定，人民法院在审理有争议的离婚案件（指由夫妻一方提出的离婚）时应当进行调解。法院在审理中，对于初次提出的离婚诉求，法官通常判决不予离婚；而对于再次离婚请求，法官在判定夫妻关系确实无和好可能的情况下才会支持离婚请求（贺欣，2008）。婚姻法规定，再次离婚请求必须在首次离婚判决半年之后才能提出，这意味着诉讼离婚不仅要花费婚姻当事人的金钱还要消耗大量的时间和精力。可以说，离婚诉讼中国家对婚姻生活的适当干预有助于婚姻的维系。通常在正式离婚之前会有调解，调解分为庭外调解和庭审调解，庭外调解也称为民间调解。庭外调解可能出现三种不同的结果：一是调解和好；二是调解离婚；三是调解无效。

个案3-5中的沈女士利用清明亲友聚会的机会告知前来参加晚宴的亲属自己要与丈夫离婚。她提出房子是夫妻共同盖的，每人一半，而儿子愿意跟谁由他自己定。亲属的观点则是房子全归沈女士，但沈女士的丈夫不愿意离婚，也不愿意分割房产。后面经过亲属的多次调解，沈女士与丈夫重归于好。

（二）婚姻市场挤压

婚姻当事人对婚姻关系的依赖部分是因为他或她缺乏婚姻替代品。婚姻替代品的情况会影响婚姻当事人的选择。当婚姻当事人没有可供选择的婚姻替代品时，他或她就会选择继续维系婚姻；反之，如果当事人有可供选择的婚姻替代品，婚姻关系就容易解体。婚姻当事人解散婚姻关系的决定会受环境的影响，婚姻当事人所处的环境限制了他或她在经济、住房、就业、与孩子的接触等方面的选择。农村婚姻市场的婚姻挤压使女性处于优势地位。婚姻替代品的缺少促使婚姻当事人尤其是男性，珍惜现有的婚姻。

婚姻挤压现象并非农村独有，但受计划生育政策、传统上传宗接代思想的影响，农村男性在婚姻市场遭遇的婚姻挤压程度更严重。随着婚姻资源的跨区域流动，原本相对封闭的农村婚姻市场变成开放的全国婚姻市场。在婚姻市场上，农村适龄男性不仅要面对同一区域男性的竞争，还会遭遇来自其他区域农村男性的竞争。农村女青年从内地到沿海、从山区到平原的婚姻迁移导致婚姻挤压的后果发生了空间转移，贫困和偏远地区的男性成为婚姻挤压后果的主要承担者（Ebenstein and Sharygin，2009；Das Gupta et al.，2010；石人炳，2006）。

农民工虽然在城市打工，但他们的婚配对象主要在农村，因此他们也受到农村婚姻市场结构的影响。受婚姻挤压、市场经济等因素的影响，男性农民工结婚的成本很高。"当地的男人很怕离婚，因为他们无法迁徙，在当地的婚姻市场中处于劣势，而结婚费用又非常高昂。"（阎云翔，2006：260）"娶媳妇难"现象在各地农村很普遍，与此相伴随的是，女性在婚姻中的要价越来越高，既要彩礼也要建房，结婚成本因此增加（桂华、余练，2010）。北方农村婚姻市场普遍存在高额彩礼的现象（李永萍，2018），南方农村婚姻市场也普遍存在彩礼价格高的现象（贺雪峰，2008）。笔者调查的南方农村结婚成本也较高，聘金少则十万余元，多则几十万元，而且聘礼还有不断上涨的趋势。① 高昂且不断上升的婚姻支付成本对于收入低的农民工及其家庭来说，意味着离婚要付出巨大的经济代价。多数农民工一辈子只结得起一次婚。婚姻市场挤压不仅意味着农民工缺少婚姻替代选择，还意味着离婚男人很可能"重返光棍"。

社会经济地位低下的农民工在婚姻市场缺乏竞争力，一旦离婚便很难再婚。面对这种局面，多数理性的农民工会选择维持当下婚姻以避免离婚可能带来的各种损失。由此农村婚姻市场女性资源的缺乏，有助于婚姻稳定，"因为男性会更愿意做出承诺，而且不愿意离婚。男性能找到的替代伴侣变少，所以当女性稀缺时，他们就不能轻易寻求随意性关系。因此，男性会更努力竞争去满足女性追求长期配偶的愿望，最主要的方式是努力获得资源，并且表现得愿意做出亲代投资（Parental Investment）"（巴斯，2011：196）。

> 林先生，1977 年生，有两个女儿，目前是一名泥水工，月收入4000 元，已购置一套小产权房。谈及与妻子从认识到结婚的过程，林先生说："我与老婆经人介绍认识，双方父母同意，岳父母当时要两万块聘礼，姐夫反对这门婚事，说太贵了，老家当时娶老婆一般只要五六千（元）。"有过恋爱失败经历的林先生则认为："像我这样的家庭条件，别的女孩不会嫁给我。但老婆没嫌弃我。"（个案 8-2：林先生）

林先生在婚姻上算是幸运的，因为在他老家还有不少过了适婚年龄仍然没有结婚的光棍。林先生的哥哥已经49 岁，依旧单身。在农村，如果男人自身条件不好，家庭条件又差，一旦过了30 岁，就很难娶上老婆了。家庭背景不好、父母无法提供经济支持、结婚只能依靠自己，以及农村婚姻市场的婚姻挤压让林先生格外珍惜现有的婚姻。"许多婚姻之所以能够延续，只是基于现实利益的一种妥协或无奈。"（周国平，2011：208）

诺贝尔文学奖获得者罗素认为，造就婚姻幸福的一个条件，"是无主

---

① 在调查中，一些访谈对象戏称，晚一年结婚相当于白种一年的烟叶，因为结婚的成本尤其是聘礼年年涨，涨价的幅度相当于种一年烟叶的收入。

女人的缺乏以及男人缺少与其他女人社交的机会。如果一个男人除了自己的妻子外，再没有与其他女人性交的机会，那么大多数男人都将安于现状，而且除了异常糟糕的情况，他们会觉得这还是完全可以容忍的。对于妻子也是如此，尤其是假如她们从不幻想着婚姻应该带来很多幸福的话。也就是说，一个婚姻，倘若双方均不奢望从婚姻中获得很多幸福，可能就称得上是幸福的"（罗素，2014：99）。

(三) 流动性的影响

流动会在一定程度上增加农民工的个体化程度。在市场的牵引下农民离开农村闯入市场经济的浪潮中，他们由此对自己的幸福和自身发展担负起全部责任。国家通过放松户籍制度的限制，促进了农民的流动与脱嵌，推动了农民工的个体化进程。在流动中农民日益从外在的社会约束中脱离，这些约束包括整体的文化传统和其中包含的一些特殊规范，例如家庭、血缘关系、地缘关系和农村社区。流动所造成的亲属关系"碎片化"（金一虹，2010）及"去传统化"会弱化家庭、亲属和农村社区对农民工的外在约束及监督，这在一定程度上会减弱农民工对婚姻的结构性承诺和道德承诺。城市社会是陌生人社会，社会规范的约束力相对较弱，人们的婚姻观相对较为开放，对离婚的容忍度较高，受此影响，农民工会弱化对婚姻的承诺。

有研究发现，由于身体上的缺席，移民们通常不会受到墨西哥小镇特有的亲属和社区的警惕性监督。移民的身体不在场和频繁的流动可能会限制他们对社会控制的敏感性，从而增加越轨的风险和威胁到婚姻家庭的稳定。相反，在墨西哥，仍然处于或嵌入在家庭和社区生活中的非移民或移民可能仍然受到更高程度的社会控制。人口流动会助长更强烈的个人主义，削弱对个人行为的社会控制，导致对社区生活的规范性共识较弱（Frank and Wildsmith，2005）。有研究认为，人口流动性越强，社会网络和亲属网络对婚姻冲突的调和能力就越弱，因此离婚水平越高（吴德清，1995）。Hirsch（1999）在美国的受访者中观察到匿名的感觉，即没有通常监测性别行为的观众。伴随着这种新的自由，人们还担心，一旦不受规范行为准则的约束，移民可能会进行犯罪。有研究认为，"在过去的一个世纪中，个体从那些以前对他们施加控制的扩大家庭和社区中获得了更多的自主性。这种变化主要发生在都市化的进程中，在都市化的进程中大量的人口涌入到了城市。在大规模的迁移中，移民们倾向于从限制性的地方纽带中分离出来。后来，起始于大城市的文化变迁使得人们对生活方式的多样性具有了更大的容忍度。结果，对于和谁一起生活以及生活多长之间这些问题而言，个体的偏好变得比社会规范更具影响力"（切尔，2005：92）。

城市社会人口众多，但每个人的取向太多，每个人的注意力都显得比较分散（涂尔干，2000：256），因此在城市打工生活的农民反而会觉得舆论压力比较小。城市社会中人与人之间相互冷漠的状况削弱了集体的监控能力，增加了个人在现实生活中的自由度（涂尔干，2000：256）。农民在城乡之间的流动会弱化家乡社区舆论的监督和控制作用，进而有可能弱化农民工的婚姻承诺，正如迪尔凯姆所言，"一旦他可以频繁地外出远行，积极地同他人进行交往，在外地经营自己的业务，他的视线就会从身边的各种事务中间转移开来。他所关注的生活中心已经不再局限于生他养他的地方了，他对他的邻里也失去了兴趣，这些人在他的生活中只占了很小的比重。而且小城镇对他的影响也越来越少了，他的生活已经超出了这个狭窄的氛围，他的利益和情感也不再局限在这个氛围里。正是由于这些原因，地方舆论的压力也不像以前那么沉重了，社会的普遍舆论也不会替它产生原来的作用，既然它无法严密监视所有公民的行为举止，集体控制不可避免地会松弛下来，共同意识也失去了它的权威，个人便逐渐产生了变化"（涂尔干，2000：257~258）。换言之，一方面进城农民工感受到的来自家乡的舆论压力在不断弱化，另一方面城市社会的舆论压力本身就比较小，因而农民工容易在城市发生偏离婚姻规范的行为。

流动会增强农民工的现代性。农民流动不仅是身体在地理空间上的流动，还是一种向上的社会性流动（阎云翔，2012），流动已经成为农民婚姻家庭变迁的重要结构性力量（金一虹，2010）。农民流动不仅意味着职业的转换、生活场域的变动，还意味着生活方式、文化价值观念的变化，农民工在与城市居民互动的过程中以及在现代城市媒介的影响下，耳濡目染现代的文化价值理念，包括现代的婚姻观（例如结婚自由和离婚自由）、追求享乐的消费主义等，这在一定程度上会弱化他们对婚姻的承诺。流动带来的"去传统化"以及观念的现代化会使农民工"个体不再相信他们应该为保持传统（例如维系家庭血脉）而奋斗"（阎云翔，2012：328），农民工因此可能转变他们对结婚意义的认知，从"为他人而活"转为"为自己而活"（贝克、乌尔里希，2011：81）。

正常而言，个体化需要教育系统、社会安全、医疗保健、就业平等和失业津贴的支持，所有这些公共产品都需要福利国家来提供，但这些前提条件在我国并不存在。中央出于减轻财政负担的目的，通过住房改革、医疗改革和教育改革来摆脱其提供福利公共产品的责任，从而使国家从以前的社会主义福利体系中抽身而出（阎云翔，2012）。社会流动性在农民工的个体化过程中发挥了至关重要的作用，中国的个体化进程确实给农民带来更多的流动、选择和自由，但国家并没有从制度上为农民的个体化和流动给予保障和支持。受户籍制度的影响，农民工不能将身份转为城镇居民，无法像城镇居民那样享有各种社会福利。农民工个体"为了寻求安全网，或者为了再嵌入，被迫回到家庭、农村社区和私人关系网（亲属网）中寻求保障，于是他们又回到他们脱嵌伊始的地方"（阎云翔，2012）。

虽然个体农民工获得了离开家庭的流动机会，但家庭仍然是个体农民工自我身份认同的基础。在国家、市场这两种结构性力量以及父权的影响下，在流动中得以部分脱嵌的农民工将再次嵌入家庭、亲属和农村社区中，这也意味着原先有助于农民工婚姻关系维系的结构性力量仍将起作用。

以上分析表明，短期来看，流动会增强农民的个体化程度，但流动只会部分地弱化农民工的婚姻承诺，因为促使农民工维系婚姻的结构性因素的力量更强，农民工的婚姻将保持总体稳定的格局。长远来看，伴随现代化进程和个体化进程，流动将使得农民工婚姻的维系越来越依靠个人承诺而不是结构性承诺和道德承诺，农民工婚姻的稳定性将下降且成为社会问题。

二 农民工结构性承诺的特点

西方人在婚姻生活中受到的结构性因素的制约相对较少，因为西方是个体主义的社会。在西方社会，"如果家庭关系很大程度上取决于个人的操控，双方就不得不为了磨合一直投入精力，且婚姻状态不够稳定"（许烺光，2017：134）。"在美国的社会环境里，亲子关系和婚姻关系主要取决于个人的选择。孩子与成人一样习惯性地认为分居或离婚是解决家庭问题最简单易行的办法。"（许烺光，2017：133）在个体中心的婚姻生活中，婚姻当事人在意的是自身的感受，较少在意他人的看法，因此离婚时感受的社会压力和舆论压力相对较少。西方人在离婚时很少会遭遇亲属的干预，因为"美国人的血亲及姻亲一般独立居住，相距颇远，除了年节很难聚到一起"（许烺光，2017：67）。许烺光（2017：132）认为，美国人的家庭关系虽然比中国人的简单，但是美国人的婚姻模式却越来越不稳定，这是因为"首先，独立的个体模式如果导致夫妻之间的竞争，婚姻是不可能稳定的；其次，独立的个体模式促使双方在婚姻出现危机时首先把个人利益放在最重要的位置，这同样不利于婚姻的稳定"。西方人在离婚时遇到的法律障碍也相对较少，因为西方社会的婚姻法较为宽松，社会对离婚也比较宽容。西方由于性别出生比较为均衡，婚姻市场上两性之间的比例也较为平衡，因此西方人结婚较为容易，离婚后容易再婚。

而农民工在婚姻问题上存在三个难题：一是结婚难，二是离婚难，三是再婚难。首先，男性农民工存在结婚难、再婚难的问题。由于婚姻市场挤压现象的存在，适龄男性农民工缺少足够数量的婚配对象，一些个人条件并不差的男性农民工从而遭遇结婚难的问题。笔者于 2016 年暑假在闽西某村的调查发现，一个村民小组 11 户人家中到了结婚年龄但没有结婚的男青年有 7 人，这 7 人当中年纪最大的有 32 岁，最小的为 28 岁，其中一户有两个男孩还没结婚，但是该村民小组所有女青年一到结婚年龄就能顺利成婚。无独有偶，笔者于 2016 年寒假在井冈山市下属的一个镇调查时，当地的村民告诉笔者，一个小乡村有 30 多个光棍。农民工结婚难问题的存在还跟结婚费用的不断上涨有关。笔者于 2016 年的田野调查发现，在闽西农村结婚聘礼普遍在二十几万元，而且聘礼还在逐年上涨。婚姻市场适龄女性的缺乏以及结婚成本的上升导致离异男性的再婚难上加难，因为离异男性还面临声誉受损的问题。

其次，农民工面临离婚难的问题。农民工之所以离婚难，是因为在农村离婚会遇到种种障碍。崇尚夫妻白头偕老是中国文化的主流，社会规范也主要强调夫妻对家庭的职责和婚姻道德，人们在潜意识中认为离婚是需要付出沉重代价且是一件丢脸面的事。中国文化中存在一种根深蒂固的不利于离婚的传统（徐安琪，1997：107）。例如，2019 年春节接受笔者访谈的一位在田间干活的女性谈到儿子的离婚时说："儿子离婚名声不好。我这个（离婚）还冇（没有）名誉，还会败名誉。"笔者说："不会吧。"她说："会，人家会说你讨过一次老婆。"村庄社会仍然具有熟人社会的特点，熟人社会容易形成强有力的舆论环境。生活在熟人社会的农民工很在意村庄舆论的影响，因为村庄是村民长期生活的地方。在农村社会，婚姻不是当事人的私事，而是家族的公共事务。另外，"中国人的祖父母和亲戚们即使不住在同一屋檐下，一般也都住在一个村子里，最远也不过是相邻的村庄"（许烺光，2017：67）。正因为如此，当婚姻出现危机时当事人会向家族中的长辈提出调解的要求，家族中的长辈也可以对当事人进行调解。个案3-5中的沈女士在婚姻遇到困境之时不仅向娘家亲属求助，还向婆家亲属求助。沈女士利用清明聚餐的机会把婚姻私事转为家族的事务，并由于亲属的及时调解，沈女士最终与丈夫重归于好。

"在中国文化环境下，家庭关系是自然和永恒不变的，人们很少会想到分居或离婚。"（许烺光，2017：133）笔者的田野调查结论也支持了这种观点。例如，一位50岁的农村女性在2019年正月接受访谈时说道："像我们那时候的社会，打死（当地方言，指夫妻之间打得再凶）、讲死（指吵得再厉害）都很少离婚。"由于农民工夫妻对婚姻形成了持久稳定的预期，因此他们愿意对婚姻进行长期投资，例如生儿育女、盖房、添置各种财产。婚姻投资会增加婚姻的价值，但同时也会成为离婚的障碍。田野调查发现，不少访谈对象提到维系婚姻的原因是子女的存在，例如"要不是为了孩子，早就跟她（或他）离婚了"的话语不断重复出现。农民工朴素的话语清楚地表明农民工婚姻能够维持稳定在很大程度上是靠孩子。子女像胶水一样将夫妻黏结在一起，子女既是婚姻幸福的源泉也是离婚的障碍。

以上分析表明，西方人的婚姻尽管也受到结构性因素的制约，但在关系本位和情境中心的中国农村社会，农民工的婚姻受到更多结构性因素的约束。

第五节 结论与讨论

本章使用婚姻承诺框架，从婚姻吸引力、道德规范和约束性因素三个方面论述了农民工夫妻婚姻承诺的动力，并在此基础上对农民工的婚姻承诺进行了分类，最后探讨了农民工婚姻承诺的特点。农民工夫妻的婚姻承诺包括个人承诺、道德承诺和结构性承诺，但个人承诺、道德承诺和结构性承诺在农民工婚姻维系中的作用并非同等重要的，受儒家文化、流动性等因素的影响，农民工婚姻的维持主要不是靠个人承诺而是结构性承诺和道德承诺。本研究还发现，农民工婚姻中的个人承诺与西方人的个人承诺是不同的。西方人的个人承诺源于爱情、性吸引力，而农民工的个人承诺则是基于亲情。由于亲情较为深沉、较为持久，因此农民工的婚姻较为稳定。虽然西方人的婚姻承诺中也包含了结构性承诺和道德承诺，但个体本位的西方人更在意自己的感受，不会在意他人的意见，而生活在关系本位社会中的农民工不得不顾忌他人的看法，因此农民工在婚姻生活中会受到更多结构性因素的制约。

西方关于婚姻承诺的研究把婚姻承诺分为个人承诺、道德承诺和结构性承诺三个维度，并探讨了各个维度对亲密关系维系的作用，但没有去探讨三种承诺之间的关系。本研究认为，婚姻承诺理论的三个方面并不是独立的，彼此会发生互动。笔者经田野调查发现，三种承诺起作用的情境是不一样的，个人承诺一般在当事人感觉婚姻幸福的情况下起作用，换言之，婚姻幸福的农民工更可能基于对婚姻的满足而愿意维持婚姻。个人承诺强调的是个体角度，突出个体的感觉。对于婚姻幸福的当事人而言，他们在谈及维系婚姻的原因时多强调婚姻的幸福感或满足感。道德承诺则强调文化传统对婚姻当事人的影响，由于婚姻当事人内化了文化传统的要求，因而他们基于传统的惯性去保持婚姻完整。道德承诺程度高的当事人可能处于婚姻幸福的状态也可能处于婚姻不幸的状态之中。而结构性承诺一般是在当事人对婚姻不满意的情况下起作用，它更突出的是在社会结构性因素的制约下婚姻当事人不得不去维系婚姻。与个人承诺强调的是个体的自愿不同，而结构性承诺多突出的是社会因素的制约。

三种承诺之间也会发生互动关系，个人承诺和结构性承诺之间有相互增强的关系。例如婚姻幸福的当事人会更愿意增加对婚姻的投资，比如买房、生育小孩以及花时间去经营婚姻，这会增加婚姻当事人对婚姻的满足感，换言之，个人承诺会通过婚姻投资进而增强婚姻当事人的结构性承诺。反过来说，婚姻当事人由于离婚会面临诸多结构性约束，会由开始时的被迫到后面的主动去增加婚姻投入，这样一来在长久的婚姻投入和共同经营婚姻的过程中夫妻之间可能培养出深厚的情感，个体承诺自然而然地因此得到提高。同理，个体承诺水平和结构性承诺水平高的个人更可能内化婚姻责任道德，从而提高道德承诺水平。

三种承诺可以独立对婚姻稳定性产生影响，也可以一起对婚姻稳定性产生影响。一般而言，个人承诺水平高的婚姻当事人很少提及结构性因素的制约，结构性承诺中的部分因素（如子女）甚至成为个人承诺的来源。而提及结构性承诺和道德承诺的当事人多感觉婚姻不幸福。换言之，婚姻不幸福的人才会觉得维系婚姻是因为受到了结构性因素和道德因素的制约，婚姻幸福的人很少会有这种看法。

上文的分析表明，来自西方的婚姻承诺理论是可以用来解释农民工的婚姻现象的，必须注意的是在分析的时候要考虑到农民工所受到文化因素、结构因素的影响。我们注意到，不同的文化背景、不同的关系结构、不同的制度结构下，婚姻承诺的内涵会有所不同。笔者认为，婚姻承诺理论也可以用来分析城市居民的婚姻关系。中国的离婚人口多集中在城市，城市居民的离婚趋势强于农村居民（张春泥，2019；Ma and Rizzi，2018）。城市夫妻的离婚风险显著高于农村夫妻（刘汶蓉，2019）。反观城市已婚男女，他们受到的结构性约束与农民工相比弱很多。一是城市社会是陌生人社会，婚姻属于私人领域中的事务，人们一般不会干预别人的婚姻。"城市父母和其他年长家庭成员在干预子女或其他年轻家庭成员的离婚事务方面不如农村家庭成员有力。"（Zeng et al.，2002）二是城市婚姻市场的挤压程度相对较低，婚姻替代品相对较多，离异人士的再婚机会相对较多。三是城市人口的受教育程度较高，城市居民拥有更多资源，这些资源使得他们更容易应对离婚后的生活，离婚女性在经济上更能自立。"城市女性比农村地区的女性经济更自立，因此如果婚姻不幸福她们更愿意寻求离婚。"（Zeng et al.，2002）四是城市的现代化程度更高，婚姻价值观更为多元，城市男女的婚姻观比较现代化，他们更能够接受离婚，社会舆论相对宽松。五是城市男女多通过恋爱方式选择配偶，他们的婚姻具有爱情婚姻的特点，他们更注重爱情和婚姻质量，对婚姻的期望值相对较高，高期望容易带来高失望。城市社会的上述特点使得城市婚姻比农村婚姻更不稳定。

笔者经调查发现，绝大多数农民工有很强的动力去维系现有的婚姻。这其中有制度的、结构的和文化的因素，也有家庭和社区的因素。受户籍制度和相关制度安排的影响，进城农民工无法实现身份的转变，很难定居城市，城市只是他们打工挣钱的地方，而家乡才是他们的最终归属。多数农民工最终要在生命历程的某个阶段（尤其是老年）返回农村。虽然越来越多的农民工举家（主要是核心家庭）进城，但更多的农民工把家庭留在农村，只身一人进入城市，并通过各种通信工具、汇款以及周期性的返乡探亲来保持与家庭以及配偶的密切联系。农民工虽然从空间上脱离了农村熟人社会，但流动并未从根本上改变他们的婚姻家庭观，流动并未从根本上改变农民工夫妻的性别关系，原有的性别分工以及性别关系通过流动复制到了城市（罗小锋，2011）。尽管父权制家庭受到流动所带来的脱域、脱序和个体化的冲击，但农民工和他们的家庭仍受父权制的影响与支配（金一虹，2010）。学者们的调查一再证实，已婚农民工依旧是家庭本位的（金一虹，2009），他们的婚姻观依旧是传统的、保守的。绝大多数农民工有很强的家庭责任感，会把大部分打工挣的钱寄回家从而更好地进行家庭再生产。进城农民工社会交往的圈子多是老乡和农民工，他们的日常行为受到社会网络中其他成员的监督。农民工的婚姻关系维系依靠的主要不是夫妻之间的情感，而是夫妻感情之外的因素，如子女因素、村庄舆论以及亲朋好友的支持等。

总之，本研究拓展了婚姻承诺的内涵，丰富了农民工婚姻稳定性的研究。虽然本研究中包含了新生代农民工的案例，但本研究并没有对老一代农民工和新生代农民工的婚姻承诺进行比较。本研究发现，与老一代农民工相比，新生代农民工的个体化程度更高，在婚姻维系中更强调情感的因素。但由于农民工的个体化程度是有限的，因此他们的婚姻承诺还更多是个人承诺之外的结构性承诺和道德承诺。

第九章 农民工夫妻亲密关系维系的认知机制和行为机制

以往关于农民工夫妻关系维系的研究过于强调经济因素的作用，忽略了亲密情感的作用。本章通过对农民工家庭的质性研究，归纳了农民工夫妻亲密情感的类型，并从认知层面和行为层面总结了农民工夫妻关系维系的机制。研究发现，亲密情感增进了农民工夫妻对婚姻的满意度，增加了婚姻对农民工夫妻的吸引力，在一定程度上促进了婚姻关系的稳定。此外，农民工夫妻在认知层面和行为层面的维系机制也有助于婚姻关系的维系。

本章通过对农民工情感的研究拓展了对夫妻之间情感内涵的理解，即农民工夫妻之间的情感受儒家传统婚姻文化的影响呈现自身的特点，农民工夫妻之间的情感更多的是在婚后长期的共同生活过程中所形成的深厚的亲情式爱情。这种亲情式爱情具有中国文化的特色，这种情感不同于浪漫的爱，它更为深沉、更为可靠，以这种亲情式爱情为基础的婚姻也更为稳定。

第一节 问题的提出

费孝通在《乡土中国　生育制度》一书中多次提到，传统农村社会的农民夫妻之间偏重于经济上的、抚育事业上的合作，而压低夫妇间感情上的满足。在我国乡土社会，"我们的家既是个绵续性的事业社群，它的主轴是在父子之间，在婆媳之间，是纵的，不是横的。夫妇成了配轴。配轴虽则和主轴一样并不是临时性的，但是这两轴却都被事业的需要而排斥了普通的感情。……一切事业都不能脱离效率的考虑。求效率就得讲纪律；纪律排斥私情的宽容"（费孝通，1998：41）。"家族在中国的乡土社会里是一个做事业的社群，纪律是必须维持的，纪律排斥了私情。"（费孝通，1998：43）"夫妇一方面是共同享受生活的乐趣，另一方面又是共同经营一件极其重要又极其基本的社会事业。若不能两全其美，就得牺牲一项。在中国传统社会，往往是牺牲前者。"（费孝通，1998：146~147）"在经济水准较低的社会中，抚育事务可以是相当繁重，再加上社会结构的需要完整，我们常会见到抹煞夫妇间感情生活的现象。这自然是文化的缺陷，因为，以我看来，文化的职志是在实现比较理想的生活。夫妇感情生活的未尽发展确是中国传统文化的一个弊病。"（费孝通，1998：153）"传统文化忽略了夫妇间的感情是有由来的……"（费孝通，1998：154）"在中国，爱的情感就很罕见……中国的传统文化反对所有强烈的情感，认为一个人应该在任何情况下保持理智。"（罗素，2014：88）

根据费孝通的观点，传统农村社会的农民夫妻之间偏重于经济上的、事业上的合作，而压低夫妇间感情上的满足。

利翠珊（1997）认为，"结婚在中国家族中，虽然是一件大事，但是对个人而言，只是生命中必须接纳的一种角色。它可以有情爱做基础，但情爱却绝非婚姻的必要条件。反而是个人是否具备足够的能力去扮演婚姻角色，才是婚姻的重要考虑"。"虽然农村家庭生活里人与人之间的情感维系自50年代以来已经变得越来越重要，可学术界却几乎仍然没有什么人对此进行研究。"（阎云翔，2006：247）

阎云翔（2006：9）认为，关于中国家庭的研究，多数关注家庭结构和家庭制度，很少涉及个人的心理与行为方式。阎云翔（2006）归纳了中国家庭研究的三种理论模式，分别是经济家庭模式、政治家庭模式和文化家庭模式。不过最有影响力的是"合作社"模式，"合作社"模式强调中国家庭的合作特性，尤其是家庭以"集体行动方式"来应对社会变迁。但"合作社"模式强调家庭的公共层面，忽视了家庭的私人生活层面。

针对以往中国家庭研究的不足，阎云翔在《私人生活的变革》一书中重点关注个人及其情感，弥补了以往研究过于关注家庭结构及其集体性的不足。最近的一些研究注意到了性以及情感在婚姻维系中的作用（陈讯，2014；陈柏峰，2019）。陈柏峰（2019：252）认为，"婚姻关系的构建不再仅仅是为了生育孩子，夫妻之间的感情也很重要"。

通过对相关文献的梳理，我们注意到，以往关于迁移、家庭的研究忽视了对夫妻关系的系统性探讨。在关于农民工夫妻关系维系的研究中，多数学者强调经济因素的作用（李强，1996；潘鸿雁，2007、2005b；叶敬忠、吴惠芳，2009）。一些学者考察了传统家庭文化在农民工夫妻关系维系中的作用（李强，1996；金一虹，2009）；一些学者强调性别分工对于农民工夫妻婚姻关系维系的作用（金一虹，2009；叶敬忠、吴惠芳，2009）。有研究认为，留守妻子与丈夫因为长期两地分居和远距离婚姻，亲密情感难以维持。两地分居减少了夫妻对彼此生活世界的了解，夫妻情感趋于弱化，留守妻子与丈夫的婚姻更多地依靠责任和义务来维系（叶敬忠、潘璐、贺聪志，2014：230）。

上述研究无疑可以增进我们对农民工夫妻关系维系的理解，但上述研究过于强调家庭的集体的一面，忽视了家庭中个体的一面。换言之，关于农民工夫妻关系维系的研究过于强调家庭公共的层面，却没有注意家庭的私人生活层面。正如阎云翔所言，家庭生活中情感的重要性在不断上升。笔者在调查中发现，农民工夫妻并非不需要情感的满足，他们在共同维持家庭的过程中日益重视情感在夫妻关系的维系中作用。鉴于此，本研究试图分析农民工夫妻亲密情感的形态以及农民工夫妻关系的维系机制。

第二节　亲情式亲密关系：农民工夫妻亲密情感的表现形态

不同于西方人的浪漫式爱情，本研究认为农民工夫妻的爱情是亲情式的。亲情式爱情是配偶在长期的婚姻互动过程中形成的，亲情式爱情更多地强调配偶双方在扮演家庭角色的过程中能够相互理解对方、信任对方。有学者认为亲情式爱情是"在长期共同生活中形成的互相的信任感、行为方式上的默契、深切的惦念以及今生今世的命运与共之感"（周国平，2017：100~101）。亲密情感的分析框架最早由利翠珊（1997）提出，受其启发，本章借用其分析框架探讨农民工亲密情感的类型及其在农民工夫妻亲密关系维系中的作用。"亲密的共同生活中个人互相依赖的地方是多方面和长期的，因之在授受之间无法一笔一笔地清算往回。亲密社群的团结性就依赖于各分子间都相互拖欠着未了的人情。"（费孝通，1998：72~73）"夫妇关系是人和人关系中最需要契洽的一种，因为他们在生活上所接触的方面太多了，他们在生活上互相依赖的程度太深了。"（费孝通，1998：137）在亲密的共同生活中夫妻之间相互依赖的地方是多方面的和长期的,夫妻之间相互依赖的程度很深。正因为如此,夫妻之间容易产生对婚姻的承诺。夫妻亲密关系的团结性部分依赖于相互的亲密情感。根据对访谈资料的反复研读,本研究发现可以把农民工夫妻关系的亲密情感归纳为四种类型,分别是感激之情、亲近之情、欣赏之情和契合之情。

一 感激之情

感激之情指一种当个人感受到对方的恩情时,所产生的感动或感激之情(利翠珊,1997:101~128)。感激之情可能来源于配偶的付出与牺牲,也可能来源于配偶的支持与配合。

> 林先生,1977年生,初中文化,泥水工。他是小包工头,包到活后会请人干。月收入4000元,在打工当地买了一套小产权房。妻子1981年生,文盲。夫妻有两个女儿,大女儿11岁,小女儿2岁。林先生结婚11年,是经他人介绍与老婆认识的,认识三四个月就结婚了(个案8-2:林先生)。

在访谈中,林先生告诉笔者,他对妻子满意。"老婆与我同甘共苦,我跟老婆认识的时候我还是学徒,身上没钱,家庭穷。像我的家庭条件别的女孩不会嫁给我,我家庭很差劲,别人会嫌弃,但老婆没嫌弃,仍然跟了我,结婚没钱给她买戒指、金银首饰。家境不好父母没帮到。结婚靠我自己。结婚花了2万多,当时没钱,但岳父母同意欠款。"

林先生感激妻子主要有两个原因,一是妻子没有嫌弃他,愿意跟他结婚。在访谈中林先生多次提到自己条件不好、家庭背景不好,但是妻子没有嫌弃他,愿意跟着他,和他一起共同打拼。二是妻子对母亲非常孝顺。林先生告诉笔者,妻子虽然连学校的门都没进过,但在照顾母亲时很体贴,林先生为此很感激妻子。林先生对妻子的感激之情促进了彼此关系的稳定。

二 亲近之情

亲近之情指的是一种与对方靠近,共同分享与分担生命经验的情感(利翠珊,1997)。农民工夫妻之间的亲近之情体现在丈夫参与做家务,减少妻子的家务负担;也体现在农民工夫妻共同打工。

罗先生，45 岁，小学文化；张女士，42 岁。罗先生与妻子在龙岩一家建筑工地打工，一个是技术工，一个是小工。罗先生与妻子在打工所在地租房子住，在这个租来的家中，夫妻一起做家务。在访谈中，张女士告诉笔者："我买菜、烧火、洗衣服，他洗碗筷、烧洗澡水。""丈夫这两年更勤劳，以前没这么勤劳，现在我做不得（太多家务）了，做了身体会这边痛那边痛，他当然要帮忙做。我的身体跟以前不同，他更体谅，以前他没有这么体谅。现在一回家，我做饭、炒菜，他烧水，水烧好后，一般先洗澡，然后吃饭，吃完饭我洗衣服，他则洗碗筷。洗好的衣服他会拿去晒。"（个案 7-2：张女士）

沟通表达的有效程度会影响亲近之情的形成。个案 7-1 中的江女士说："我们夫妻很有沟通，不会彼此隐瞒。丈夫去打麻将，无论输赢都会说。回老家，家里有大事小事都会跟对方讲，家里有红白喜事，会跟对方讲。我娘家什么东西都会跟他讲。我有什么事情回家，一从老家回来，他会问，我会跟他讲，或者他回老家，一上来，什么事情都会跟我讲。一条虫都摸得到。自己心里有什么，他都知道。他心里有什么我也知道。"

三 欣赏之情

欣赏之情指对对方个性或能力的喜爱（利翠珊，1997）。这种欣赏之情有些是在婚姻的不同阶段与历练中产生的。

1. 欣赏对方的个性

受访的女性表现出较多的是对丈夫个性的欣赏。和丈夫一起做装修的江女士这么评价丈夫："他性格好，干活什么东西，都慢悠悠的，很好。"（个案 7-1：江先生）

2. 欣赏对方的能力

除了对配偶个性的喜爱与欣赏之外，有些夫妻对对方的能力也提出赞美，且大多数赞美展现出较为传统的一面。一般来说，妻子对丈夫的赞美大多是符合传统丈夫的形象的。

个案 7-1 中的江女士觉得老公的好体现在人老实、干活勤快，不会去外面花天酒地。丈夫嘴巴会说，能够接到泥水装修的活并且勤劳肯干，因而她对丈夫感到满意。在访谈中她说："要不是对丈夫满意，夫妻关系不可能会维持到现在。"丈夫在结婚前也包活干，但由于不会管理，同时由于工程款项不好结，没挣到钱。江女士说："嫁给他的时候，他还欠别人工钱一万多块。"结婚后有了家庭、有了孩子，才有了压力，慢慢攒钱。丈夫很顾家，不会乱花钱，对家庭尽职尽责。"丈夫很心疼钱，哪里舍得乱花，节俭。衣服一年买一两次，有时过年的衣服两年买一次。"

由于丈夫能力强，家庭经济状况得到显著改善，夫妻俩在打工所在地买了两套学区房，其中一套已经交房，小孩的上学问题得以解决，江女士对丈夫很满意（个案7-1：江女士）。

四 契合之情

契合之情指夫妻之间深刻的相互了解与信任（利翠珊，1997）。契合之情是夫妻在共同生活中培养起来的，它往往需要经历一段时间。

1. 互相体谅

> 张女士觉得丈夫很好，认为自己嫁了个好老公。虽然丈夫脾气不好，但他对自己很体谅，做事情会思量（想着）她。丈夫经常叫她不要那么辛苦。2004年以前丈夫独自外出务工，而张女士留守在家，一方面负责农业生产，另一方面照顾家庭。丈夫外出务工后家里的事、田里的事都是她做，她很辛苦，但她没有意见。她说："他也是很辛苦，我体谅他都苦，我们本来关系就很好，不会闹矛盾。他一星期电话一次，天冷时会打电话回家。电话中会问，你干活有没请人，不要拼命，我会拿钱回来请人。他会问家里留起来的猪仔好不好喂，全部问好事。我问他会不会很累，他说很累、很苦，肩膀扛柴扛到出血，这些苦事我都记得。"（个案7-2：张女士）

问及什么样的老公才算有出息时，彭女士说："不一定要挣很多钱，要能体贴对方，能感觉到对方做家务的辛苦，能了解到对方对家庭的付出……"彭女士的丈夫江先生表示，他体会到了老婆在家里的辛苦，包括她现在在外头的辛苦和自己的辛苦，父母在家的辛苦也都了解。因为自己从小到大都做过了家里的事情（个案2-2：江先生）。

> 严先生，40岁，初中文化。一家三口，儿子19岁。严先生于

1989年结婚，结婚后有几年时间夫妻一起在家种田，后面他外出务工，妻子在家种植烟叶和水稻。由于种植烟叶非常辛苦，出于体谅妻子，严先生带她出去打工。"考虑到老婆一个人在家里太辛苦，2001年我带老婆出去打工，也在同一个工厂。"（个案2-1：严先生）

问及打工回家有没帮忙妻子干活，严先生说："有，如果不去帮手那怎么行。"妻子也会体谅他打工的辛苦，"假如我出门打工，回家像做客一样。她出去干活叫我不要下田，我就在家里烧火，蒸好猪肉等她干活回来吃，准备好热水等她回来洗澡，这是最起码的"。

笔者："你在外打工，她在家种田，你会不会对她做的事情，比如她很累，有没更加理解？"

严先生："有，所以我会打电话回家叫她不要那么累，做不了那么多，就请人。"

笔者："那么她一般会对你说什么？"

严先生："你在厂里会不会好辛苦，上班几个小时呀。互相交流情感。"（个案2-1：严先生）

研究发现，无论是年轻夫妻、中年夫妻还是老年夫妻都认为彼此体谅是维系婚姻关系最为重要的因素（李良哲，1999）。

2. 互相信任

张女士与丈夫都在尽力维持这个共同的家。丈夫外出、妻子留守在她看来对夫妻的稳定没有不好的影响，她相信自己的丈夫，她觉得丈夫很老实，不会去赌，也不会把钱花在别的女人身上。

在访谈中，张女士说："很多人问我会不会攒钱，我说不会。虽然我老公脾气没十分好，但他不会让我吃亏，从来不会把钱拿去赌，也不会把钱送给女的。我也从来不会攒钱，一分钱也不会。"张女士与丈夫挣的钱放在一起，谁都拿得到。她知道两个人一共挣了多少钱，买衣服什么的她不用过问丈夫，可以自己决定，要买就去买。丈夫鼓励她买贵点的衣服。张女士拥有消费自主权表明她在经济上获得了丈夫的信任（个案7-2：张女士）。

个案3-1中的罗先生曾经也有因为独自外出务工而与妻子分居的经历。问及这种夫妻分居是否对婚姻关系有影响时，他回答说："互相信任。"罗先生认为自己外出、妻子留守是"为了把家庭搞好",由于夫妻目标一致,因而"不可能存在抱怨你更清闲我更劳累"。罗先生的妻子严女士也表达了类似的看法:"要互相理解,你要理解我,我要理解你。你要相信我我要相信你。你相信了我我相信了你就不会影响夫妻关系了。"

Dainton 和 Kilmer（1999）认为,信任是一种重要的关系特征,尤其是对于地理上分居的伴侣。信任对关系质量很关键（Canary and Stafford, 1993）。Westefeld 和 Liddell（1982）在他们对远距离关系中伴侣的应对策略的分析中,证明信任对于远距离关系的长期成功至关重要。

上述案例表明,维持一个良好的婚姻关系需要夫妻双方彼此信任与彼此忠贞（蔡文辉,2003:125）。

3. 共同的生活目标

已婚农民夫妻外出务工的目标是挣钱培养子女,同时改善家庭生活。共同的目标把夫妻凝聚在一起。

虽然在访谈中江女士认为夫妻关系能够维系是因为夫妻感情深,但她表示丈夫并不会制造浪漫。"他没有买任何东西,就是为了两个小孩子,两个人没有什么其他的要讲,天天干活挣钱,养两个小孩子,买房子为了小孩读书,就这样子。"（个案 7-1:江女士）

从婚姻调适的视角看,婚姻的黏合剂就是意见一致。这种一致是为了整体的和谐而淹没个人利益产生的,主要强调的是婚姻的融洽和稳定,强调"丈夫和妻子对他们的婚姻所承担的义务"要甘愿承受（斯冈茨尼、斯冈茨尼,1988:298）。伯吉斯等认为,"一种调适得好的婚姻可以看成是一种融洽。在这种婚姻中,丈夫和妻子对婚姻的主要问题的看法是一致的;他们常对生活目标、兴趣爱好、价值观念进行调整;他们彼此和睦地表达情感,分担忧愁"（斯冈茨尼、斯冈茨尼,1988:298）。

综上所述,农民工夫妻的亲密情感根据来源可以分为感激之情、亲近之情、欣赏之情和契合之情。必须指出的是,农民工夫妻之间的这种亲密情感是在长期的共同生活中不断建立的,是在为家庭做贡献的过程中培养起来的,它不同于西方以浪漫的爱为基础的亲密关系。正如尚会鹏所言,"乡村社会人们对爱的理解就是'疼',这是比较接近'爱情'的一种感情,但这个字所表达的是更为实际的因素:夫妻彼此心疼、体贴、照顾。它主要不是基于性吸引的浪漫感情,而是一种更多地基于责任和义务的感情"（尚会鹏,2018:202~203）。有研究从理想类型上把西方以爱情为基础的婚姻称为爱情婚姻,并从关系向度中的松散关系出发推论,西方的爱情婚姻依靠爱情才能得到维系。当夫妻之间还有爱情时婚姻关系就继续,反之关系就结束。所以西方人在婚姻生活中会不断地制造惊喜、浪漫的场景。不同于西方浪漫的爱情婚姻,中国人的婚姻多是缘分婚姻,这种婚姻无须热烈,视亲昵为多余,不介意夫妻彼此暂时的别离(翟学伟,2017:145)。由于"爱情婚姻是高度紧张的,甚至是警觉的、敏感的、时时刻刻需要保鲜。一旦松懈,爱情本身将面临考验"(翟学伟,2017:142)。爱情婚姻的上述特点导致此类婚姻比较不稳定,而缘分婚姻比较不重视夫妻彼此的内在吸引力,也不需要频繁制造浪漫,因而缘分婚姻比较稳定。尚会鹏指出:"完全基于性的吸引的爱情以及建立在爱情基础上的婚姻是不稳定的,因为个人的魅力会随着时间和地点的变化而发生变化,当把性魅力因素转变为亲情、责任等因素后婚姻才能获得高度的稳定。不需要每天把'我爱你'挂在嘴上,双方也不必设法突出自己的性魅力来吸引对方,夫妻长期分居两地也不会有什么问题。"(尚会鹏,2018:203)在乡土社会,基于个人性魅力吸引的浪漫的爱情是不被鼓励的,人们鼓励夫妻将感情建立在更为实际的责任和义务之上。受此影响,农民工夫妻在日常婚姻互动中强调的是夫妻各自对家庭的责任义务,追求的是责任导向的婚姻而不是爱情导向的婚姻。换言之,责任导向的婚姻是高度稳定的婚姻。

上文我们区分了农民工夫妻之间亲密情感的四种类型,这四种类型可以用亲情式爱情这个概念进行进一步的概括。亲情式爱情的存在表明农民工夫妻之间并非没有爱情,只是这种爱情以另一种形式展现。虽然,许多农民工夫妻在结婚前没有经历爱情,在双方还不喜欢彼此的情况下就匆匆结了婚,但是这并不意味着农民工夫妻就不能在婚后的生活中培养起感情。虽然受传统儒家婚姻文化以及长期农耕经济的影响,情感生活在农民工的婚姻生活中未能得到重视,但这并不表明农民工的婚姻生活中情感就不重要。本研究发现,其实农民工夫妻在长久的婚姻生活中培养起了一种类似血缘关系的亲情式爱情。这种亲情式爱情经历了生活的长期考验,因此更为稳固。

第三节 农民工夫妻亲密关系的维系机制

前文从婚姻吸引力、约束性因素和道德规范三个方面探讨了农民工夫妻婚姻承诺的动力。研究表明，婚姻承诺是影响农民工婚姻维系的关键因素。婚姻承诺会引起有利于婚姻的结果，婚姻承诺会使人们采取行动以保护和维持亲密关系，即使这样做的代价很高。承诺于亲密关系的人会运用各种各样的行为和认知策略，这既能维持和提升亲密关系，又能强化他们对婚姻关系的承诺。有研究认为，对婚姻有承诺的人会从长远的角度和大局的高度去处理婚姻关系，换言之，对婚姻关系有长期承诺的人考虑的更多的是夫妻以及家庭的长远利益，而非个人的短期利益（Stanley, Rhoades and Whitton, 2010）。

本研究表明，农民工夫妻的婚姻承诺不仅引起了农民工夫妻认知层面的变化，还导致了行为层面的变化。通过对访谈资料的分析，本研究识别出农民工夫妻维系婚姻的机制，即认知层面的维系机制和行为层面的维系机制。

一 认知层面的维系机制

认知层面的维系机制是由 Rusbult 等（2004）提出的，它包括认知上的相互依赖、对伴侣的积极错觉、忽视和贬低婚姻替代品三个方面。

（一）认知上的相互依赖

对婚姻有承诺的个人，他们不再把自己视为单独的个体，而是把自己及伴侣作为更大整体的一部分。他们认识到伴侣的生活和自己的生活有着很大的重叠，他们更多使用复数称谓的代词，用我们、我们的取代我、我的（Agnew et al., 1998）。这一自我定义的变化称为认知上的相互依赖。认知上的互相依赖意味着夫妻之间是休戚与共的，丈夫好，妻子才好；丈夫不好，妻子也不会好。对婚姻有承诺的人会在人格上把对方纳入，丈夫会把妻子纳入自我的人格中，妻子也是如此。"像这样的妻的人格被夫所吸收、夫的人格由妻所代表的关系，我想将其称为在法律意义上的夫妻一体的原则。"（滋贺秀三，2003：109）"对某个家庭成员来说，家庭其他成员是其自我的一部分，他们是他或她的扩张的自我。"（Belk, 1988）"在持久和谐的婚姻生活中，两个人的生命中已经你中有我，我中有你，血肉相连一般地生长在一起了。"（周国平，2011：205）农民工夫妻不仅在法律意义上是一体的，从社会经济层面看他们也是一个经济共同体，在精神层面也是一个共同体。正因为农民工夫妻是同一家庭共同体的成员，他们在日常婚姻家庭生活中会相互支持、相互信任。

在调研中，笔者发现绝大多数农民工夫妻是家庭本位的，在金钱的管理上实行共同储蓄收入或者共同管理收入的资源管理模式。"随着夫妻之间的承诺越来越深入也越来越清楚时，他们在消费和利益上的经济计算就会变得越来越模糊。那种对精确权利和义务的讨论很可能被维护共同利益的主张所阻塞。伴侣们的个人收入将会主观地重新定义为'家庭收入'的一部分。"（切尔，2005：144）

在访谈中，张女士告诉笔者，夫妻俩的钱是放在一起的。她说："我从来没跟丈夫说，我挣的钱我拿起来，你挣的则你拿起来。为了一个家庭，比如，我挣50元，他挣50元，凑一起就是100元，两个人的钱为何要分开，钱从来没分开。"（个案7-2：张女士）

张女士的一番话表明她和丈夫是家庭取向的、集体本位的，在认知层面把自己和丈夫视为家庭整体的一部分。正因为如此她和丈夫把挣的钱集中起来，实行收入集中管理的模式。"隐藏在家庭成员中的深层意识是'一家人'或'自己人'的观念。"（王宁，2014：245）研究显示，在回答家庭常住人口数时，留守妻子会把常年外出的丈夫包括在内。对留守妻子而言，尽管丈夫常年在外做工，但丈夫依旧被视为家庭的常住人口（魏翠妮，2006：33）。尽管农民工"家庭成员之间在肉身上是各自分开和独立的，但在心理、情感和利益关系上，他们是'连体人'，换言之，他们是'心理连体人'（王宁，2014：242）。根据王宁（2014）的观点，家庭不仅是一个经济利益的衡量单位，而且是情感的终极体验单位。受传统家庭主义的影响，农民工夫妻拥有强烈的一体感。"从家庭的角度看，作为肉身的我不是一个完整意义上的自我，只有纳入了家庭其他成员在内的自我，才是完整的自我。这种扩张的自我是在家庭生活中自然而然地建构出来的，这种把家庭其他成员纳入自我、成为自我的一部分的人，就是家庭人。只有家庭人，才是利益的终极单位。而在这个利益的终极单位内部，利益是连为一体的，不存在个体与个体的利益的分别的。与家庭内部的利益一体化相联系，家庭成员之间的情感体验也是互相感通的。"（王宁，2014：245）

有研究认为，"夫妻相互依存性越大，加上凝聚性与合作性感情越大，婚姻系统的维持、稳定性或秩序的可能性也越来越大"（野野山久也，1989：37）。

（二） 对伴侣的积极错觉

忠诚的伴侣会以积极错觉来看待彼此，彼此理想化并尽可能以最好的眼光来看待他们的亲密关系。认为伴侣的过失相对的无关紧要，关系的缺陷相对的无足轻重，伴侣的无端行为也被视为无心之失或一时冲动而不放在心上（米勒，2015：438）。

"随着婚姻关系持续时间的延长，我们倾向于发展关于伴侣和婚姻关系的理想看法，构建故事叙事和认知表征来减弱对婚姻关系的不确定性和怀疑的感觉。我们通过几种机制来维持对婚姻关系的理想化看法：第一是认知过滤器，通过认知过滤器把关于婚姻关系的负面信息过滤掉；第二是向下社会比较，即跟其他不如自己的婚姻关系进行比较；第三是维度比较，用自己婚姻关系中优势维度跟别人婚姻关系中的劣势维度比较。"（Van Lange and Rusbult，1995）

问及如何评价丈夫，张女士如此说道："无论如何，我已经认他好，工地上只有我讲老公好，只有我讲老公如何思量我。即使他对我生气，我也不会说他的不好。"（个案7-2：张女士）

张女士告诉笔者："本来就这么讲，他就是这样照顾我，他一直叫我不要去做。有一回，我说要去做他说不要，他的手机不拿给我打电话给老板，意思是他体谅我、思量我。"

张女士之所以在工友面前高度评价丈夫，是为了让别人知道自己夫妻是团结的，这样别人就不会欺负她和丈夫。她说："家里不好，外人欺，本来自己就是出门，你家庭不好更加被人欺负，我从来都没讲他的不好。"

张女士不仅在工友面前正面评价丈夫，而且在访谈中一再强调丈夫对她的好，认为自己嫁了好老公。

（三） 忽视和贬低婚姻替代品

在认知上，婚姻当事人忽视、贬低婚姻替代品有助于婚姻关系的维系。有研究认为，忽视婚姻替代品或对婚姻替代品保持忽视态度是维持婚姻关系的一种机制，忽视婚姻替代品有助于保护理想的婚姻关系（Miller，1997）。较高的认知控制有助于置身于亲密关系的人们抵制有吸引力的替代伴侣的引诱；自控力越强的人越能对伴侣保持忠诚，他们在新相识的人面前更少显得轻浮。自我控制有助于坚定承诺的个体维持他或她现有的婚姻关系，通过阻止个人对有吸引力的替代品做出回应来维持现有的婚姻关系。当有吸引力的替代品出现的时候，自我控制能提高对浪漫关系的保护（Pronk et al., 2011）。

关于亲密关系承诺的研究已经表明，拥有吸引力的替代伴侣的人维持当前关系的承诺程度较低；拥有较少吸引力的替代伴侣的个人对当前亲密关系的承诺程度较高（Rusbult, 1980）。

社会科学家早就认识到替代伴侣的存在是关系稳定的一个主要威胁（Rusbult, 1980）。随着人们与伴侣的关系越来越紧密，他们越来越用负面的词汇描述替代伴侣（Rusbult, 1980）。

更忠诚于他们婚姻关系的人会贬低潜在的替代伴侣，尤其是有吸引力和威胁的替代伴侣。个人抵制诱惑和保护他们的当前关系的一个重要过程是赶走有威胁的替代伴侣或至少把替代伴侣从脑海中赶走。对婚姻有承诺的人倾向于较少用热心和赞成的态度对待替代伴侣，而对婚姻没有承诺的人（对婚姻不忠的人）则会热心地留意替代伴侣，用赞赏的态度看待替代伴侣。对替代伴侣的认知会影响亲密关系的维系（Johnson and Rusbult, 1989）。

对婚姻满足的伴侣不太可能去追求情人。只要我们的伴侣知道有吸引力的情敌存在，情敌就可能扰乱伴侣，吸引伴侣弃我而去，对婚姻关系满足的伴侣会对婚姻替代品选择无视，这使他们意识不到自己在替代关系中可能得到的好处，不关心替代伴侣（Miller, 2008）。

即使婚姻关系状况良好，诱人的婚姻替代品也会威胁婚姻关系。那么如何应对婚姻替代品的威胁呢？一些人会通过佩戴显眼的承诺标志如结婚戒指来赶跑婚姻替代品，一些人则会贬低婚姻替代品。

在本研究中，笔者发现，流动妻子会通过陪伴丈夫、加强对丈夫的监管来减少婚姻替代品。

为了应对婚姻替代品的威胁，江女士采用的是既为陪伴又为监督的策略。对此她说："自己天天跟他在一起，小孩大了又不用管，他出去泡茶我也跟着去。丈夫出去泡茶的时候也会带我出去。干活的圈子就那么几个人，老板、房东、一两个知心的朋友。我们夫妻就跟那么几个人转来转去。不像做生意的，什么人都有。大家都是老实人，天天就那么几个人在一起玩。圈子比较小，不会去花天酒地。"（个案7-1：江女士）

有的流动妻子则通过搞好与丈夫的关系来减少婚姻替代品。张女士说:"夫妻俩同心,觉得干活有劲,今天挣了多少钱,会天天想去做。夫妻合得来,夫妻二十四小时在一起,哪里会走漏,电话费又省了。"张女士还提到一个夫妻关系不好的案例:"有一对新桥的夫妻,经常吵架,弄得夫妻不和。男人不那么正经,一年到头嫖娼,这必然要花费一些,还要产生通信费。"(个案7-2:张女士)

周国平说:"红尘中人受诱惑是难免的。"(周国平,2011:346)调查发现,多数男性农民工能够自觉抵制来自异性的诱惑,珍惜现有的婚姻。

二 行为层面的维系机制

已有研究表明,对婚姻有承诺的人会采取有利于婚姻关系的行为。行为层面的维系机制是指亲密伴侣在相互依赖困境中展现的积极的关系行为(Prorelationship Acts)。换言之,行为层面的维系行动涉及增加夫妻福祉目标的行为转变(Rusbult et al.,2004)。行为层面的维系机制包括包容性行为、愿意牺牲、原谅背叛和个人奉献。

(一)包容性行为

包容指的是在面对另一方的挑衅时,伴侣控制冲动,避免以类似的方式回应,同时尽量以建设性的方式回应。当人们平静而自信地包容伴侣的不良情绪、无意义的批评、鲁莽轻率和其他烦人的行为时,包容就出现了(Rusbult et al.,1991)。包容要求伴侣忍住不悦和控制脾气,因而涉及主动的自我控制。自我控制即个体处理自己的冲动、控制自己的思绪、执着地追求既定目标并抑制不当行为的能力,一般有益于亲密关系(米勒,2015)。李良哲(1999)的研究发现,年轻夫妻、中年夫妻和老年夫妻共同认为容忍是维系婚姻关系最为重要的因素。有研究发现,"忍"在华人婚姻关系中起着非常重要的作用,对彼此有情的夫妻似乎较愿意克制当下的冲动、愿意自律与包容对方,通过这些行为表现,可以增加婚姻满意度和稳定度(利翠珊,2008)。"中国社会组织以家族为本位伦常道德,亦以家族为中心,故古来即提倡'相忍为家'……"(庄泽宣,2012:226)"中国人把忍耐作为一种崇高的品德,并有意识地反复向后代灌输。"(林语堂,2007:38)林语堂将中国人忍耐的品质归结为整个民族设法适应周围条件——过分稠密的人口和经济上的压力等,使人们只有狭小的生存空间——的结果。他认为,忍耐这种品质是家庭制度的产物,家庭制度是整个中国社会的缩影。"培养忍耐这种品德的学校却是中国人的大家庭，……他们从孩提时起，就从实际的需要和父母的教诲之中，学到处理人际关系必须相互忍让，相互调整。"（林语堂，2007：38~39）与林语堂的观点相似，吴德清也认为，"中国家族制度的发展，使忍耐的性格更多一层保障。在家族中，世代同居，人口众多，日常相处关系复杂。要维持整个家族的和谐，当然只有内省自反，交相容忍了"。"到了当代，容忍的天性仍代代相传下来，这是因为人们的个性仍然没有得到完全伸展，各种压力如生活压力、家族压力依然存在。当夫妻发生冲突而夫妻不能离婚的时候，这种容忍性就被激发出来发挥作用，使得夫妻能够容忍冲突、维持婚姻关系而不离婚。"（吴德清，1999：65）"中国离婚水平较低的原因之一是夫妇对冲突的容忍力较大。中国人有容忍的天性……"（吴德清，1999：64）吴德清将中国夫妇对冲突的容忍力归因于"儒教以离婚为人生惨事，最为丢人之丑事"的观念。换言之，离婚不光彩的观念增强了夫妇对婚姻中不和谐的容忍力，受这种观念影响，夫妇能够和平相处，离婚水平由此降低（吴德清，1999：93）。

根据婚姻调适的观点，婚姻的稳定是靠夫妇长期的忍耐和做出个人牺牲而得到的。无论婚姻是如何的令人不满意，夫妇的努力是尽力与婚姻相适应（斯冈茨尼、斯冈茨尼，1988：301）。"具有利他主义的夫妻双方在传统中都能让步，他们的婚姻关系会比较美满。"（古德，1986：115）

> 问及婚姻能维持这么久的原因时，林先生说："老婆脾气不好，性格不好，老婆说的时候、骂的时候，我会迁就，会忍让。老婆骂的时候，我不跟她吵，老婆的骂我听习惯了。老婆脾气不好，我能接受，无论什么事，忍一下就过去了。"（个案8-2：林先生）

> 问及如何使夫妻关系和谐稳定，江女士认为："要互相忍让一点，除非忍无可忍才会生气。他生气的时候自己要少吭声。他生气的时候如果你呱呱叫就会打起来。他生气的时候我不怎么吭声，我生气的时候他也不怎么吭声。他要吵架的时候，不要跟他吵，一下子就过去了，就没事了，一天天就这么过了。要生气的时候脸色看得出来。"（个案7-1：江女士）

> 赖女士也表达了类似的观点："要互相忍让，不能靠一个人忍让，如

果都是一个人让步,到后面他或她不会让步时关系就完了。"(个案 7-5:赖女士)

上述个案中的当事人在与伴侣相处的过程中,在情感劳动上能够通过控制自己的脾气和情绪来顺应对方,从而使亲密关系得以维持。不少责任型的农民工婚姻伴侣"习惯于以隐忍和退让来缓解夫妻冲突和维持家庭和睦"(徐安琪,1997:11)。

(二)愿意牺牲

有时候,亲密关系中的伴侣被迫决定是追求他们的自我利益还是追求他们婚姻关系的最大利益。在某些场合,自我利益不可避免地与伴侣的利益或婚姻关系的利益相矛盾。愿意牺牲指当自我利益与伴侣的利益或婚姻的利益不一致时,伴侣一方或双方愿意为了伴侣的利益和婚姻关系的利益牺牲自己的利益(Rusbult, Drigotas and Verette, 1994)。丈夫外出务工妻子留守虽然带来了家庭经济的改善,但与此同时也给夫妻双方带来了孤独感和性压抑(吴惠芳、叶敬忠,2010)。

本研究发现,由于务农的比较收益不如务工,当个人的情感需求满足与家庭集体的经济需求满足之间出现矛盾时,留守妻子与丈夫往往为了实现家庭的整体利益而愿意牺牲夫妻共同生活。在家庭本位的他们看来,家庭的利益高于个人利益,他们相信家庭利益的改善最终会惠及个人。留守妻子通过优先强调家庭经济需求的满足,忽视个人情感需求的满足来维系家庭。

留守的张女士尽管负担比丈夫重,但她没有觉得不公平。因为丈夫外出挣钱是为了这个家,自己留守也是为了这个家。在访谈中张女士无奈地说:"家庭很穷,没有人帮忙,没人肯借钱借粮食。为了钱,没办法,只得忍受,只得一个外出,一个留守。"(个案 3-2:张女士)

张女士与丈夫一方外出一方留守的目的是改善家庭经济状况,为此夫妻俩愿意牺牲夫妻共同生活,压抑各自的性需求,忍受夫妻分离之苦。

马先生于 2004 年来到东莞跑业务,妻子刘女士于 2005 年下半年在丈夫的业务稳定后跟随丈夫外出。刘女士擅长缝纫,外出前在家乡开了一家缝纫店帮人做衣服。来到东莞后,刘女士也发挥了自己的专长,在一家服装厂打工。刘女士告诉笔者,做衣服的工作是无意中找到的,后面觉得划算就去做。

笔者："你一天做几个小时？"

刘女士："不一定。有时七八个小时，有时六七个小时。没规定上下班时间。去上班之前就讲清楚了，因为要家务做完了，剩余的时间才能去做的。"

笔者："你是怎么想到时间要自己安排的？"

刘女士："因为要以家为主，家里面做好了，顺带去外面做。还是以他为主，要帮他做好了，然后……"

笔者："等于说你牺牲自己来成全大家，你什么时候有这个想法的？"

刘女士："可以说看别人看自己，如果你没进步你就要有这样的想法去做好这个，如果你有进步你会去做生意，会去做什么东西，那么你就可以去外头挣钱，那种情况下家里就绝对照顾得没那么好，肯定是看情况的。"

刘女士之所以愿意牺牲自己的事业，成全丈夫的事业，是因为她觉得自己的能力不如丈夫、文化不如丈夫、职业不如丈夫。她通过牺牲自己的事业，照顾好丈夫的生活起居，给家庭带来更多利益。刘女士在做好家务的同时，发挥了自己的专长，不仅丰富了自己的生活，而且可以分担丈夫的责任。"除了家务事，在家里比较无聊，然后做点可以减轻家庭负担，最起码能挣到自己的零用钱，另外各方面自己做得到。"（个案2-8：马先生）

（三）原谅背叛

对婚姻关系最严重的威胁之一涉及背叛的经历或者违反与婚姻相关的规范。因为背叛行为违反了与婚姻关系有关的规范，这种事件具有独特的道德性质。正是背叛的道德层面力量赋予这种事件特殊的意义，使人们产生正义的愤慨和敌对的行为倾向。从背叛中恢复依赖于原谅，原谅被界定为受害者愿意放弃报复的愿望，以一种更具建设性的方式进行回应（Rusbult et al., 2004）。调查发现，一些留守妻子与丈夫出现了情感危机，其婚姻关系已经名存实亡，但考虑到孩子的将来、社区的舆论压力而维持着空壳婚姻。下文将考察留守妻子是如何承受婚姻中的情感危机的。

沈女士的丈夫于2003年外出打工之前就跟镇上一个女的有来往，她之所以同意丈夫外出打工，一方面是想看看他外出打工能否挣到钱（因为丈夫在老家挣不了钱），另一方面是让丈夫远离情人。2003年丈夫出去了一年没拿钱回家，2004年春节过后，沈女士跟随丈夫外出打工，她发现，丈夫仍然在跟情人来往，而且经常躲避自己。因为丈夫不顾家、打工挣的钱用在别的女人身上，对丈夫彻底失望的她在2005年清明期间利用亲属前来参加晚宴的机会正式公开地提出要与丈夫离婚，在其他场合沈女士还跟父亲和哥哥提到要离婚。在亲朋好友的劝说下以及考虑到两个儿子，沈女士于2008年春节最终接受丈夫回家，原谅了丈夫的背叛行为。（个案3-5：沈女士）

在其他研究中还找到两个典型的案例。一位45岁的留守妻子在替丈夫尽孝和照顾孩子期间，丈夫与同厂的一位女工生活在一起，夫妻之间失去联系长达4年之久，后来丈夫突然回到家中，使这个支离破碎的家庭恢复了完整。过去的经历她仍然历历在目，但她恢复了过去的幸福感。对于丈夫的悔改，她很激动，而且依旧任劳任怨（叶敬忠、吴惠芳，2008：192）。

另一位40岁的留守妻子，其丈夫外出务工3年后开始和厂里的一位女工走得很近，女工给他织毛衣、缝扣子，关心他。那时候丈夫每月寄回的钱并不多。这位留守妻子得知此事后，并没有选择跟丈夫争吵，而是通过实际行动感动了丈夫，她照顾好家里的老人以及孩子，把地种好。谈及这件事，这位留守妻子这么解释："都是年轻人，夫妻长期分居，他心里肯定很孤独才这样。"丈夫后来向她主动承认了错误（叶敬忠、吴惠芳，2008：192）。

即使丈夫在外出轨，只要他仍能履行对家庭的经济支持义务，为了家庭的完整和顾全子女，不少留守妻子会选择隐忍的态度（叶敬忠、潘璐、贺聪志，2014：231）。因为经济上依附于丈夫，或者迫于舆论的压力，或者为了孩子，一些留守妻子通过"隐忍"来应对婚姻危机（李芳英，2018；吴存玉，2018）。"宽容对方偶然的越轨行为才能保证婚姻的稳固，避免不该发生的破裂。"（周国平，2011：257）罗素也主张对配偶偶尔的失足彼此能够稍微宽容一些（罗素，2014：225）。

（四）个人奉献

个人奉献是指为了参与者的共同利益，个人渴望维持或改善他或她的关系的质量。这种愿望（和相关的行为）不仅包括继续维持这个关系，而且要改善关系，为了关系愿意牺牲、愿意投资，把个人的目标与关系联系起来，寻求伴侣的福利，而不仅仅是自己的福利（Stanley and Markman,1992）。

调查发现，农民工夫妻外出打工不是为了自己，而是为了家庭。在访谈中提及打工的目的，"为了孩子""为了家庭"不断重复出现。如前所述，为了增进家庭的整体利益，留守妻子与外出务工的丈夫愿意牺牲夫妻共同生活。不仅如此，留守妻子与外出务工的丈夫还尽职尽责地为家庭付出。

为了改善家庭的经济状况，外出务工的农民会通过加班来多挣钱。在访谈中，罗先生说："虽然出门打工吃饱饭后没忧没愁，但是干活你如果有操心的话，也会愁明天没活干。在工地的时候我可以说是加班最多的，如果有加班的话老板一般会叫我去，一个是因为我比较肯吃苦，一个呢则是因为我不会像别人那样计较。我呢为了挣两个钱不去拒绝，再一个是老板对我比较放心，不要人监督，别人如果去加班的话老板还要安排人去监督。一个月没有几天不加班的，一个月会多做半个月。有时候会加班一个晚上，最多的时候在遵义连续三个通宵加班，没有睡一会。在遵义的时候是最苦的，下雨也没休息。有一回熬通宵，早上吃早餐后就病倒了。"（个案 3-1：罗先生）

张女士表示，外出打工后家庭经济得到了很大改善，而家庭经济来源于夫妻的勤劳。她说："自己出来外面也很拼命，即使有疼痛，也十分勤劳。夫妻同心，觉得干活有劲，今天挣了多少钱，会天天想去做。两个人都有做的话，一天有 140 元。自己在外面一天没干活就会大喊大叫。"（个案 7-2：张女士）。

第四节　结论

以往关于农民工夫妻关系维系的研究过于强调经济因素的作用，忽视了亲密情感的作用。本研究发现，亲密情感在一定程度上有助于农民工夫妻关系的维系。访谈资料显示,根据来源不同,农民工夫妻的亲密情感分为感激之情、欣赏之情、亲近之情和契合之情四种类型。其中感激之情和欣赏之情主要来自农民工夫妻符合角色期望的付出,亲近之情和契合之情来自农民工夫妻共同的生活经验。对农民工夫妻而言,亲密情感的内涵主要是由角色组成的。这种亲密情感与西方以性爱为基础,结合生理亲密与心理亲密的情感不同(利翠珊,1997)。

费孝通(1998)在《乡土中国 生育制度》中说:"稳定社会关系的力量,不是感情,而是了解。所谓了解,是指接受着同一的意义体系。同样的刺激会引起同样的反应。"费孝通认为,乡土社会追求社会关系稳定,"男女间的关系必须有一种安排,使他们之间不发生激动性的感情。那就是男女有别。'男女有别'是认定男女间不必求同,在生活上加以隔离。这隔离非但是有形的,所谓男女授受不亲,而且还是心理上的,男女只在行为上按着一定的规则经营分工合作的经济和生育的事业,他们不向对方希望心理上的契洽"。换言之,费孝通认为,在乡土社会中,要稳定夫妻关系,必须强调夫妻之间的角色分工,不必追求心理上的契洽,更反对男女间的浪漫的激情的爱。费孝通(1998:43)把西方式浪漫的通过爱而使两性结合的追求看作一种冒险。

周国平认为,人们对爱情的理解过于狭窄,必须放宽对爱情的理解(周国平,2011)。本研究同意周国平的看法,我们不能把爱情仅仅理解为西方意义上的浪漫式的爱情。中国人的爱情有不同的特点,具体到农民工夫妻,研究发现,许多农民工的婚姻不是始于爱情的,他们的婚姻缺少浪漫的爱的基础,他们往往在没有经历爱情的情况下就步入了婚姻。农民工夫妻之间的情感是在婚后培养起来的,属于日久生情,属于"一日夫妻百日恩"。我们可以把农民工夫妻之间的情感称为亲情式爱情。亲情式爱情是夫妻在长期的共同生活过程中所形成的一种互相理解、互相信任,夫妻之间有一种命运与共的感觉,对婚姻以及家庭夫妻之间有一种共同担当的责任感。以亲情式爱情为基础的婚姻是可靠的,质量也是高的。

罗素也表达过类似的观点,他说:"婚姻是一件比相互陪伴、两情相悦更为严肃的事情;婚姻是一种制度,通过生儿育女这一事实,而构成紧密交织的社会的一部分,它的重要性远远超过夫妻间的个人感情。浪漫之爱应该成为结婚的动机,也兴许是对的,我也认为是对的,但是应该知道,那种能够使婚姻幸福美满并实现其社会目的的爱并不是浪漫的,而是

更亲密、更有亲情和更现实的东西。"(罗素，2014：57)

本研究发现，对于农民工夫妻而言，他们不仅强调夫妻之间的角色分工与合作，而且追求夫妻之间感情上的契合。诚然，前者是主要的，然而后者并非可有可无。当然，农民工夫妻之间的亲密情感与浪漫的激情是不同的，它是农民工夫妻在长期共同生活中因为熟习而形成的，这种亲密情感可以稳定夫妻关系。农民工夫妻之间的亲密情感是他们在扮演其婚姻家庭的角色过程中以及在长期共同生活中逐步形成的。我们可以把农民工夫妻之间的这种在长期相处、互相了解之下产生的亲密情感称为"恩爱"。有学者认为，中国人所讲的"恩爱"类似于伴侣式爱情（蔡文辉，2003：55）。伴侣式爱情是"长期相处后，彼此发展出的互谅互信的爱，感情稳定性较强"。伴侣式爱情中，夫妻"互信互谅，互依互赖，照顾体贴对方；双方都觉得在一起是一种值得珍惜的日子"（蔡文辉，2003：64）。

在夫妻一方流动的农民工家庭中，如果外出做工的丈夫能够扮演好其养家糊口的角色，留守妻子往往会对丈夫产生感激之情和欣赏之情。同样的，在夫妻共同流动的流动家庭中，如果丈夫能够承担其挣钱养家的责任，那么妻子也会对丈夫产生感激之情和欣赏之情。在夫妻一方外出另一方留守的单流动家庭中，夫妻如果在做好本职工作的同时能够互相体谅对方为家庭的付出并相互信任，那么可以促进夫妻之间的契合之情。

有研究认为，婚姻中的恩情与亲密情感会提升夫妻的婚姻满意度（Li and Chen，2002）。本研究发现，感激之情、欣赏之情、亲近之情和契合之情增进了农民工夫妻对婚姻的满意度，增加了婚姻对农民工夫妻的吸引力，在一定程度上促进了婚姻关系的稳定。

综上所述，本研究通过对农民工亲密情感的研究拓展了对夫妻之间情感内涵的理解，即农民工夫妻之间的情感受儒家传统婚姻文化的影响呈现自身的特点，农民工夫妻之间的情感更多的是在婚后长期的共同生活中所形成的深厚的亲情式爱情。这种亲情式爱情具有中国文化的特色，这种情感不同于浪漫的爱，它更为深沉，更为可靠。以这种亲情式爱情为基础的婚姻也更为稳定。

结　语

一　主要研究发现

本研究通过对农民工家庭的质性研究，探讨了流动对农民工家庭形态以及家庭关系（主要是夫妻关系）的影响，研究有如下几点发现。

1. 农民外出务工带来了家庭形态的多元变化

农民流动前家庭成员居住在一起，流动之后家庭成员散居在城市和乡村，甚至分散在多个地方。农民工家庭形态的变化体现了制度变迁背景下农民家庭的理性逻辑以及农村的父（夫）权逻辑。人口流动背景下农民家庭的变化提醒我们不能仅从空间的视角来理解家庭，而必须从时间和空间，以及流动性的角度来把握农民家庭的动态性变化。

2. 多数农民工夫妻的婚姻保持稳定，少数农民工夫妻的婚姻出现了危机

根据流动方式，农民工夫妻的流动可以分为夫妻一方流动和夫妻共同流动，夫妻一方流动又可以分为丈夫单独流动和妻子单独流动，夫妻共同流动也可以进一步区分为夫妻一起流动和夫妻分开流动。本研究发现，尽管夫妻一方流动导致夫妻分隔两地，婚姻中的诸多功能无从实现，然而多数两地分居的农民工夫妻的婚姻关系是稳定的。在夫妻共同流动的情境下，本研究也发现，多数流动农民工夫妻的婚姻关系保持稳定。

3. 农民工婚姻关系维系的纽带主要是家庭责任感而非浪漫的爱情

受儒家文化的影响，农民工夫妻不仅是一个经济共同体、情感共同体，更是一个责任共同体。在流动的背景下，特别是在夫妻分隔两地的情境下，农民工夫妻能够通过各种策略能动地维系婚姻关系。正因为农民工夫妻内化了责任、义务、良心，因此他们会尽力扮演好各自的角色以维持家庭的正常乃至良好运转。正因为他们彼此信任、相互理解、相互支持，因此他们的婚姻关系能够不受时空分离的影响。

4. 农民工夫妻的婚姻承诺主要是结构性承诺和道德承诺而非个人承诺

虽然在农民工夫妻的婚姻维系中，彼此的情感日渐重要，然而受儒家传统婚姻文化、户籍制度、市场体制、婚姻挤压、熟人社会共同体、离婚的结构性障碍等因素的影响，多数农民工夫妻维系婚姻并非基于个人承诺而是结构性承诺和道德承诺。换言之，多数农民工夫妻维系婚姻靠的是结构性因素和道德因素而不是基于性爱的婚姻吸引力因素。多数农民工夫妻还在为改善家庭的生计而不断奔波，婚姻质量尤其是浪漫的爱情对于他们而言还是奢侈品，他们维系婚姻更多是基于对家庭（尤其是对孩子）的责任和义务。低下的社会地位、高昂的结婚成本、婚姻市场男女比例的严重失衡、熟人社会强大的离婚舆论压力、难以承受的离婚代价等结构性因素迫使农民工夫妻去维系现有的婚姻关系。

5. 流动影响农民工婚姻稳定的机制

流动通过如下一些机制影响农民工夫妻的婚姻稳定性。第一，流动尤其是夫妻一方单独流动会导致本应共同居住的夫妻在空间上分开居住，夫妻分居会减少夫妻之间情感交流的频次并降低质量，夫妻长期分居会导致性压抑，这会降低婚姻的质量，进而减少婚姻对当事人产生的收益和吸引力。夫妻分居两地还会增加彼此的猜忌，由于无法面对面互动和信息不对称，夫妻之间的信任感会降低，这不利于婚姻的团结。第二，流动会拓展流动一方的人际关系圈，增加流动者的婚姻替代品，婚姻替代品的存在会对婚姻稳定性构成冲击。第三，流动者处于陌生人社会中，缺少来自配偶、家人和熟人社会的监督，加上流动者感受不到来自家乡熟人社会的伦理规范、道德舆论的压力，因此流动者容易发生婚姻越轨行为（如与他人组建临时夫妻、发生婚外性行为）。第四，流动者容易受城市离婚文化的影响，接受离婚行为。第五，由于空间上远离了家乡的亲戚，进城农民工夫妻在日常相处过程中缺少必要的情感支持系统，婚姻矛盾得不到即时性的疏导，婚姻矛盾的累积会破坏夫妻感情。第六，流动会增加农民工的个体化程度，弱化他们对婚姻与家庭的责任感。第七，流动会导致流动一方与留守一方在价值观、生活方式等方面的差异，这些差异的存在会增加配偶相处过程中的婚姻摩擦。第八，外出务工不仅使得流动女性对家庭的经济贡献得以显现，而且会增加流动女性的独立性，降低其对丈夫和家庭的依赖感，当婚姻不幸时，经济上已经自立的女性更容易摆脱对婚姻的依赖。

二 本研究的创新

(一) 观点的创新

(1) 在国家工业化、现代化、城镇化进程中,农村人口大规模进入城市务工经商,农民家庭(包括家庭结构、家庭功能以及家庭关系)不可避免地会受到冲击。面对这种冲击,绝大多数农民家庭是能动的,会采取各种策略去应对,从而维持了婚姻家庭的稳定。农民工家庭是灵活且有弹性的,多数农民工夫妻的婚姻保持稳定的状态。

(2) 影响流动农民工婚姻稳定的最主要原因在于城乡之间巨大的经济社会差异,要有效解决流动对农民工婚姻稳定带来的问题,必须切实缩小城乡之间的差距。国家和人口流出地政府应为农民提供更多公共物品,从根本上改善农民的生产生活条件;国家和流入地政府应在就业、社会保障政策、住房政策、教育政策以及户籍制度等方面考虑并回应进城务工经商农民的需求,让有迁移意愿的进城农民能够举家定居。

(3) 农民工夫妻的婚姻承诺包括个人承诺、道德承诺和结构性承诺,但个人承诺、道德承诺和结构性承诺在农民工婚姻维系中的作用并非同等重要,受儒家文化、流动性等因素的影响,农民工婚姻的维持主要不是靠个人承诺而是结构性承诺和道德承诺。本研究发现,农民工婚姻中的个人承诺与西方人的个人承诺是不同的。西方人的个人承诺源于爱情、性吸引力,而农民工的个人承诺则是基于亲情。由于亲情较为深沉、较为持久,因此农民工的婚姻较为稳定。虽然西方人的婚姻承诺中也包含了结构性承诺和道德承诺,但个体本位的西方人更在意自己的感受,较少在意他人的意见。而生活在关系本位社会中的农民工不得不顾忌他人的看法,因此农民工在婚姻生活中会受到更多结构性因素的制约。

(二) 方法的创新

(1) 已有的个案研究所选个案同质性强、异质性弱。为了避免个案同质性对研究的影响,本研究既收集婚姻稳定的个案,也收集婚姻不稳定的个案,并在此基础上进行对比研究。从当事人的角度去探讨流动对婚姻稳定性的影响及他们在维持婚姻稳定中的主观体验。

(2) 已有研究没有对比农民流动前与流动后的婚姻关系状况,为动态地了解流动对农民工婚姻稳定性的影响，在调查中笔者仔细地询问了流动前农民工夫妻的婚姻状况，也深入地询问了流动所引起的婚姻状况的变化。在可能的情况下，既调查丈夫对婚姻关系的看法，也调查妻子对婚姻关系的看法。在调查过程中笔者发现，一些农民工夫妻的婚姻在流动进城之前就已经危机四伏，流动后婚姻危机仍得不到化解。通过让被调查对象回忆流动前的婚姻状况，可以将流动之前和流动之外影响婚姻稳定的因素寻找出来。

（3）已有研究要么在人口流入地开展调查，要么在人口流出地调查，真正同时在人口流入地和流出地开展调查的不多。

（4）已有研究较少到法院以及中国裁判文书网查阅离婚档案。为了保证研究资料来源的多元性，本研究则在人民法院查阅了农村的相关离婚档案，以及在中国裁判文书网查阅农村离婚判决书。这样可以丰富资料的来源。

三 提高农民工婚姻稳定性的对策

1. 个体（家庭）层面

如前所述，本研究发现，农民工婚姻得以维系的很重要的一个原因是婚姻当事人能够严肃地对待婚姻，能够担负起其婚姻家庭的责任。而导致农民工婚姻解体的一个重要原因是婚姻当事人婚姻家庭责任感的弱化。鉴于此，本研究认为，婚姻当事人应该端正其对婚姻的态度，踏踏实实地肩负起其应负的婚姻与家庭责任。当事人应该主动去增加自己的职业技能，提高人力资本的存量，从而找到更好的工作，并一心一意地维持家庭。

对于夫妻而言，应该增强彼此的沟通。本研究表明，夫妻之间的沟通能够增进彼此的了解，拉近相互的心理距离，消除猜忌，增加相互间的信任感。农民工夫妻应多创造夫妻以及家庭成员团聚的机会，可以利用节假日的机会实现家庭成员的团聚。农民工夫妻应多利用手机、电脑等通信手段保持与配偶的密切沟通，尽力减少时空分离对婚姻的不利影响。

2. 社区层面

农民外出务工的主要原因是家乡缺少收入来源，当地缺少就业的机会。农村社区包括当地的基层政府可以考虑结合当地的优势发展相关的产业，增加农民就地打工的机会，减少由于外出务工而产生的夫妻两地分居。

社区整合度会影响农民工婚姻的稳定性。农村社区可以通过多举办公共活动来增强村民对村庄公共事务的参与，在参与的过程中促进村庄整合度的提高。村庄也可以加强关于婚姻家庭道德的宣传，并进行关于文明家庭、"五好家庭"的评比。

农村社区可以结合实际成立婚姻家庭的调解组织，对遇到婚姻危机的夫妻进行调解，减少冲动型和非理性型离婚。社区的调解人可以考虑由与当事人关系近的亲属以及在村庄具有权威的人士担任，因为他们了解婚姻当事人的具体情况以及当地的民风民俗，这样的调解会更为有效。

农村社区还可以成立互助组织，帮助留守妻子以及留守人员解决农业生产的难题。

四　研究局限及展望

本研究在福建、广东、甘肃、山西、安徽、江西等多地开展了调查，主要采用深度访谈的方式收集资料。本研究力图去了解到底是什么因素影响了农民工婚姻的稳定性？农民工的婚姻是如何解体的？如果没解体，那么又是如何得以维系的？婚姻当事人是如何看待他们的婚姻与家庭关系的？基于对上述这些问题的考虑，本研究采用了质性研究方法。

由于农民工的流动性特点，很难清晰地设置农民工的抽样框，故本研究没有采用定量研究的方法。由于个案研究无法控制变量，因此无法像定量研究那样知道哪些因素对农民工婚姻稳定性的影响最大，也无法知道农民工的婚姻稳定性的程度。由于婚姻稳定性议题涉及隐私，调查具有一定的难度，虽然本研究采取了一些方法，例如通过熟人和朋友介绍的方式去获取个案，但是个案的数量还不够多，个案所涉及的区域还不够多元。受研究区域的经济、文化等因素的局限，本书研究结论的外推范围受到限制，笔者计划在日后的研究中扩大调查区域，并对不同农村地区农民工的婚姻稳定性进行比较研究。

虽然本书中的个案涵盖了新生代农民工，但并未对新生代农民工的婚姻稳定性与老一代农民工的婚姻稳定性进行比较。后续的研究需要对此进行研究。

参考文献

埃什尔曼，罗斯、布拉克罗夫特，理查德，2012，《心理学：关于家庭》，涂晶星等译，上海：上海人民出版社。

巴斯，2011，《欲望的演化》（修订版），谭黎、王叶译，北京：中国人民大学出版社。

贝克尔，加里·斯坦利，2007，《家庭伦》，王献生、王宇译，北京：商务印书馆。

贝克，乌尔里希、伊丽莎白·贝克—格恩斯海姆，2011，《个体化》，李荣山等译，北京：北京大学出版社。

波斯纳，理查德·A.，2002，《性与理性》，苏力译，北京：中国政法大学出版社。

博宗，米歇尔，2010，《性社会学》，候应花、杨冬译，天津：天津人民出版社。

布劳，彼得·M.，2008，《社会生活中的交换与权力》，李国武译，北京：商务印书馆。

蔡文辉，2003，《婚姻与家庭：家庭社会学》，台北：五南图书出版公司。

蔡文辉、李绍嵘，2013，《社会学概要》，北京：世界图书出版公司。

陈柏峰，2007，《农民价值观的变迁对家庭关系的影响——皖北李圩村调查》，《中国农业大学学报》（社会科学版）第1期。

陈柏峰，2019，《半熟人社会——转型期乡村社会性质深描》，北京：社会科学文献出版社。

陈锋，2012，《"闪婚"与"跨省婚姻"：打工青年婚恋选择的比较研究》，《西北人口》第4期。

陈文玲，2008，《家族干预与社区舆论双重制约下的私人生活——华北郗家庄一桩婚变案的社会学分析》，《学海》第2期。

陈锡文，2001，《试析新阶段的农业、农村和农民问题》，《宏观经济研究》第 11 期。

陈向明，2000，《质的研究方法与社会科学研究》，北京：教育科学出版社。

陈讯，2014，《婚姻价值的变革——一个乡镇里的离婚现象研究（1978-2012）》，北京：中国社会出版社。

陈映芳，2005，《"农民工"：制度安排与身份认同》，《社会学研究》第 3 期。

迟书君，2007，《深圳流动人口婚姻家庭状况调查报告（之二）——深圳流动人口的家庭关系》，《青年研究》第 5 期。

迟书君等，2006，《新型城市移民》，北京：社会科学文献出版社。

崔应令，2009，《外部迫力与内部整合》，《广西民族大学学报》（哲学社会科学版）第 2 期。

崔应令，2011，《柔性的风格：女性参与建构社会的实践逻辑》，北京：中国社会科学出版社。

邓大才，2006，《社会化小农：动机与行为》，《华中师范大学学报》（人文社会科学版）第 3 期。

迪尔凯姆，埃米尔，1996，《自杀论》，冯韵文译，北京：商务印书馆。

杜凤莲，2010，《中国城乡劳动力流动对婚姻稳定性的影响》，《经济社会体制比较》第 5 期。

杜维明、卢风，2009，《现代性与物欲的释放——杜维明先生访谈录》，北京：中国人民大学出版社。

杜鹰、白南生，1997，《走出乡村——中国农村劳动力流动实证研究》，北京：经济科学出版社。

樊欢欢，2000，《家庭策略研究的方法论——中国城乡家庭的一个分析框架》，《社会学研究》第 5 期。

范芝芬，2013，《流动中国：迁移、国家和家庭》，邱幼云、黄河译，北京：社会科学文献出版社。

费孝通，1998，《乡土中国 生育制度》，北京：北京大学出版社。

费孝通，2001，《江村经济：中国农民的生活》，北京：商务印书馆。

风笑天，2006，《农村外出打工青年的婚姻与家庭：一个值得重视的研究领域》，《人口研究》第 1 期。

付红梅,2007,《当代中国离婚问题:伦理道德成因分析及对策》,《人口与计划生育》第 8 期。

高梦滔,2011,《农村离婚率与外出就业:基于中国 2003~2009 年村庄面板数据的研究》,《世界经济》第 10 期。

耿卓,2016,《家户视角下的妇女土地权利保护》,《法学》第 1 期。

龚维斌,1999,《农村劳动力外出就业与家庭关系变迁》,《社会学研究》第 1 期。

古德,1986,《家庭》,魏章玲译,北京:社会科学文献出版社。

古德,威廉・J.,1986,《家庭》,魏章玲译,北京:社会科学文献出版社。

关信平,2005,《现阶段我国农村劳动力转移就业背景下社会政策的主要议题及模式选择》,《江苏社会科学》第 5 期。

桂华,2013,《"过日子"与圆满人生——农民宗教生活的基本形态》,《二十一世纪》(12 月号)。

桂华、余练,2010,《婚姻市场要价:理解农村婚姻交换的一个框架》,《青年研究》第 3 期。

国家统计局,《2014 年全国农民工监测报告》,http://www.stats.gov.cn/tjsj/zxfb/201504/ t 2015 0429_797821. html,最后访问时间:2017 年 10 月 19 日。

国家统计局,《2016 年农民工监测报告》,http://www.gov.cn/xinwen/2017 - 04/28/ content_5189509. htm#allContent,最后访问时间:2017 年 10 月 19 日。

何绍辉,2012,《从"伦理"到"权利"——兼论农村青年婚变的影响机制》,《中国青年政治学院学报》第 2 期。

贺欣,2008,《离婚法实践的常规化——体制制约对司法行为的影响》,《北大法律评论》第 9 卷第 2 辑。

贺雪峰,2005,《现代化进程中的村庄自主生产价值能力》,《探索与争鸣》第 7 期。

贺雪峰,2008,《农民价值观的类型及相互关系——对当前中国农村严重伦理危机的讨论》,《开放时代》第 3 期。

贺雪峰,2009,《总序》,载郭亮《走出祖荫——赣南村治模式研究》,济南:山东人民出版社。

赫特尔,马克,1988,《变动中的家庭——跨文化的透视》,宋践、李茹等译，杭州：浙江人民出版社。

胡先晋，2006，《中国人的脸面观》，《中国社会心理学评论》（第二辑），北京：社会科学文献出版社。

胡玉坤，2012，《全球化冲击下的农村家庭：困境与出路》，《人口与发展》第 1 期。

黄宗智，2006，《制度化了的"半工半耕"过密型农业（上）》，《读书》第 2 期。

黄宗智，2007，《中国民事判决的过去和现在》，载黄宗智《经验与理论：中国社会、经济与法律的实践历史研究》，北京：中国人民大学出版社。

黄宗智，2010，《中国的隐性农业革命》，北京：法律出版社。

吉登斯，2016，《现代性与自我认同：晚期现代中的自我与社会》，夏璐译，北京：中国人民大学出版社。

姜金良、朱振媛，2014，《司法如何保护婚姻——基于离婚案件二次起诉现象的分析》，《汕头大学学报》（人文社会科学版）第 2 期。

蒋月，2009，《改革开放三十年中国离婚法研究回顾与展望》，《法学家》第 1 期。

杰华，2006，《都市里的农家女》，吴小英译，南京：江苏人民出版社。

金眉，2010，《中国亲属法的近现代转型》，北京：法律出版社。

金一虹，1994，《当今我国家庭稳定性变化的心理因素分析》，《学海》第 2 期。

金一虹，1997，《影响当前家庭稳定性的伦理道德因素分析及对策研究》，《学海》第 3 期。

金一虹，2000，《父权的式微——江南农村现代化进程中的性别研究》，成都：四川人民出版社。

金一虹，2009，《离散中的弥合——农村流动家庭研究》，《江苏社会科学》第 2 期。

金一虹，2010，《流动的父权：流动农民家庭的变迁》，《中国社会科学》第 4 期。

金一虹，2015，《中国新农村性别结构变迁研究：流动的父权》，南京：南京师范大学出版社。

李成华、靳小怡，2012，《夫妻相对资源和情感关系对农民工婚姻暴力的影响》，《社会》第 1 期。

李代、张春泥，2016，《外出还是留守？——农村夫妻外出安排的经验研究》，《社会学研究》第 5 期。

李芳英，2018，《选择性忽视：农村留守妇女的夫妻情感维系机制》，《山东女子学院学报》第 5 期。

李桂梅，2004，《现代家庭伦理精神建构的思考》，《道德与文明》第 2 期。

李桂梅，2011，《中国传统家庭伦理的现代转向及其启示》，《哲学研究》第 4 期。

李良哲，1999，《维系婚姻关系重要因素的成人期差异初探》，《教育与心理研究》第 22 期。

李良哲，2000，《维系婚姻关系因素的成人期差异研究》，《中华心理卫生学刊》（台北）第 3 期。

李萍，2011，《当前我国农村离婚率趋高的社会学分析》，《中国青年研究》第 5 期。

李强，1996，《关于"农民工"家庭模式问题的研究》，《浙江学刊》第 1 期。

李强，2005，《农民工与中国社会分层》，北京：社会科学文献出版社。

李强、唐壮，2002，《城市农民工与城市中的非正规就业》，《社会学研究》第 6 期。

李涛，2007，《心理学视野中的婚姻承诺》，北京：科学出版社。

李薇薇，2003，《我国流动人口趋向家庭化》，《人民日报》11 月 6 日。

李卫东，2017，《农民工婚姻稳定性研究：基于代际、迁移和性别的视角》，《中国青年研究》第 7 期。

李卫东，2018，《人口流动背景下农民工婚姻稳定性的影响因素分析》，《人口与发展》第 6 期。

李喜荣，2008，《农村留守妻子的婚姻稳定性探析——豫东 HC 村的个案研究》，《妇女研究论丛》第 6 期。

李向振，2017，《跨地域家庭模式：进城务工农民的生计选择》，《武汉大学学报》（人文科学版）第 5 期。

李银河，2003，《生育与村落文化·一爷之孙》，北京：文化艺术出版社。

李银河，2009，《后村的女人们——农村性别权力关系》，呼和浩特：内蒙古师范大学出版社。

李迎生，1997，《现代社会中的离婚问题：成因与影响》，《人口研究》第1期。

李永萍，2018，《北方农村高额彩礼的动力机制——基于"婚姻市场"的实践分析》，《青年研究》第2期。

利翠珊，1997，《婚姻中亲密关系的形成与发展》，《中华心理卫生学刊》（台北）第4期。

利翠珊，2006，《华人婚姻韧性的形成与变化：概念厘清与理论建构》，《本土心理学研究》（台北）第25期。

利翠珊，2008，《华人婚姻品质的维系：冲突与忍让的中介效果》，《本土心理学研究》（台北）第29期。

梁鸿，2011，《中国在梁庄》，南京：江苏人民出版社。

梁漱溟，2005，《中国文化要义》，上海：上海人民出版社。

林语堂，2007，《中国人》，郝志东、沈益洪译，上海：学林出版社。

刘爱玉、庄家炽、周扬，2015，《什么样的男人做家务——情感表达、经济依赖或平等性别观念？》，《妇女研究论丛》第3期。

刘彬彬、崔菲菲、史清华，2018，《劳动力流动与村庄离婚率》，《中国农村经济》第5期。

刘林平、雍昕、舒玢玢，2011，《劳动权益的地区差异——基于对珠三角和长三角地区外来工的问卷调查》，《中国社会科学》第2期。

刘林平、张春泥，2007，《农民工工资：人力资本、社会资本、企业制度和还是社会环境？——珠江三角洲农民工工资的决定模型》，《社会学研究》第6期。

刘汶蓉，2019，《青年离婚变动趋势及社会原因分析》，《当代青年研究》第6期。

刘筱红、施远涛，2014，《"四化同步"发展下留守妻子家庭离散问题治理研究》，《人口与发展》第1期。

刘燕舞，2009，《从核心家庭本位迈向个体本位——关于农村夫妻关系与家庭结构变动的研究》，《中共青岛市委党校·青岛行政学院学报》第6期。

刘燕舞，2014，《论"奔头"——理解冀村农民自杀的一个本土概念》，《社会学评论》第5期。

刘燕舞，2018，《田野足迹：近十年来的乡村中国（2007~2016）》，北京：

社会科学文献出版社。

罗素，2014，《幸福婚姻与性》，陈小白译，北京：华夏出版社。

罗小锋，2010，《制度变迁与家庭策略：流动家庭的形成》，《安徽农业大学学报》（社会科学版）第 6 期。

罗小锋，2011，《父权的延续——基于对农民工家庭的质性研究》，《青年研究》第 2 期。

罗小锋，2011，《时空伸延：半流动家庭中的夫妻关系维系策略》，《内蒙古农业大学学报》（社会科学版）第 2 期。

罗小锋，2018，《留守妻子的婚姻为何走向解体？——基于对农民工家庭的定性研究》，《江南大学学报》（人文社会科学版）第 1 期。

罗忆源，2006，《流动农民工家庭中的夫妻两地分居问题研究》，《湖北社会科学》第 7 期。

罗忆源、柴定红，2004，《半流动家庭中留守妻子的家庭和婚姻状况探析》，《探索与争鸣》第 3 期。

马忠东、石智雷，2017，《流动过程影响婚姻稳定性研究》，《人口研究》第 1 期。

米勒，罗兰，2015，《亲密关系》，王伟平译，北京：人民邮电出版社。

莫玮俏、史晋川，2015，《农村人口流动对离婚率的影响》，《中国人口科学》第 5 期。

墨菲，瑞雪，2009，《农民工改变中国农村》，黄涛、王静译，杭州：浙江人民出版社。

诺克斯，大卫、沙赫特，卡洛琳，2009，《情爱关系中的选择——婚姻家庭社会学入门》，金梓等译，北京：北京大学出版社。

潘鸿雁，2005a，《农村分离的核心家庭与社区支持》，《甘肃社会科学》第 4 期。

潘鸿雁，2005b，《面对城市与农村的两难抉择——对河北翟城村分离的核心家庭的考察》，《甘肃理论学刊》第 3 期。

潘鸿雁，2007，《外出打工策略与夫妻经济关系的调适》，《青年研究》第 12 期。

潘绥铭，2003，《"家庭、婚姻、性与社会性别"》，载郑杭生主编《社会学概论新修》，北京：中国人民大学出版社。

潘毅，2011，《中国女工：新兴打工者主体的形成》，任焰译，北京：九州出版社。

潘允康，2012，《家庭社会学》，北京：中国审计出版社、中国社会出版社。

彭怀真，2001，《婚姻与家庭》，台北：三民书局股份有限公司。

彭小辉、张碧超、史清华，2018，《劳动力流动与农村离婚率——基于劳动力双向流动视角》，《世界经济文汇》第4期。

切尔，大卫，2005，《家庭生活的社会学》，彭铟旎译，北京：中华书局。

清华大学社会学系课题组，2013，《新生代农民工与"农民工生产体制"的碰撞》，《中国党政干部论坛》第11期。

任义科、杨力荣，2014，《婚姻合约的脆弱性：留守妻子精神出轨和行为出轨》，《南方人口》第3期。

上海社会科学院家庭研究中心，2010，《中国家庭研究》，上海：上海社会科学院出版社。

尚会鹏，2018，《中国人的婚姻、婚俗与性爱》，北京：社会科学文献出版社。

尚会鹏、何祥武，2000，《乡村社会离婚现象分析》，《青年研究》第12期。

申端锋，2007，《农村生活伦理的异化与三农问题的转型》，《中国发展观察》第10期。

盛亦男，2014《流动人口家庭化迁居水平与迁居行为决策的影响因素研究》，《人口学刊》第3期。

盛亦男，2014，《中国流动人口家庭化迁居》，《人口研究》第4期。

石人炳，2006，《青年人口迁出对农村婚姻的影响》，《人口学刊》第1期。

石智雷，2020，《区域文化对婚姻稳定性的影响：基于跨省流动人口的研究》，《社会》第1期。

疏仁华，2007，《解析当代农民工的"中国式离婚"——对安徽省966例农民工的调查》，《南京人口管理干部学院学报》第2期。

疏仁华，2009，《结构性流动与青年农民工婚姻行为的变迁》，《南通大学学报》（社会科学版）第5期。

斯冈茨尼，丽莎、斯冈茨尼，约翰，1988，《角色变迁中的男性与女性》，潘建国、潘邦顺、王晴波译，杭州：浙江人民出版社。

斯科特，伊丽莎白·S.，2005，《婚姻义务与离婚的法律调整》，载安东尼·S. 丹尼斯、罗伯特·罗森编《结婚与离婚的法经济学分析》，王世贤译，北京：法律出版社。

斯滕伯格，罗伯特·J.，2000，《丘比特之箭》，潘传发、潘素译，沈阳：辽宁教育出版社。

宋国臣、顾朝林，1999，《北京女性流动人口的家庭类型及其形成因素》，《人文地理》第 2 期。

宋丽娜，2010，《打工青年跨省婚姻研究》，《中国青年研究》第 1 期。

孙慧芳、时立荣，2007，《农村流动家庭的夫妻关系研究》，《北京科技大学学报》（社会科学版）第 4 期。

谭深，1997，《农村劳动力流动的性别差异》，《社会学研究》第 1 期。

唐盛明，2014，《象牙塔外的社会学》，上海：学林出版社。

田先红、陈玲，2009，《打工潮与农民婚姻生活变革》，《古今农业》第 1 期。

佟新、戴地，2013，《积极的夫妻互动与婚姻质量》，《学术探索》第 1 期。

涂尔干，埃米尔，2000，《社会分工论》，渠东译，北京：生活·读书·新知三联书店。

汪国华，2007，《从熟人社会到陌生人社会：城市离婚率趋高的社会学透视》，《北京科技大学学报》（社会科学版）第 1 期。

王春光，2006，《农村流动人口的"半城市化"问题研究》，《社会学研究》第 5 期。

王春光，2017，《外来农村流动人口本地化的体制性困境》，《学海》第 2 期。

王会、欧阳静，2012，《农村青年"闪婚闪离"现实及其原因探析》，《中国农村观察》第 3 期。

王宁，2009，《从苦行者社会到消费者社会——中国城市消费制度、劳动激励与主体结构转型》，北京：社会科学文献出版社。

王宁，2014，《家庭消费行为的制度嵌入性》，北京：社会科学文献出版社。

韦斯特马克，E. A.，2015，《人类婚姻史》（第三卷），李彬译，北京：商务印书馆。

韦政通，2005，《韦政通自选集》，济南：山东教育出版社。

魏程琳、赵晓峰，2013，《"闪婚闪离"：农村青年婚姻变革的社会基础及趋势——基于赣南 Y 村的个案调查》，《西南石油大学学报》（社会科学版）第 1 期。

魏翠妮，2006，《农村留守妻子问题研究——以苏皖地区为例》，硕士学位论文，南京师范大学。

吴存玉，2018，《隐忍：理解婚姻危机中农村青年留守女性生活境遇的一个视角》，《当代青年研究》第 3 期。

吴德清，1995，《离婚水平的地区差异及其影响因素》，载曾毅主编《中国八十年代离婚研究》，北京：北京大学出版社。

吴德清，1999，《当代中国离婚现状及发展趋势》，北京：文物出版社。

吴飞，2007，《论"过日子"》，《社会学研究》第 6 期。

吴国平，2014，《半流动农民工家庭婚姻问题及其解决对策研究》，《法治研究》第 4 期。

吴惠芳，2011，《留守妻子现象与农村社会性别关系的变迁》，《中国农业大学学报》（社会科学版）第 3 期。

吴慧芳、叶敬忠，2010，《丈夫外出务工对留守妻子的心理影响分析》，《浙江大学学报》（人文社会科学版）第 3 期。

吴小英，2013，《婚姻的"祛魅"与家庭观的位移》，《探索与争鸣》第 5 期。

吴小英，2016，《流动背景下的留守困境》，《中国民政》第 12 期。

吴小英，2017，《流动性：一个理解家庭的新框架》，《探索与争鸣》第 7 期。

吴银涛、胡珍，2007，《三角结构视域下的青年农民工婚姻维持研究》，《青年研究》第 8 期。

夏柱智、贺雪峰，2017，《半工半耕与中国渐进城镇化模式》，《中国社会科学》第 12 期。

萧英玲、利翠珊，2009，《夫妻间的恩情与亲密：简效量表的发展》，《本土心理学研究》（台北）第 32 期。

肖索未，2018，《欲望与尊严：转型期中国的阶层、性别与亲密关系》，北京：社会科学文献出版社。

谢宇，2018，《走出中国社会学本土化讨论的误区》，《社会学研究》第 2 期。

徐安琪，1988，《离婚心理》，北京：中国妇女出版社。

徐安琪，2012，《离婚风险的影响机制》，《社会学研究》第 2 期。

徐安琪、叶文振，2002，《婚姻质量：婚姻稳定的主要预测指标》，《上海社会科学院学术季刊》第 4 期。

徐安琪主编，1997，《世纪之交中国人的爱情和婚姻》，北京：中国社会科学出版社。

许传新，2010，《西部农村留守妻子婚姻稳定性及其影响因素分析》，《中国农业大学学报》（社会科学版）第1期。

许放明，2014，《适度"妻管严"对家庭和谐有积极意义》，《中国人口报》5月26日，第3版。

许烺光，2001，《祖荫下：中国乡村的亲属、人格与社会流动》，王芃、徐隆德译，台北：台湾南天书局有限公司。

许烺光，2017，《美国人与中国人》，沈彩艺译，杭州：浙江人民出版社。

阎云翔，2006，《私人生活的变革：一个中国村庄里的爱情、家庭与亲密关系 1949—1999》，龚小夏译，上海：上海书店出版社。

阎云翔，2012，《中国社会的个体化》，陆洋等译，上海：上海译文出版社。

阎云翔，2015，《我们正处于一个多变的、剧烈的道德转型过程中》，《澎湃新闻》阎云翔专访，https://www.thepaper.cn/newsDetail_forward_1353480，最后访问日期：2020年8月7日。

阎云翔，2017，《社会自我主义：中国式亲密关系》，《探索与争鸣》第7期。

阎云翔、郎帅，2016，《当代中国的道德转型》，《中国战略报告》第1期。

杨国枢，2008，《华人社会取向的理论分析》，载杨国枢、黄光国、杨中芳主编《华人本土心理学》，重庆：重庆大学出版社。

杨菊华，2015，《人口流动与居住分离：经济理性抑或制度制约？》，《人口学刊》第1期。

杨菊华、陈传波，2013，《流动人口家庭化的现状与特点：流动过程特征分析》，《人口与发展》第3期。

杨善华、沈崇麟，2006，《对未来二十年中国城乡家庭的展望》，载杨善华主编《家庭社会学》，北京：高等教育出版社。

杨善华主编，2006，《家庭社会学》，北京：高等教育出版社。

杨重光，2006，《"跨地域家庭"带来六大问题》，《瞭望》第39期。

仰和芝，2006，《农村打工女跨地区婚姻模式出现的成因及影响分析》，《农业考古》第6期。

仰和芝，2007，《农村打工女性跨地区婚姻稳定状况及其影响因素探讨》，《安徽农业科学》第1期。

姚俊，2013，《"不分家现象"：农村流动家庭的分家实践与结构再生产》，

《中国农村观察》第 5 期。

野野山久也,1989,《美国的离婚、再婚和同居》,杜大宁、路侃、崔智友编译,北京:新华出版社。

叶敬忠、潘璐、贺聪志,2014,《双重强制:乡村留守中的性别排斥与不平等》,北京:社会科学文献出版社。

叶敬忠、吴惠芳,2008,《阡陌独舞——中国农村留守妻子》,北京:社会科学文献出版社。

叶敬忠、吴惠芳,2009,《丈夫外出务工对留守妻子婚姻关系的影响》,《中州学刊》第 3 期。

叶文振,1997,《论市场经济对婚姻关系的影响和对策》,《人口研究》第 3 期。

叶文振、林擎国,1998,《当代中国离婚态势和原因分析》,《人口与经济》第 3 期。

叶文振、徐安琪,1999,《中国婚姻的稳定性及其影响因素》,《中国人口科学》第 6 期。

泽利泽,薇薇安娜·A.,2009,《亲密关系的购买》,姚伟、刘永强译,上海:上海人民出版社。

曾毅、舒尔茨、王德明,1995,《影响离婚的社会经济因素的多元风险模型分析》,载曾毅主编《中国八十年代离婚研究》,北京:北京大学出版社。

曾毅主编,1995,《中国八十年代离婚研究》,北京:北京大学出版社。

翟学伟,2017,《爱情与姻缘:两种亲密关系的模式比较》,《社会学研究》第 2 期。

张春泥,2019,《离异家庭的孩子们》,北京:社会科学文献出版社。

张鹂,2014,《城市里的陌生人:中国流动人口的空间、权力与社会网络的重构》,袁长庚译,南京:江苏人民出版社。

张敏杰、基尔帕特里克,A.C.,1998,《八十年代以来美国的离婚研究》,《国外生活科学》第 1 期。

张新芬,1987,《家庭凝聚力及其价值评价》,《北京师范大学学报》(哲学社会科学版)第 5 期。

张玉林,2006,《"离土"时代的农村家庭》,载吴敬琏、江平主编《洪范评论》(第 3 卷第 2 辑),北京:中国政法大学出版社。

张玉林，2012，《流动与瓦解——中国农村的演变及其动力》，北京：中国社会科学出版社。

郑真真、解振明，2004，《人口流动与农村妇女发展》，北京：社会科学文献出版社。

钟春华，2011，《农村"留守妻子"维系婚姻关系的经济学分析》，《社会科学辑刊》第5期。

周国平，2011，《爱的五重奏》，桂林：广西师范大学出版社。

周国平，2017，《我喜欢生命本来的样子》，北京：作家出版社。

朱宇，2004，《户籍制度改革与流动人口在流入地的居留意愿及其制约机制》，《南方人口》第3期。

庄泽宣，2012，《民族性与教育（1938）》，载沙莲香主编《中国民族性（一）：一百五十个中外"中国人像"》，北京：中国人民大学出版社。

滋贺秀三，2003，《中国家族法原理》，张建国、李力译，北京：法律出版社。

左际平、宋一青，2003，《农业女性化与夫妻平等：性别与发展研究的一次本土化尝试及其政策思考》，载《清华社会学评论》（2002卷），北京：社会科学文献出版社。

Adams, Jeffrey, M. and Jones, Warren H., 1997, "The Conceptualization of Marital Commitment: An Integrative Analysis," *Journal of Personality and Social Psychology* 72: 1177–1196.

Adams, J. M. and Jones, W. H., 1997, "The Conceptualization of Marital Commitment: An Integrative Analysis," *Journal of Personality and Social Psychology* 72: 1177–1196.

Adams, J. R., Richard, H., and Page, John, 2003, "International Migration, Remittances and Poverty in Developing Countries," *World Bank Policy Research Working Paper* 3179.

Agnew, C. R., Loving, T. J., Le, B., and Goodfriend, W., 2004, "Thinking Close: Measuring Relational Closeness as Perceived Self-other Inclusion," in D. J. Mashek and A. Aron (eds.), *Handbook of Closeness and Intimacy* (pp. 103–115), Mahwah, NJ: Erlbaum.

Agnew, C. R., Van Lan, P. A. M., Rusbult, C. E., and Langston, C. A., 1998, "Cognitive Interdependence: Commitment and the Mental Representation of Close Relationships," *Journal of Personality and Social Psychology* 74: 939 - 954.

Albrecht, Stan L., Bahr, Howard M., and Goodman Kristen L., 1983, *Divorce and Remarriage: Problems Adaptions, and Adjustments Westport*, C. T.: Green Wood Press.

Andersson, G. and Scott, K., 2010, "Divorce Risks of Immigrants in Sweden," paper presented at the European Population Conference, Vienna, Austria.

Arriaga, X. B., and Agnew, C. R., 2001, "Being Committed: Affective, Cognitive, and Conative Components of Relationship Commitment," *Personality and Social Psychology Bulletin* 24: 927 - 948.

Bean, F. D. and Tienda, M. T., 1987, *The Hispanic Population of the United States*, New York: Russel Sage Foundation.

Becker, Gary S., Elizabeth Landes, and Michael, Rober T., 1977, "An Economic Analysis of Marital Instability," *Journal of Political Economy* Vol. 85, No. 6: 1141 - 1187.

Belk, Russell W., 1988, "Possessions and the Extended Self," *The Journal of Consumer Research* Vol. 15, No. 2: 139 - 168.

Bono, G., Mc Cullough, M. E., and Root, L. M., 2008, "Forgiveness, Feeling Connected to Others, and Well-being: Two Longitudinal Studies," *Personality and Social Psychology Bulletin* 34: 182 - 195.

Booth, Alan, John, N. Edwards, and David R. Johnson, 1991, "Social Integration and Divorce," *Social Forces* Vol. 70, No. 1: 207 - 224.

Booth, Alan, Johnson, David R., and White, Lynn K., 1986, "Divorce and Marital Instability Over the Life Course," *Journal of Family Issues*, Vol. 7, No. 4: 421 - 442.

Boyle, P. J., Kulu, H., Cooke, T., Gayle, V., and Mulder, C. H., 2008, "Moving and Union Dissolution," *Demography* 45 (1): 209 - 222.

Bradburn, Norman, 1969, *The Psychological Structure of Well-Being*, Chicago: Aldine.

Breault, K. D. and Kposowa, Augustine, J., 1987, "Explaining Divorce in the United States: A Study of 3, 111 Counties, 1980," *Journal of Marriage and the Family* 36 (1): 549 - 58.

Caarls, K. and Mazzucato, V., 2015, "Does International Migration Lead to Divorce? Ghanaian Couples In Ghana and Abroad," *Population* 70 (1): 127 – 151.

Canary, D. and Stafford, L., 1993, "Preservation of Relational Characteristic: Maintenance Strategies, Equity, and Locus of Control," in P. J. Kalbfleisch (ed.), *Interpersonal Communication: Evolving Interpersonal Relationships* (pp. 237 – 259), Hillsdale, NJ: Lawrence Erlbaum Associates.

Canary, D. J. and Stafford, L., 2001, "Equity in the Preservation of Personal Relationships," In J. H. Harver and A. E. Wenzel (eds.), *Close Romantic Relationships: Maintenance and Enhancement* (pp. 131 – 151), Mahwah, NJ: Erlbaun.

Cate, R. M., Levin, L. A., and Richmond, L. S., 2002, "Premarital Relationship Stability: A Review of Recent Research," *Journal of Social and Personal Relationships* Vol. 19, No. 2: 261 – 261.

Conger, Rand D., Elder, Glen H., Jr., Frederick O. Lorenz, Katherine J. Conger, Ronald L. Simons, Whitbeck, Les B., Shirley Huck, and Janet N. Melby, 1990, "Linking Economic Hardship to Marital Quality and Marital Stability," *Journal of Marriage and Family* 52 (3): 643 – 656.

Cutright, Phillips, 1971, "Income and Family Event: Marital Stability," *Journal of Marriage and Family* 33 (2): 291 – 306.

Dainton, M., and Kilmer, H., 1999, "Satisfaction, Commitment, Trust and Expectations in the Maintenance of Long-distance Versus Geographically-close Relationships," paper presented at the annual conference of the National Communication Association, Chicago.

Das Gupta, Monica, Avraham Ebenstein, and Ethan Jennings Sharygin, 2010," China's Marriage Market and Upcoming Challeneges for Elderly Men," Policy Research Working Paper 5351, World Bank.

De, Jong, Gordon, F., 2000, "Expectation, Gender and Norms in Migration Decision-making ," *Population Studies* 54 (3): 307 – 319.

Dindia, K. and Canary, D. J., 1993, "Definitions and Theoretical Perspectives on Maintaining Relationships," *Journal of Social and Personal Rela-*

tionshipsVol. 10, No. 2: 163 – 173.

Duffy, S., and Rusbult, C. E., 1986, "Satisfaction and Commitment in Homosexual and Heterosexual Relationship," *Journal of Homosexuality*12: 1 – 23.

Ebenstein, A. Y. and Sharygin, E. Jenning, 2009," Bare Branches Prostitution, and HIV in China: A Demographic Analysis," in Joseph D. Tucker and Dudley L. Poston eds., *Gender Policy and HIV In China*, New York: Springer.

Enterwisle, B., Henderson, G. E., Short, S. E., Bouma, Jill, and Zhai, F., 1995, "Gender and Family Business in China," *American Sociological Review* 60: 36 – 57.

Etcheverry, P. E., and Le, B., 2005, "Thinking about Commitment: Accessibility of Commitment and Prediction of Relationship Persistence, Accommodation, and Willingness to Sacrifice," *Personal relationships*12: 103 – 123.

Fan, C. C., 2009, "Flexible Work, Flexible Household: Labor Migration and Rural Families in China." In Lisa A. Keister (ed.), *Research in the Sociology of Work*, Bingley, UK: Emerald.

Fan, C. C., 2011, "Settlement Intention and Split Households: Findings from A Survey of Migrants in Beijing's Urban Villages," *The China Review*11 (2): 11 – 42.

Fan, Cindy, Sun, Mingjie, and Zheng, Siqi, 2011, "Migration and Split Households: A Comparison of Sole, Couple, and Family Migrants in Beijing, China," *Environment and Planning*43 (9): 2164 – 2185.

Farrer, James and Sun, Zhongxin, 2003, "Extramarital Love in Shanghai," *The China Journal* No. 50: 1 – 36.

Fenelon, B., 1971, "State Variations in the United States Divorce Rates," *Journal of Marriage and the Family*33 (2): 321 – 327.

Finkel, E. J., DeWall, C. N., Slotter, E. B., Oaten, M., and Foshee, V. A., 2009, "Self-regulatory Failure and Intimate Partner Violence Perpetration," *Journal of Personality and Social Psychology* 97: 483 – 499.

Frank, R., Wild, Smith, E., 2005, "The Grass Widows of Mexico: Migration and Union Dissolution in a Binational Context," *Social Forces*3: 919 – 947.

Frank, Trovato, 1986, "The Relationship between Migration and the Provincial

Divorce Rate in Canada, 1971 and 1978: A Reassessment," *Journal of Marriage and Family*Vol. 48, No. 1: 207 – 216.

Fridkis, A. L., 1981, "Desertion in the American Jewish Immigrant Family: The Work of the National Desertion Bureau in Cooperation with the Industrial Removal Office," *American Jewish History* 71 (2): 285 – 299.

Friedman, R. S., 1982, "Send Me My Husband Who Is In New York City': Husband Desertion in the American Jewish Immigrant Community 1900 – 1926," *Jewish Social Studies*44 (1): 1 – 18.

Furtado, D., Marcén, M., and Sevilla, A., 2013, "Does Culture Affect Divorce? Evidence from European Immigrants in the United States," *Demography*50 (3): 1013 – 1038.

Glenn, Norval D. and Shelton, Beth, Ann, 1985, "Regional Differences in Divorce in the United States," *Journal of Marriage and Family*Vol. 47, No. 3: 641 – 652.

Glenn, Norval D. and Supancic, Michael, 1984, "The Social and Demographic Correlates of Divorce and Separation in the United States: An Update and Reconsideration," *Journal of Marriage and Family*Vol. 46, No. 3: 563 – 575.

Glenn, Norval D. and Supancic, Michael, 1984, "The Social and Demographic Correlates of Divorce and Separation in the United States," *Journal of Marriage and Family*46 (3): 563 – 575.

Glen, Norval D., and Sara, Mclanahan, 1982, "Children and Marital Happiness: A Further Specification of the Relationship," *Journal of Marriage and the Family*44: 63 – 72.

Goodwin, P. Y., 2003, "African American and European American Women's Health Marital Well-being," *Journal of Marriage and Family*65: 550 – 60.

Gross, H. E., 1980, "Couples Who Live Apart: Time/Place Disjunction and Their Consequence," *Symbolic Interaction*3: 69 – 82.

Guerrero, L. K., and Bachman, G. F., 2010, "Forgiveness and Forgiving Communication in Dating Relationships: An Expectancy-investment Explanation," *Journal of Social and Personal Relationships*27: 801 – 823.

Gupta, Payal, 2002, "Marriage at a Distance: Spouse Separation and the Family," Ph. D. dissertation. Department of Sociology and Demography, University of Pennsylvania.

Hare, Denise, 1999, "Women's Economic Status in Rural China: Household Contributions to Male-female Disparities in the Wage Labor Market," *World Development* 27 (6): 1011 – 1029.

Heaton, Tim B. and Albrecht, Stan L., 1991, "Stable Unhappy Marriages," *Journal of Marriage and the Family* 53: 747 – 758.

Hill, L. E., 2004, "Connections between U. S. Female Migration and Family Formation and Dissolution," *Migraciones Internacionales* 2 (3): 60 – 82.

Hirsch, Jennifer, S., 1999, "En el Norte la Mujer Manda: Gender, Generation, and Geography in a Mexican Transnational Community," *American Behavioral Scientist* 42 (9): 1332 – 1349.

Hirsch, Jennifer, S., 2003, *A Courtship after Marriage: Sexuality and Love in Mexican Transnational Families*, University of California Press.

Huston, T. L., 2009, "What's Love Got to do with It? Why Some Marriage Succeed and Others Fail," *Personal Relationships* 16: 301 – 327.

Jacka, Tamara, 2005, *Rural Women in Urban China: Gender, Migration, and Social Change*, Armonk, NY: M. E. Sharpe.

Jacka, Tamara, 2017, "Translocal Family Reproduction and Agrarian Change in China: A New Analytical Framework," Dol: 10. 1080 / 03066150. 2017. 1314267.

Jenkins, N., Sinclair, E., Myerberg, L., and Burnette, J. L., 2011, "Forgiveness as a Mechanism of Self-regulation: An Ego-depletion Model," Poster Presented at the Meeting of the Society for Personality and Social Psychology, San Antonio, TX.

Johnson, Dennis J. and Rusbult, Caryl, E., 1989, "Resisting Temptation: Devaluation of Alternative Partners as a Means of Maintaining Commitment in Close Relationships," *Journal of Personality and Social Psychology* Vol. 57, No. 6: 967 – 980.

Johnson, Michael, P., 1999, "Personal, Moral, and Structural Commitment to Relationships: Experience of Choice and Constraint," In Jeffery M. Adams and Warren H. Jones, *Handbook of Interpersonal Commitment and Relationship Stability* (pp. 73 – 87), New York: Kluwer Academic/ Plenum.

Johnson, Michael P. , Caughlin, John P. , and Ted L. Huston, 1999, "The Tripartite Nature of Marital Commitment: Personal, Moral, and Structural Reasons to Stay Married," *Journal of Marriage and Family* 61: 160 – 177.

Johnson, M. P. , 1991, "Commitment to Personal Relationships," In W. H. Jones and D. W. Perlman (Eds.), *Advances in Personal Relationships* (Vol. 3, pp. 117 – 143), London: Jessica Kingsley.

Johnson, M. P. , 1999, "Personal, Moral, and Structural Commitment to Relationship: Experience of Choice and Constraint," In J. M. Adams andW. H. Jones (eds.), *Handbook of Interpersonal Commitment and Relationship Stability* (pp. 73 – 87), New York: Klumer Academic/Plenum.

Jones, J. T. , Pelham, B. W. , Carvallo, M. , and Mirenberg, M. C. , 2004, "Ow do I love thee? Let Me Count the Js: Implicit Egotism and Interpersonal Attraction," *Journal of Personality and Social Psychology* 87: 665 – 683.

Karney, B. R. andBradbury, T. N. , 1995, "The Longitudinal Course of Marital Quality and Stability: A Review of Theory, Method, and Research," *Psychological Bulletin* 118: 3 – 34.

Knoester, C. and Booth, A. , 2000, "Barriers to Divorce: When are They Effective? When are They Not? " *Journal of Family Issues* 21: 78 – 99.

Knoester, Chris and Booth, Alan , 2000, "Barriers to Divorce: When are They Effective? When are They Not?" *Journal of Family Issues* 21: 78 – 99.

Kraler, A. , 2010, Civic Stratification, Gender and Family Migration Policies in Europe, vienna, International Center for migration policy development (ICMPO): 102.

Landale, N. S. and Ogena, N. B. , 1995, "Migration and Union Dissolution among Puerto Rican Women," *The International Migration Review* 29 (3): 671 – 692.

Lennon, M. C. and Rosenfield, S. , 1994, " Relative Fairness and the Division of Housework: The Importance of Options, " *American Journal of Sociology* 100: 506 – 531.

Levinger, G. , 1965, "Marital Cohesiveness and Dissolution: An integrative review," *Journal of Marriage and the Family* 27: 19 – 28.

Levinger, G. , 1976, "A Social Psychological Perspective on Marital Dissolution," *Journal of Social Issues*32: 21 – 47.

Levinger, George, 1965, "Marital Cohesiveness and Disruption: an Integrative Review," *Journal of Marriage and Family*27 (1): 19 – 28.

Levinger, George, 1979, "A Social Exchange View on the Dissolution of Pair Relationship," In R. L. Burgess and Ted L. Huston, *Social Exchange in Developing Relationships* (pp. 169 – 193), New York: Academic Press.

Lewis, R. A. and Spanier, G. B., 1979, "Theorizing about the Quality and Stability of Marriage," In W. R. Burr (ed.), *Contemporary Theories about Family*, New York: Free Press.

Lin, Y. H. W. and Rusbult, C. E., 1995, "Commitment to Dating Relationship and Cross-sex Friendship in America and China: The Impact of Centrality of Relationship, Normative Support, and Investment Model Variables," *Journal of Social and Personal Relationships*12: 7 – 26.

Li, T. S. and Chen, F. M., 2002, "Affection in Marriage: A Study of Marital En-qing and Intimacy in Taiwan," *Journal of Psychology in Chinese Society*3 (1): 37 – 59.

Lowenstein, L. F., 2005, "Causes and Associated Factors of Divorce as Seen by Recent Research," *Journal of Divorce and Remarriage*42: 133 – 171.

Lydon, J., Pierce, T., and O'Regan, S., 1997, "Coping with Moral Commitment to Long-distance Dating Relationships," *Journal of Personality and Social Psychology*73: 104 – 113.

Magdol, L., 2002," Is Moving Gendered? The Effects of Residential Mobility on the Psychological Well-being of Men and Women," *Sex Roles*, 47: 553 – 560.

Makabe, Tomoko, 1980, "Provincial Variations in Divorce Rates: A Canadian Case," *Journal of Marriage and Family*42 (1): 171 – 176.

Ma, L. J. Turunen and Rizzi, E., 2018," Divorce Chinese Style," *Journal of Marriage and Family* 80 (5): 1287 – 1297.

Ma, L. J. Turuner and Rizzi, E., 2018," Divorce Chinese Style," Journal of Marriage and Family80 (5): 1287 – 1297.

Massey, Douglas, S., Arango, Joaquin, Hugo, Graeme, Kouaouci, Ali, Pellegrino, Adela, and Taylor, J. Edward, 1993, "Theories of International Migration: A Review and Appraisal, " *Population and Development*

Review19 (3): 431 –466.

Matthews, L. S. and Wickrama, K. A. S., 1996," Predicting Marital Instability from Spouse and Observer Reports of Marital Interaction," *Journal of Marriage and the Family*58.

Melby, 1990, "Linking Economic Hardship to Marital Quality and Marital Stability," *Journal of Marriage and Family*52 (3): 643 –656.

Miller, Rowland S., 1997, "Inattentive and Contented: Relationship Commitment and Attention to Alternatives," *Journal of Personality and Social Psychology* Vol. 73, No. 4: 758 –766.

Miller, Rowland S., 1997, "Inattentive and Contented: Relationship Commitment and Attention to Alternatives," *Journal of Personality and Social Psychology*Vol. 73, No. 4: 758 –766.

Miller, R. S., 2008, "Attention to Temptation: The Operation (and Perils) of Attention to Alternatives in Close Relationships," In J. P. Forgas and J. Fitness (eds.), *Social Relationships: Cognitive, Affective and Motivational Processes* (pp. 321 –337), New York: Psychology Press.

Morgan, S. Philip, Diane N. Lye, and Gretchen A. Condram, 1988," Sons, Daughters, and the Risk of Marital Disruption," American Journal of Sociology, 94 (1): 110 –129.

Murphy, Rachel, 2002, *How Migrant Labor is Changing Rural China*, Cambridge University Press.

Muschkin, C. G. and Myers, G. C., 1985, "Migration and Household/Family Structure: Puerto Ricans in the United States," *International Migration*23 (4): 495 –509.

Nye, F. I. and McLaughlin, S., 1976, "Role Competence and Marital Satisfaction," In F. I. Nye, *Role Structure and Analysis of the Family* (pp. 191 –205), Beverly Hills, CA: Sage Publications.

Nye, F. Ivan, White, Lynn, and Frideres, James S., 1973, "A Preliminary Theory of Marital Stability," *International Journal of Sociology of the Family* 3 (1): 102 – 122.

Nye, F. I., White, L., and Frideres, J. S., 1973, "A Preliminary Theory of Marital Stability," *International Journal of Sociology of the Family* 3:

102 - 122.

Orbuch, T. L., J. Veroff, H. Hassan, and J. Horrocks, 2002, "Who Will Divorce: A 14-year Longitudinal Study of Black Couples and White Couples," *Journal of Social and Personal Relationships* 19: 179 - 202.

Ortiz, Vilma, 1996, "Migration and Marriage Among Puerto Rican Women," *International Migration Review* 30 (2): 460 - 484.

Pessar, P, A., 1982, "The Role of Households in International Migration and the Case of U. S. Bound Migration from the Dominican Republic," *International Migration Review* 16 (2): 342 - 364.

Previti, D. and Amato, P. R., 2003, "Why Stay Married? Rewards, Barriers, and Marital Stability," *Journal of Marriage and Family* 65: 561 - 573.

Pronk, Tila, M., karremans, Johan, C., and Wigboldus, Daniël H. J., "2011 How Can You Resist? Executive Control Helps Romantically Involved Individuals to Stay Faithful," *Journal of Personality and Social Psychology* Vol. 100, No. 5: 827 - 837.

Radcliffe, Sarah A., 1991, "The Role of Gender in Peasant Migration: Conceptual Issues from the Peruvian Andes," *Review of Radical Political Economics* 23 (3 and 4): 129 - 147.

Reis, H. T., Clark, M. S., and Holmes, J. G., 2004, "Perceived Partner Responsiveness as An Organizing Construct in the Study of Intimacy and Closeness," In D. J. Mashek and A. Aron (eds.), *Handbook of closeness and intimacy* (pp. 201 - 225), Mahwah, NJ. Erlbaum.

Rusbult, C. E., 1980, "Commitment and Satisfaction in Romantic Associations: A Test of the Investment Model," *Journal of Experimental Social Psychology* 16: 172 - 186.

Rusbult, C. E., 1983, "A Longitudinal Test of the Investment Model: The Development (and Deterioration) of Satisfaction and Commitment in HeterosexualInvolvement," *Journal of Personality and Social Psychology* 45: 101 - 117.

Rusbult, C. E., Arriaga, X. B., and Agnew, C. R., 2001, "Interdependence in Close Relationship," In G. J. O. Fletcher and M. S. Clark (eds.), *Blackwell Handbook of Social Psychology: Interpersonal Processes* (pp. 359 - 387), Malden, MA: Blackwell.

Rusbult, C. E., Bissonnette, V. L., Arriaga, X. B., and Cox. C. L., 1998, "Accommodation Processes During the Early Years of Marriage," In T. N. Bradbury (ed.), *The Developmental Course of Marital Dysfunction* (pp. 74 – 113), New York: Cambridge University Press.

Rusbult, C. E., Drigotas, S. M., and Verrette, J., 1994, "The Investment Model: An Interdependence Analysis of Commitment Processes and Relationship Maintenance Phenomena," In D. Canary and L. Stafford (eds.), *Communication and Relational Maintenance* (pp. 115 – 139), New York: Academic Press.

Rusbult, C. E., Martz, J. M., and Agnew. C. R., 1998, "The Investment Model Scale: Measuring Commitment Level, Satisfaction level, Quality of Alternatives, and Investment Size," *Personal Relationships* 5 (4): 357 – 391.

Rusbult, C. E., Olsen, N., Davis, J. L., and Hannon, P. A, 2004, "Commitment and Relationship Maintenance Mechanisms," In Reis, H. T and Rusbult, C. E (eds.), *Close Relationships: Key Readings* (pp. 287 – 304), New York and Hove: Psychology Press.

Rusbult, C. E., Verette, J., Whitney, G. A., Slovik, L. F., and Lipkus I., 1991, "Accommodation Process in Close Relationships: Theory and Preliminary Empirical Evidence," *Journal of Personality and Social Psychology*60: 53 – 78.

Rusbult, C. E., Zembrodt, I. M., and Gunn, L. K., 1982, "Exit, Voice, Loyalty, and Neglect: Responses to Dissatisfaction in Romantic Involvement," *Journal of Personality and Social Psychology*43: 1230 – 1242.

Simpson, J. A., 2007, "Psychological Foundations of Trust," *Current Directions in Psychological Science*16: 264 – 268.

South, South J. and Lloyd, Kim M., 1995, "Spousal Alternatives and Marital Dissolution," *American Sociological Review*, Vol. 60: 21 – 35.

Stafford, L., 2003, "Maintaining Romantic Relationships: A Summary and Analysis of One Research Program," In D. J. Canary and M. Dainton (eds.), *Maintaining Relationships through Communication: Relational, Contextual, and Cultural Variations* (pp. 51 – 77), Mahwah, NJ: Erlbaum.

Stanley, S. M., and Markman, H. J., 1992, "Assessing Commitment in Personal Relationships," *Journal of Marriage and the Family* Vol. 54 No. 3 : 595 – 608.

Stanley, S. M., Rhoades G. K., and Whitton S. W., 2010, "Commitment: Functions, Formation, and the Securing of Romantic Attachment," *Journal of Family Theory and Review* Vol. 2, No. 4: 243 – 257.

Stark, Odedand Bloom and David E., 1985, "The New Economics of Labor Migration," *The American Economic Review* 75 (2): 173 – 178.

Teachman, J. D., 2002, "Childhood Living Arrangements and the Intergenerational Transmission of Divorce," *Journal of Marriage and the Family* 64: 717 – 29.

Thadani, Veena N., and Todaro, Michael P., 1984, "Female Migration: A Conceptual Framework," In *Women in the Cities of Asia: Migration and Urban Adaptation*, eds., by James T. Fawcett, Siew-Ean Khoo and Peter C. Smith (pp. 36 – 59), Boulder, Colorado: Westview Press.

Turunen, Ma, L. J., and Rizzi, E., 2018, "Dicorce Chinese Style," *Journal of Marriage and Family* 80 (5): 1287 – 1297.

Udry, J. Richard, 1981, "Marital Alternatives and Marital Disruption," *Journal of Marriage and the Family* 43: 889 – 897.

Van, Lange, P. A. M., and Rusbult, C. E., 1995, "My Relationship is Better than-and Not as Bad as—Yours is: The Perception of Superiority in Close Relationships," *Personality and Social Psychology Bulletin* 21: 32 – 44.

Van, Lange, P. A. M., Rusbult, C. E., Drigotas, S. M., Arriaga, X. B., Witcher, B. S., and Cox, C. L., 1997, "Willingness to Sacrifice in Close Relationships," *Journal of Personality and Social Psychology* 72: 1373 – 1395.

Waite, Linda, J. and Lillard, Lee A., 1991, "Children and Marital Disruption," *American Journal of Sociology* 96 (4): 930 – 953.

Weigel, D. J., 2008, "A Dyadic Assessment of How Couples Indicate their Commitment to Each Other," *Personal Relationships* 15: 17 – 39.

Westefeld, J. and Liddell, D., 1982, "Coping with Long-Distance Relationships," *Journal of College Student Personnel* 23: 550 – 551.

White, L. K., Booth, A., and Edwards, J. N., 1986, "Divorce over the Life Course: The Role of Marital Happiness," *Journal of Family Issues* Vol.

12, No. 1: 5 - 21.

White, Lynn K., 1990, "Determinants of Divorce: A Review of Research in the Eighties," *Journal of Marriage and Family* Vol. 52, No. 4: 904 - 912.

White, Lynn K. and Booth, Alan, 1991," Divorce over the Life Course: The Role of Marital Happiness," *Journal of Family Issues*, 12 (2): 5 - 21.

Woon, Yuen-fong, 1993, "Circulatory Mobility in Post-Mao China: Temporary Migrants in Kaiping County, Pearl River Delta Region," *The International Migration Review* 27 (3): 578 - 604.

Zeng, Yi, T., Paul Schultz, Wang Deming, and Gu Danan, 2002, "Association of Divorce with Socio-Demographic Covariates in China, 1955 - 1985: Event History Analysis Based on Data Collected in Shanghai, Hebei, and Shanxi," *Demographic Research* Vol. 7, No. 11: P407 - 432.

Zhu, Yu, 2007, "China's Floating Population and Their Settlement Intention in the Cities: Beyond the Hukou Reform," *Habitat International* 31 (1): 65 - 76.

Zuo, Jiping, 2004, "Feminization of Agriculture, Relational Exchange, and Perceived Fairness in China: A Case in Guangxi Province," *Rural Sociology* 69 (4): 510 - 531.

Zuo, Jiping, 2008, "Marital Construction of Family Power among Male-Out-Migrant Couples in a Chinese Village: A Relation-Oriented Exchange Model," *Journal of Family Issues* Vol. 29, No. 5: 663 - 691.

附 录

访谈提纲

1. 您的年龄？文化程度？您是哪里人？
2. 您家里几个人？包括谁？
3. 您是哪年结婚的？您现在的婚姻状况？
4. 您与配偶是如何认识的？认识多久结的婚？结婚花了多少钱？
5. 您现在从事什么工作？月收入多少？
6. 您是怎么想起要外出务工的？外出务工的原因是什么？
7. 您外出务工的决定是如何做出的？家人同意吗？
8. 您现在跟谁一起居住？
9. 您的配偶从事什么工作？月收入多少？
10. 您如何评价您和配偶的夫妻关系？
11. 您在外务工期间多久跟家人（妻子、小孩、老人）联系一次，以什么方式联系？联系时具体谈些什么呢？
12. 您多长时间回家探亲一次？什么时候回家探亲？探亲的原因是什么？每次在家待多长时间？
13. 您有寄钱回家吗？打工的钱寄多少回去？寄给谁？由谁进行管理？
14. 夫妻双方都在外务工还是只有一方？
15. 您在外务工期间多长时间和妻子联系一次？以什么方式联系？联系时具体谈些什么呢？
16. 您在结婚纪念日、配偶生日会给对方送礼物吗？
17. 您觉得外出务工对您和妻子的婚姻感情有影响吗？为什么有影响？为什么无影响？

18. 您长期在外务工，和妻子所处的社会环境不同，是否造成了沟通困难，影响感情？

19. 您觉得在您外出务工后和妻子的婚姻感情有变化吗？您的婚姻关系是否稳定？

20. 在长时间、长距离分离的情况下，您是如何维持您和妻子的婚姻关系的？

21. 您所在的村庄离婚的人多吗？村民是如何看待离婚现象的？

22. 您觉得外出务工对婚姻关系有什么影响？

23. 您觉得男人对家庭的责任是什么？女人呢？

24. 您与配偶平时会有矛盾吗？矛盾是如何解决的？

25. 您觉得离婚对小孩有影响吗？

26. 您如何看待农民工群体中的婚外情现象？

27. 您是如何评价配偶的？有想过换配偶吗？

28. 您外出务工后夫妻分工有无变化？为什么？

29. 您外出务工后夫妻权力关系有无变化？为什么？

部分访谈资料[*]

1. 个案7-1：江女士

江女士，1984年生，小学文化；徐先生，1976年生，初中文化。夫妻的儿子于2002年出生。她给老公做小工，自己包活自己做（夫妻从事相同职业）。老公是她堂哥的同学，经常在一起玩。老公包活，堂哥给老公干，她过来做饭，就这样认识了（做工过程中认识，婚前相互了解）。她18岁订婚，怀孕，19岁生小孩。双方父母同意。定金一万零九元。儿子十月份生的，头胎老公有陪。过完年小孩三个多月大，她就带着小孩跟着丈夫出门打工了，丈夫包了工地，他带工人干，她做饭给工人吃（夫妻相互分工，相互配合，任务上夫妻相互依赖增强了婚姻稳定性），那时在厦门同安包工地。外出决定是老公做的，她年纪小跟他外出。现在买了两套学区房，用于小孩读书。她与丈夫的沟通很好，她有事会跟丈夫分享，比

---

[*] 为体现材料真实性，本部分未做过多处理，尽量保留了访谈材料原貌，因此会出现人称混乱（如"江女士""自己""我""她"均指"江女士"），关系称呼混乱（丈夫、老公）等情况。

如回老家，会把自己的所见所闻告诉他，他也会把自己知道的信息与她分享。相互分享所见所闻。彼此没有隐私，信息很透明（良好顺畅的沟通，沟通表达的有效程度）。

夫妻之间也有矛盾，矛盾主要是因为丈夫会赌博，有时候赌得一夜不归，第二天才回。这时她就会生气，双方会吵架。吵架后丈夫才会把情况说出来。到底一个晚上做了什么，为何没回来。吵架后一般是丈夫让步（夫妻相处过程中懂得让步妥协，让步妥协也是维系婚姻关系的一种机制）。因为矛盾多是因为丈夫有错引起的，或者因为赌博或者喝酒。她会管老公，也因此老公即使赌博也会把握度（妻子的监督）。

（夫妻之间拥有共同的目标，这有利于使夫妻正面评价婚姻和伴侣）夫妻双方目标一致，共同挣钱，为了小孩，夫妻俩都很勤劳，几乎天天都干活，一个月没休息几天。她说没活干的时候很无聊，巴不得天天有活干，有活干就有收入（有收入有奔头）。

她对丈夫满意，丈夫干活勤劳、不会乱花钱、顾家、尽职尽责、有家庭责任感（丈夫角色能力强，一方面增强了婚姻对妻子的吸引力，另一方面增强夫妻之间的相互依赖、对丈夫的欣赏之情）。

（夫妻关系好，有共同语言，共同的经验有助于形成夫妻之间的亲近之情）夫妻俩天天在一起干活，同进同出，夫妻关系很好。这样夫妻进城打工对婚姻关系没有影响，夫妻双方感情很好。夫妻关系能维持14年的原因就在于互敬互让，当发现丈夫喝酒或心情不好时，不要惹他。丈夫在自己发火的时候也会让步（互相让步属于行为层面的维持机制即顺应行为）夫妻俩的交往圈主要是同行、老乡、业主和介绍活干的装修公司老板（拥有相同的朋友圈、社会网络）。

那时候外出打工的决定是谁做出的？当然是他做的，我年纪小，当然是跟着他了（跟随丈夫外出打工）。她老公嘴巴很来得（会说话），很有活干（对丈夫的欣赏之情），买了两套房子。小小的房子，一套已经交房，是学区房（丈夫角色能力强促进了夫妻之间的相互依赖，夫妻对婚姻家庭的投资也增强了夫妻之间的相互依存）。第一套是买给小孩读书的学区房，因为开发商没赞助学校，因此要入住后才能去学校读书。后面买的房子开发商有赞助，随时都可以读附近的学校。

在安溪时怀孕的，生女儿的时候，是在7月，丈夫有回去陪，丈夫没等我坐完月子就出去做工了，自己则待到第二年5月，2006年5月我上来龙岩。儿子 14 个月的时候就断奶,留给他奶奶带,自己跟丈夫做工。小孩要上大班的时候才带上来。小孩大了要自己教育,爷爷奶奶讲的他不听。现在爷爷奶奶很宠爱小孩,他们的话小孩不听。

跟丈夫偶尔有矛盾,矛盾是因为丈夫喝酒喝太多了,赌博的原因最大,其他都不会(丈夫赌博引起夫妻矛盾),自己每天跟丈夫双进双出,一起干活,这样子就没吵架。除了没活干的时候,没收入,人会烦躁,(愿意为家庭奉献,做贡献,基于角色责任去维系家庭)。他去赌博,本来没活干就没收入,他还去赌博,会吵架甚至打架,妹妹还帮忙劝架。吵架一般是丈夫让步。一般是他错当然他让步,他赌博才会吵架,因此他必须让步。辛辛苦苦挣来的钱拿去赌,不是会打架吗?生活费由江女士管,房子按揭老公那边负责。自己有银行卡,丈夫也有。大的钱从他手里经过。买房是夫妻商量的,夫妻关系平等,过得很幸福,虽然也吵架,但吵过之后第二天关系又好了。她说得有一个人服软。如果两个人都僵着,那么半月个都不会讲话。他们夫妻不会冷战(冲突能够得到有效化解,互相让步;夫妻关系平等,共同管理家庭资源;契合之情)。

干活回家,家务基本都是由江女士做,丈夫偶尔帮忙洗菜。老公没事喜欢泡茶,抽烟厉害。累的时候会喝点酒。夫妻幸福,关系和谐,矛盾不多,关系平等。

夫妻双方一方离开一段时间,一旦回来,会分享彼此的快乐。我有什么事情回家,一从老家回来,他会问,我会跟他讲,或者他回老家,一上来,什么事情都会跟我讲,"一条虫都摸得到"。自己心里有什么,他都知道,他心理有什么我也知道。彼此透明,沟通顺畅(良好的沟通,信息共享,沟通顺畅)。

(婚姻满意度高有助于稳定婚姻,婚姻满意度高促进了当事人对婚姻的承诺,对婚姻有承诺的人才会愿意去维持婚姻)结婚 14 年了,对婚姻没有失望过,没后悔嫁给他。她说这个不会,夫妻感情还算可以。双方性格合得来,丈夫比较悠哉,我比较开朗。两个人都悠哉或者两个人都强的话就合不来(促进夫妻关系稳定的个人属性)。

夫妻关系能够维持 14 年的原因是什么?因为感情深呀!至于丈夫是否会制造浪漫,她说没有买任何东西,就是为了两个小孩子,两个人没有什么其他的要讲,天天干活挣钱,养两个小孩子,买房子为了小孩读书,就这样子(强调对家庭的贡献,拥有的共同目标就是让家人过好日子,一致的价值观增强了夫妻双方对伴侣的正面情感；着重夫妻各自家庭角色的扮演）。夫妻沟通通畅，不会彼此隐瞒。夫妻沟通很好，丈夫去打麻将，无论输赢都会说。回老家家里有大事小事都会跟对方讲，家里有红白喜事，会跟对方讲，会跟对方商量。我娘家有什么东西都会跟他讲（夫妻沟通顺畅，夫妻关系平等，遇事协商，这促进了婚姻稳定）。

她觉得丈夫人老实、干活勤奋（角色能力强，角色扮演合格，欣赏丈夫的能力与性格，感激丈夫的退让；欣赏之情属于亲密关系），对丈夫满意，她说要不是对丈夫满意，夫妻关系不可能会维持到现在。问及丈夫对自己满意吗，她开始说那是他的事，估计他对我满意，因为每次他带我出去，别人都说，我那么勤劳，去买房子的时候人家都会这么讲。回娘家时人家会说自己嫁的老公那么勤劳，有那么好的老公，都是这样子评价，他心里很舒服，当然就满意了。丈夫也经常在别人面前表扬自己。她觉得夫妻在城里打工对夫妻关系没有影响，夫妻关系很稳定（夫妻双方合格的角色扮演以及角色能力强，增强了婚姻对双方的吸引力以及夫妻双方积极评价婚姻和伴侣）。

包括与丈夫吵架闹矛盾的时候，她也没有要找其他男人的念头，想也不敢想这方面的问题（对婚姻有承诺，不会去考虑婚姻替代）。因为有小孩、有家庭，日子过得也不会很差，吵嘴了夫妻关系也很快就好了（不去寻找婚姻替代、愿意维系婚姻的原因在于有小孩和家庭，说明江女士对家庭有承诺，小孩和家庭都属于婚姻关系之外的东西，说明江女士是家庭本位的）。夫妻的重心在小孩，夫妻关系很好。因为有小孩，另外夫妻关系又很好，因此婚姻很稳定（良好的夫妻关系、婚姻满意度高与婚姻稳定，婚姻满意度会增加对婚姻的承诺）。如果夫妻关系不好，即使有小孩也绑不住。

谈到丈夫是否体贴，她说还可以。老公的好体现在勤劳干活，不会去外面花天酒地（顾家）。老公比较自觉，另外她也有管他。她说自己天天跟他在一起，小孩大了又不用管，他出去泡茶她也跟着去。这在一定程度上对丈夫形成了约束。干活的圈子就那么几个人，老板、房东、一两个知心的朋友，转来转去，不像做生意的，什么人都有。大家都是老实人，天天就那么几个人在一起玩。圈子比较小，不会去花天酒地（共同的生活和打工经历培养了夫妻之间的亲近之情，促进了夫妻亲密关系的发展；拥有共同的朋友，社交圈比较小）。

你觉得夫妻要怎么做才能使夫妻关系稳定，不会家庭破裂？要互相忍让一点（这属于顺应行为，包容、迁就）。除非忍无可忍才会生气。他生气的时候自己要少吭声。他生气的时候如果你呱呱叫就会打起来。他生气的时候我不怎么吭声，我生气的时候他也不怎么吭声。他要吵架的时候，不要跟他吵，一下子就过去了，就没事了，一天天就这么过了。要生气的时候脸色看得出来（互相忍让是维系婚姻关系的一种机制）。

要相互沟通，沟通很重要，不能隐瞒，隐瞒就会生气，你是不是骗我什么东西（互相信任，夫妻之间的契合之情；有效的沟通培养了夫妻之间的相互信任）。夫妻幸福跟家庭经济搞得还可以也有关系（经济因素是影响婚姻关系稳定性一个重要因素，李良哲的研究发现，富足的经济生活是维系婚姻关系的较为重要的因素），钱是勤劳做出来的，她说天天去干，一个月就休息一两天。我在家又没事，很无聊，租的房子又这么小，还不如在工地，电梯房那么高，很舒服，很凉快。干点活，房东来，拉拉呱（聊天），日子很快就过去了。家庭经济要搞好，处理矛盾时相互忍让，她说谁都一样。丈夫很顾家，不会乱花钱，对家庭尽职尽责。丈夫很心疼钱，哪里舍得乱花。他很节俭，衣服一年买一两次，有时过年的衣服两年买一次（对丈夫的欣赏，丈夫生活节俭，可以用过日子的视角来分析）。

有的男的外出打工让老婆留在老家，结果丈夫搞婚外恋。你怎么看婚外恋这种现象？其实真正打工都要夫妻两个在一起（夫妻分居容易增加婚姻替代现象，夫妻同居有利于婚姻稳定），不管哪里都好，不然一个人很孤独，出去带小孩也好，这样就不会产生婚外恋。男的少去夜总会、KTV这种公共场所就不会发生，那地方什么人都有（夜总会、KTV中存在婚姻替代选择）。现在女孩子也很敢，很开放。

夫妻产生矛盾后一般怎么解决？有时自己让步，有时丈夫让步。真正打起来的时候，是朋友救开来的（朋友的干预）。这两年比较少打架，前面几年大多是朋友救开来的。老公没打过自己。打架是性格问题，她说自己有时候发起火来，什么都不顾，敢打下去。最近一次吵架是因为自己去帮别人干点活，他去赌博，他小孩子不管，不会煮饭，就这样吵起来。有一次他赌到天亮都没回来，不知道搞什么，就会打起来。他不是什么事情都会告诉你吗？她说，他一个晚上都没回来，当然自己气很大，两个人打起来，打完架老公才把事情都说出来。无论什么事情，人要控制的，喝那么多酒有什么用。喝酒和赌博危害最严重。

他性格好，干活什么东西，都慢悠悠的，很好（对丈夫很欣赏，欣赏之情属于夫妻亲密情感的一种类型）。酒喝下去后性格就不好，喝酒后讲话比较牛；还有很想赌，赌瘾会上来。没喝酒都不会的。假如有朋友一起喝酒，就讲也讲不进去了，没喝酒就不会想赌。喝酒了就会手痒想赌，不知道是什么原因。现在这两年小孩也比较大了，春节的时候，他想赌就让他去。春节时大家都会说，干了一年的活，春节又没几天。平时会讲，自己要控制，一年几千块，赢了是你的钱，输了也是你的钱。赌资不能超出预算，平时生活要节俭才能预算得出来，干活要挣多少钱，一家人生活要多少钱，小孩读书要多少钱，两套房子按揭要多少钱，两套要四千多元。超过80平方米的要配车位，一个车位18万～20万元，我们做工的买不起，所以才买小的。还有那时候房价很高，所以先买个小的，买下后开发商很小气，没赞助小学，要入住了才能上。所以后面才买第二套，都是为了小孩读书。有赞助的可以马上读书，没赞助的要交房后有了房产证才能读。

打工也有离婚的，你觉得离婚对小孩有没影响？她说影响很大，我一个老乡，小孩成绩还可以，就是因为夫妻俩离婚，小孩的爸爸带一个洗脚妹回来（婚姻替代选择），小他20多岁，带回来干什么呢，后来夫妻离婚，小孩不管，小孩初一都没读完就不读了。这个男的吃喝嫖赌样样会，带小妹，那个女的20多岁，他自己40多岁了。他没干活靠赌博生活，这样的家庭最危险，最容易离婚了（不好好过日子）。他们夫妻原来在龙岩住，住了一两年，他原来的老婆是漳州的，离婚后老婆不见踪影。生了两个儿子，大的判给老公，小的给老婆。离婚影响很大，影响小孩的读书，对心理的影响也有，人家会问你爸爸妈妈为什么离婚，小孩会自卑。平时会问小孩，爸爸离婚好不好，小孩会说不好。

她说老公的弟弟就离婚了。我原来那个弟媳，是厦门的，她跟老公的弟弟在同一个工厂，谈了好多年才结婚，可以说是患难之妻。结婚后他弟弟在外面跑业务（经商，做生意），周边的老板很多都有二奶（分居农民工夫妻会遇到婚姻替代的诱惑，经商的农民工由于经济地位较高，进入娱乐场所机会多，遇到异性的机会也多，容易找到婚姻替代；参考群体的影响、朋友圈的影响），估计对他影响也比较大，他在外面认识了一个女的，和那个女的有小孩了，没打掉。之前他弟弟说，钱给她叫她去打掉，她没去打掉，到后面每个月付给这个女三百块，跟小的好了，跟大的彻底离婚了。大的生一个女儿，小的生一个儿子。他弟弟前段时间离婚了。弟弟的前妻在厦门给他看店铺，弟弟跑业务，全国跑（夫妻分居，缺乏对丈夫的约束），他一个月或者半个月才回来一次。后面的老婆会管老公的弟弟，没让他在到处跑，前面的老婆没去管。如果后面的老婆管不住的话，会再有一个小三出来（老婆对丈夫的管束会减少现有关系的替代对象）。弟弟的两个老婆都不是永定的，一个是漳州还是哪里的，后面的这个是南平还是三明的。

她儿子9月上初中。结婚的时候老公家庭经济差，嫁过去的时候家里连床铺都没有，当时是自己愿意嫁给他的（共同打拼；共同走过艰苦的路，白手起家，培养起了夫妻之间的亲近之情，亲近之情属于亲密关系的一种）。当时家里是一米二的床，是自己做的，周围有栏杆。大的小孩三四岁了才买席梦思和衣柜。跟老公是白手起家（夫妻一起为家庭打拼，白手起家，共同对家庭进行投资）。他家有四个小孩，他父母要供四个小孩，三个男孩一个女孩。

他排第二，他读到初中毕业，后面去跟别人做学徒，做泥水装修，中途学了半年水电。他16岁时出去的。认识的时候，他26岁（一个18岁，一个26岁）。虽然打工十年，但没积累到什么钱。她说以前做工不像现在，包工地要亏，没钱赚。有时连工钱都付不出。年轻人包工地，自己没怎么干活，靠工人干活，赚不到钱，工人都很精，给你干一点点活。有的工地活干完了，但账不好结。她嫁给他的时候，他还欠别人工钱一万多块。他还年轻，有客人来，一箱一箱啤酒买来给客人喝，工人喝下去不干活，请了很多工人，吃饭的工人比干活的工人多，干的效益就少。最近十年有包活，但没请人，自己干。因为现在工资高，请人划不来，而且干出来的活没质量。以前包怕了。

去我家定亲的时候，他口袋里就五百块钱，回去他大哥问他，你有没带钱回来定亲。他大哥当时对他说，定哪个村的，她多大年纪？他说18岁。他大哥说，这么小定来干什么，那你带钱回来没有？他说没有，他大哥说，没带钱定什么亲，没钱就不要娶老婆。他以前不懂事，天天喝酒，狐朋狗友一大堆。酒喝了就没钱，过年回家的时候就一点点钱，这点钱还会赌掉。过完年没钱了，跟他妈妈要一点路费出门。结婚后有了家庭有了孩子，才有了压力，慢慢攒钱（婚姻对男人的影响，婚后有家庭责任感，有家庭有压力；结婚成家后行动取向是家庭本位）。我们结婚时聘金是他父母先掏的，我跟他妹妹是同一天定亲的，我们上午定亲，我娘家跟他讲一万零九元，他妹妹定在同一个村，要一万两千零九元，多两千块。第二年我们打工寄了四千块钱给他老爸，相当于结婚我们出一半他父母出一半。嫁女儿的钱他老爸没一次性给我娘家，不知道他老爸拿去干什么了，九月订婚是给两千元，过年时再给两千块，五月节拿两千块，七月节两千块，最后拿两千块，就一万元了。我农历十月生小孩，最后面给了两千元。我老爸嫁一个女儿没有一次性看到钱，就这样两千元两千元的拿，跟按揭一样。老爸见不到钱，老爸要是一次性能拿到钱就有钱治病了，结婚后第二年老爸就去世了，病了两年。

她娘家三个子女，一个姐姐，一个弟弟。她与老公是自己认识的，跟老公分居的时候，联系不多。生女儿的时候，他有手机，没去交费。不过那时他在安溪农村，那边信号很差，没信号。最近十年，老公比较能吃苦，主要是为了小孩子（对婚姻家庭有承诺，顾家，为了小孩过日子；感激丈夫，欣赏丈夫；对丈夫的感激之情和欣赏之情），请工人划不来，只能自己干，十多年来都是自己干。可不可以说你老公很有家庭责任感？她说可以。她说在农村离婚会被人看不起（社会压力属于结构性承诺，村庄舆论反对离婚），这两年相对还好一点。以前，一讲到离婚，大家都会翻白眼。

她有个侄子的老婆跑掉了，侄子人老实，那个女的很花俏，侄子家没房，什么都没有（经济贫困影响了婚姻稳定性，缺少婚姻资产，减弱了妻子对他的依赖感），他去做工，农村的土楼就一间土房子，没再建房子。他估计养不起那个女的（物质化、消费主义）。侄子的老婆是隔壁村的，是老公那个村嫁过来的。侄子的媳妇打扮得很花俏，跟别的有钱人跑了。侄子现在29岁，比他老婆大一两岁，侄子的小孩5岁，他老婆在小孩一岁后就好几年没回来了。他老婆出去打工就没再回来了，在厦门打工，偶尔会去看她女儿，像春节回来，我堂嫂上来去请她下去过年，像刚才说的，媳妇跑掉很不光彩。当问到她侄媳妇会不会给小孩寄钱时，她说，这个女的估计很自私，她以前上班挣的钱都是自己花的。有一年我侄子骑摩托车载小孩摔倒了，脸肿起来，她也没去看望，她铁了心的。问她（侄媳妇）再婚了吗，她说还没有离掉。法律上讲还没离婚，但她已经两三年没回老公那了。尽管老公有去找，但没有用，她不回来呀。她春节回来时，侄子会上去找，侄子跟老婆都同在厦门打工，找也没用，哄也哄不回来。她铁了心，侄子养不起她。她要吃好穿好，我们农村人养不起（享乐主义，个体本位，自我享乐）。女的长得还不错，侄子长相一般，他们也是在外面打工过程中经别人介绍自己谈的。之前两个人闹了一次，戒指什么的都还给我侄子，我还说，她不要就算了。这个有基因的，她老妈就嫁了好几次（文化影响，父母离婚的子女也易离婚；婚姻不稳定的代际传递）。她老妈之前最早是丈夫死掉，然后嫁到本村，然后又嫁到不知哪个村庄，另一个村庄又不知嫁到哪个村庄，到处都有生小孩，后面不知道嫁到哪里去了。因为她娘家跟我老公是比较亲的，同一个房的，大家比较知道她的性格。

像自己弟弟29岁了，还没找到对象。自己也有到处给弟弟物色，到处去问但问没有。弟弟在家里做家具，做木工。她分析弟弟难找对象是因为家庭，人家会嫌弃自己妈妈，妈妈残疾人一样的，妈妈小时候因为脑膜炎烧坏了，爸爸40多岁才娶我妈妈，妈妈二十五六岁才嫁过来，比我爸爸小10多岁。爸爸去世的时候弟弟才17岁，自己还要照顾妈妈，妈妈有时候看上去有点疯癫，人家看上去会害怕。我弟弟很乖，但人家看到我妈妈会怕。弟弟在厦门进厂打工，一个月五六千块。打工厂里女孩子比较少，他很勤劳，天天干活，没活干的时候打电话说没活干。弟弟在乡镇买了房子，压力也大，装修要钱、娶老婆要钱，全都靠自己。他真的是没有父母帮衬半点，甚至还被妈妈拖累。逢年过节回去，还偶尔要去看看妈妈。弟弟上次谈了个，后来吹了，说我们这样的家庭她妈妈那边不肯。别人看到妈妈这样子，怕会遗传。她说我们三个都不会傻，怎么会遗传咧，妈妈又不是先天的。但有些人会这样子想，会有顾虑。

弟弟会抽烟喝酒。弟弟虽然29岁但思想跟人家30多岁的一样，很成熟。家里的小年轻不听话，他训两句，眼泪都会训掉下来。他很凶，小孩子都怕他。

你刚才提到夫妻关系要和谐、要稳定，夫妻相互忍让，除此之外，还有什么？你们是如何做到把夫妻关系搞得这么好，会感觉到幸福的？就是平时互相忍让，夫妻有什么都要相互坦白，多沟通多坦白，不能有隐私，不能有什么东西藏起来，第二次又藏，藏习惯了，后面就会爆发，就会吵架（遇到婚姻矛盾时，相互忍让；有效的沟通，彼此信任，信息公开）。生个小孩能不能把夫妻关系拴住，有小孩与没小孩相比，有小孩有责任、有牵挂。可能的话夫妻要在一起，夫妻不在一起，矛盾会比较多。夫妻不在一起，猜疑心比较多，男孩子会疑心女孩子，女孩子也会疑心男孩子。夫妻不在一起，容易不信任彼此（夫妻分居容易导致彼此不信任，相互猜忌）。

你觉得收入对于保持夫妻关系稳定重要吗？她说这个（指收入）也要一点（过日子的经济基础）。没活干，就会烦躁，就会吵架。吵多了就会有隔膜，关系就没那么好，感情就没那么好（家庭贫困容易导致夫妻矛盾，夫妻矛盾影响夫妻感情）。比如我近两年几乎天天有活干，心情愉快，干活回来很累，腰很痛，但心里是愉快的，今天挣了钱（家庭经济影响夫妻关系，收入影响夫妻关系；家庭经济状况改善可以减少夫妻矛盾，增进夫妻感情）。没活干的时候，天天在家里，会生气。去年到现在，连续三四天假如没活干，我都会感冒，不知是家里的空气原因还是因为什么。去年干活干到年底，放松了就会感冒，正月还感冒，正月初九回来还感冒，春节回来开始干活后身体又好了。

老公偶尔会去赌博，去赌博自己才会跟他有矛盾。他喝酒如果不会喝得颠颠的，夫妻也不会吵架。如果喝高了乱讲话那么偶尔也会为此吵架。跟自己相比老公家务做得少，自己没怎么抱怨（不抱怨丈夫家务做得比自己少是有前提条件的，丈夫必须能力强，这构成了妻子的依赖感，此外必须家庭本位、顾家）。她说只要老公在外面天天有活干，家里的家务活我多干一点多没关系。只要他不去花天酒地，不去赌博，天天去干活，有钱挣，我干多点家务没关系（突出的是夫妻各自对家庭的角色贡献，家庭本位，打工是为了改善家庭经济）。两个人都是为了小孩子，要挣钱养家，生活过得好一点（过日子），现在两个孩子都那么大了，接下来读初中、高中、大学，要很多钱来培养（拥有相同的目标、共同的理想，培养孩子、过好日子）。

小学毕业后先在家里干了一两年，干农活，做点山上的活，砍柴、挑柴，13岁挑柴去卖，在镇上做小工做了两年，帮忙减轻家庭负担，那时弟弟还在上学。那时挣的钱全部拿给爸爸，因为自己家里比较穷，爸爸那时年纪大了，比较少去挑柴卖了，妈妈身体不好，自己的钱都是交给爸爸。她16岁出来打工，那时候很单纯没什么想法。跟老公认识后挣的钱就比较少拿回家了。定亲后就没拿回去了。那时候也没钱存，到大的小孩生出来，孩子爷爷跟我们说，跟你妈妈要路费，回头再还。那时候工资低，干活挣不到钱，老公包工程还亏。真正挣钱是女儿出生后，那时候工价高了。那时他在安溪包活，比较偏僻的地方，挣十块钱能省下七块，那时省下一点钱，后来上龙岩这边做。2006年上龙岩，头年还好，2006年下半年比较有活干，2007年没活干，一年只干了2006年半年的活，2008年挣的钱比2007年多一点点，2007一年才干到三万块，生活费都差点不够。2008年之后慢慢的一年比一年好。现在一年交给房东要一万多块，房租六百多块，水电费七七八八加一起一千多元一个月。一年挣三四万元不够用。像自己家如果一年挣三四万元，那么房子按揭都不够，要饿死掉。这样子才有压力，才有动力。前几年自己也有想挣钱买房子，因此天天去干活（生活有奔头、有目标，两个孩子是过日子的目标；妻子对丈夫的监督对丈夫形成了约束，使丈夫顾家，减少了婚姻被替代的可能；应对婚姻遇到的威胁策略是加强对丈夫的监管；江女士根据其对婚姻的期望来衡量丈夫对家庭的付出）。

2. 个案7-4：赖女士

（丈夫不勤劳、不体贴、缺乏进取心、不大度，夫妻年龄差距大，缺少共同语言、缺少交流、夫妻关系有隔膜，在生育问题上意见不一致，家庭经济差影响了婚姻关系）赖女士，1984年生，大女儿13岁了，小女儿是2007年生的。先跟丈夫在厦门打工，干了将近一年，后面回家生小孩，女儿9个月的时候，她去漳州打工，女儿由婆婆带，丈夫在厦门打工，是油漆工，她在漳州眼镜厂打工，当时没手机，跟丈夫没什么联系。问及为何会外出打工？她说在家里待不住，丈夫的妹妹也在眼镜厂打工。丈夫1973年生，夫妻俩差11岁。

跟丈夫有没矛盾？她说主要是没共同语言，会吵架，丈夫之前也会去赌博，夫妻也会为此闹矛盾。自己从长汀嫁到永定，嫁那么远，在婆家不适应，要让自己强大起来（不适应婆家的生活，婆媳关系不好，婆媳关系影响了夫妻关系；可从家庭系统的视角来分析）。夫妻在教育小孩的问题上也会有矛盾，她觉得教育小孩不能靠打，要跟小孩沟通，跟小孩商量着来（夫妻无共同语言，夫妻缺少有效的交流与沟通，没有亲近之情）。她觉得丈夫不会教育小孩，只会大声说话。江先生觉得自己无法跟小孩沟通，有代沟。她说丈夫才小学文化，女儿已经上初一了。

丈夫做的家务还比较多，丈夫在外面做的活不多，对面的邻居做的泥水活是装修公司给的。丈夫说话很容易得罪人，她与丈夫很没话说，跟丈夫也打过架，吵架一般是她让步，她说吵架后丈夫跟女人一样，自己做的饭他不吃，自己买泡面吃。有一次吵架后，他连夜收拾衣服骑摩托车去干活的地方，到龙岩适中住（逃避矛盾，缺乏行为层面的维持机制）。

家里的很多事丈夫很少跟她商量，都是他自己决定。问及夫妻关系平等吗？她说平等，但自己比较霸道。对面的女邻居比自己更霸道，她能管住自己的丈夫（妻子对丈夫的约束，妻子对丈夫的监督）。她丈夫外出她也跟着外出，怕他在外面带女人（应对婚姻遇到威胁时采用的策略）。

她曾说对面的邻居夫妻比较幸福，夫妻沟通很好，夫妻一起干活，也一起休闲。别人请丈夫吃饭他会带上妻子（一起做事、一起休闲，共同参与活动以及良好的沟通有助于培养夫妻之间的亲近之情，有助于婚姻幸福）。

她觉得自己夫妻不幸福，她说夫妻间什么事情都没沟通，他过他自己的，他前段时间去厦门和漳州玩，没跟自己谈起玩的事情（夫妻之间缺少沟通与交流，无共同语言）。

她说自己对婚姻感到失望（婚姻失望，对婚姻的负面评价），自己原本不想嫁给他，原因在于一是没共同语言，二没感情基础（夫妻之间价值观和角色认知不一致，导致她对婚姻评价负面）。主要是没有感情基础，两个陌生人走到一起，感情要靠沟通，要建立才有感情。她说虽然夫妻结婚十多年了，但感情没培养起来，培养起来的是亲情。因为小孩建立起来的一个家庭的亲情（因为小孩勉强凑合婚姻，婚前缺乏感情基础，婚后感情没有培养起来；夫妻之间缺乏亲密关系，没有有效的沟通；婚姻缺乏吸引力，这导致个人对婚姻没有承诺，不愿意维系婚姻）。

丈夫很少跟自己交流，他有时候花钱大手大脚，比如赌博和喝酒，他很少跟自己说起做工地方的事情。他喝酒和赌博的事情是他跟对面的邻居聊天的时候，自己无意中听到的。他做工的地方离租房的地方骑摩托车要四十分钟，他在适中干活的时候她管不到他（缺少约束，妻子管不到丈夫，而妻子的监管有利于丈夫把心思放在家庭上）。

你刚才提到对婚姻感到失望，有没离婚的念头？她说有过，如果能跟丈夫过得来就过，过不来就不过（婚姻观比较现代，对婚姻缺乏承诺）。她说自己跟别人的观念不一样，有的人是为了小孩。自己的观念是两个人能否过到一起不要拿小孩当借口，自己不会因为小孩而勉强与丈夫在一起（小孩并没有导致她依赖丈夫，小孩并未成为离婚的障碍或阻力；已有研究发现，如果婚姻当事人想离婚或走出或放弃婚姻，没有什么障碍能阻止他们）。她说即使分了，照样可以关心小孩，可以把小孩带在身边。小孩跟他自己也可以关心，只不过是跟老公分开而已，又没有跟小孩分开。

问及离婚对小孩的影响，她说影响要看你对小孩的教育，多跟孩子沟通，小孩有小孩的世界，大人有大人的世界，小孩长大了自然而然会理解。如果不可能在一起了，被小孩绑在一起，小孩经常看父母，小孩这么大了，会看得出父母之间是否有感情，感情好不好，小孩长大了也会自责是自己把父母绑在了一起。她说这是自己的观念，不是受电视的影响。她跟丈夫说过，离婚后自己对小孩照样可以关心，离婚了孩子还是自己的孩子（小孩不构成离婚的障碍，也是她敢于离婚的原因）。

之所以有离婚的念头是因为他太女人气了（丈夫女人气，肚量小），很小气，肚量不大，受不了。前段时间那个河田老乡回家，我叫他帮忙买两只土鸡，一只给了老乡，一只留给自己吃。丈夫看到买回来的鸡，说自己大吃大用。我对丈夫说，你想生小孩，自己接（输卵管）回去后，什么营养都没有吃，接回去后十多天就来上班了。你们一家人想生儿子，又不好好对待自己（丈夫缺乏对妻子的关心与体贴，不欣赏丈夫）。之前自己有问过他和家人要不要再生育，一家人都说不要，因此结扎了。过了这么多年，又说要自己生，只好又把输卵管接回去。大女儿都说妈妈是生育孩子的机器（家庭关系影响了夫妻关系，在生育问题上夫妻有矛盾）。她不想再生了，丈夫想让她生。丈夫被家里做通了思想工作，他原来也是不想再生的。她说这段时间自己提出不想生，他不怎么高兴。此外，夫妻之间缺乏沟通。他即使有时间也不愿意沟通，有时间也是看电视。夫妻之间没有什么事可讲，小孩还小的时候夫妻沟通就不通畅。夫妻之间很少沟通，沟通不起来。丈夫缺乏沟通的意愿（缺少沟通、沟通不顺畅，丈夫缺少沟通意愿，影响了感情的培养）。

至于婚姻能维持下来的理由（道德承诺），她考虑到他家穷，她说自己在生大女儿之前想离家出走的，他不体贴自己。她跟丈夫没怎么谈就在一起了（闪婚，没有感情基础）。跟他住一栋土楼的有好几个光棍，有的是因为好赌，有的是因为太老实。考虑到他家太穷，自己走了他娶不到老婆（婚姻挤压，婚姻市场结构性失衡，同情老公而维系婚姻）。问她如果想离婚为什么不早离？她说是自己良心太好。

怎么样做才能使夫妻关系和谐稳定？她说，什么事情夫妻都要摆到桌面上来说，事情要多沟通，事情不能隐藏，不能遮遮掩掩。若你不讲，那我也不讲。家里的有些事，包括大家庭的事有些要拿出来讲，不能把自己当作局外人（公婆缺乏对儿媳的认同，家庭并没有把她整合进去，认知上的相互依赖；赖女士由于婆媳矛盾也缺少对大家庭的认同）。如果大家庭的事不跟自己讲，那是对自己的不尊重。各自内心的想法要让对方知道，这样才能增进了解（互相交流、交心）。家庭的事情如果不跟对方讲，不仅会造成沟通不畅通，而且会引起对方的猜疑。

（在婚姻相处过程中缺乏顺应）要互相尊重，要互相忍让，不能靠一个人忍让，如果都是一个人让步，到后面他或她不会让步时关系就完了。再有就是小孩，生了小孩，有牵挂。

家庭经济也是一个因素，没活干的时候、没钱用的时候，他没有主动去找活干（丈夫角色表现不佳，养家糊口的角色没有扮演好，弱化了夫妻之间的相互依赖感；家庭经济状况不佳影响了夫妻关系，导致夫妻矛盾的频繁产生；富足的家庭经济对婚姻关系维系的作用）。她有叫他在没有活的时候去用摩托车载客，但他不愿意去。丈夫会去KTV，但他没跟自己讲。他弟弟打电话给自己叫管他，他会赌博，他则说弟弟会赌。对面的邻居也会赌博，夫妻才为此打架，夫妻都会打麻将（赌博影响夫妻关系）。

你觉得从农村来到城市打工对夫妻关系有没影响？她说农村离婚也挺多。现在的人都是自己过好自己的，很少去关心别人的事，很少去干预别人的事（婚姻干预的减少，反对离婚的舆论在弱化）。

带小孩遇到的问题是小孩的教育问题，夫妻俩都只有小学文化，都没读多少书，不懂得如何跟小孩沟通。小孩回老家适应不了。

怎么看待婚外同居现象？这是不好的现象，不道德。背叛了对方，背叛了家庭，在婚姻关系还在的情况下不可以在外面乱来。如果婚姻解体了，情况又不一样。

男人和女人对家庭的职责有没不同？她说男主外、女主内，如果自己有能力她也会去外面做，她觉得男人更厉害一些，身体也更强壮。男人如果不如女人，会被人说吃软饭。她说如果发现丈夫有婚外情，肯定要离婚（男主外、女主内对婚姻维系的作用）。

丈夫挣的钱会拿回家，放在那里。丈夫很久没活干了，油漆装修有淡旺季。没活干的时候就看电脑（丈夫能力不强，家庭经济困难，角色表现不佳减弱了她对丈夫的依赖感）。

男人对家庭的职责，是养家糊口。女的把家庭料理好，也可以在外面挣点钱补贴家用（她的角色认知，只有当夫妻双方都有足够的能力去扮演婚姻角色时，婚姻关系才能得以维系，尤其是丈夫要扮演好养家糊口的角色；夫妻双方是否有足够的能力去扮演婚姻角色，才是婚姻的重要考虑）。

丈夫最近两年胖了，他一年到头就冬天干的活会多些，上半年尤其春天经常在玩。问及能否适应他的脾气，她说他很暴躁，看电视看到半夜，吵人（丈夫能力弱导致家庭经济困难，家庭责任感不强）。

她感受不到丈夫欣赏自己，问及丈夫是否体贴自己，她说还过得去。丈夫有照顾自己，但要提醒后才会去做，很少会主动（丈夫不主动关心妻子，夫妻之间缺少对对方的欣赏之情）。

跟丈夫矛盾的主要来源是，有的时候因为不信任，会吵起来；还有他会赌博；还有他老是施压，一直想要自己生小孩，夫妻的意见不一致（夫妻之间缺少契合之情，表现在缺乏信任、价值观不一致，在生育问题上夫妻意见不一致，使她对婚姻形成了负面的情感）。还有他父母经常说别人买房子的事情，像自己夫妻俩白手起家（做不到），但是他父母没有帮忙带小孩，什么都没帮。公婆帮弟弟和弟媳带小孩，他弟弟的小孩六岁（缺少家庭的支持，家庭经济困难影响夫妻关系，夫妻没有有效的支持系统）。

她说去年房价比较低，她想借点钱买房子，但丈夫不想买，丈夫怕借钱（丈夫缺乏责任担当，对丈夫缺少欣赏之情，价值观不一致使她对丈夫不满意，丈夫不愿意对婚姻进行投资，夫妻之间没有什么共同财产，离婚的障碍少）。丈夫一出去玩就跟别人赌博，回来就说自己没办法，是别人叫上了，要不然他就不出去在家里玩电脑。丈夫不会社交，说话太直。因为没社交，干活断断续续，家庭经济搞不好。他不勤奋，很懒。别人去干活了，他还在睡（丈夫挣钱能力弱，妻子在经济上不依赖丈夫，这也导致她没有形成对婚姻的承诺）。他干活中午也有休息，做泥水更累，特别是贴瓷砖。

她会叫丈夫用摩托车去载客，尤其是没活干的时候。以前还会给别人帮点工，现在没货活干的时候都待在家。他说话太直，又很爱说。他不懂得要跟装修老板搞好关系，自己也有叫他给老板送点特产，老板到时有活会叫你。他不会听自己的。对面的邻居每年过年回来都会给老板送礼（与参考群体相比，产生了相对剥夺感，对婚姻产生了不满，对配偶产生了不满；婚姻满意度低导致婚姻没有吸引力，也导致她不愿意维系婚姻，缺乏对婚姻的承诺）。

有一段时间是分居的，她在漳州，他在厦门，问及分居对夫妻关系的影响？她说不知道，自己当时还小，才18岁，懵懵懂懂。她说夫妻要忠诚，在没离婚之前，不能在外面乱来。实在过不下去，夫妻要商量好来，要离就离。

她觉得自己夫妻关系一般。

小女儿是 2007 年 4 月生的，在老家不适应。大女儿要上初一，天天待在家里。大女儿跟丈夫关系好，小女儿跟自己关系好。大女儿也曾经说跟自己关系好，她曾经在闹离婚的时候教大女儿，爸爸更会挣钱你要跟他，女儿笑话自己。别人说自己很傻，女儿那么大了还把她给爸爸。她说自己会跟小孩沟通，特别是在闹离婚的时候。

会在夫妻吵架的时候闹离婚，上次夫妻吵架，他收拾行李要去干活的地方住，她说要离婚（吵架时曾经提到离婚，表明婚姻不稳定）。他说丈夫一吵架就离家出走。后面她让步和好，她说算了算了，为了小孩，选择凑合（因为小孩勉强婚姻）。

从说的那么多，可以看出她对丈夫不满意。她说丈夫如女人般小气。他有顾家，他也好赌。他 40 多岁了，还跟 20 多岁的一起疯。人家疯得起，你疯得起吗？交往的圈子一般是做工的老乡。现在他在适中干活，如果这里的老板叫他干活他没在，第二次叫他也没在，第三次老板就会叫别人干。她也叫他要跟老板经营好关系。他不喜欢干比较难干的活，只喜欢干好干的活。对面的老乡有劝他，他嫌对方多事。对面的老乡买了房，但他自己不愿意跟别人借钱，说自己不想做生做死（即活的时候要做，死了还要做，也就是说不要活得太累，不愿意对婚姻进行投资，离婚的障碍少，离婚时失去的东西少）。其实大家都是为了小孩。

像他们夫妻俩都是靠自己，小孩也是自己带，父母没帮他们。她说这两年春节都没回丈夫家过年，她说情愿一个人在这边过年，婆婆比较小气，人家提来的东西婆婆会藏起来，自己看到这种情况会生气（婆媳关系不好，可从家庭系统的角度分析，婆媳关系影响夫妻关系）。婆婆跟弟媳更合得来。她说总的来说是夫妻关系不好，自己跟婆婆关系不好，作为老公应进行调解。她说自己在这边过年，不会吵也不会闹，你过的幸福日子。她说自己不回去过年不会那么多矛盾，有时候自己看了不舒服，会找丈夫发火，这样又会吵起来。他回家过年，她不愿意回去，说明夫妻关系不好。他回家过年电话也没给自己一个（这说明夫妻关系差，感情不好，缺少交流）。

夫妻有吵架，但没打过架，她说自己不跟他打。他们村的人好吃，有的会去挣，村里的人更懒惰，只种一季水稻。大部分人都出去打工，只有老人和小孩在家，田很好。他家没盖新房，仍然住土楼。他在老家有四间房子，一栋土楼住二十多户。她说丈夫大她 8 岁，夫妻关系比较好。她说跟丈夫有次吵架，一个星期夫妻都没说话，处在冷战状态（婚姻矛盾的消极处理）。后面自己让他。她说都是自己让步。老公嘴巴会说，但很少付诸行动。家庭经济状况不好，自己身体又不好，他还想让自己再生。虽然自己小他很多，但自己身体不好。七八年前，没结扎的时候，一家人不要她生，如果那时生了现在孩子都好大了（价值观不一致，夫妻矛盾没有得到妥善解决，丈夫能力不强）。

比较不好干的活他会推掉，边边角角的活他不愿意干，价钱低的活也不愿意干（缺乏担当，家庭责任感不强，婚姻关系的维系责任还是最主要的）。他说做了一套便宜的活，以后的活都会因此变得便宜。她说自己的话丈夫听不进去。她笑着说自己虽然霸道，但没有威慑力，或者说没威信。她说自己曾去算命，算命的说她会离婚（命定说）。

2016 年 5 月，夫妻俩闹离婚。赖女士的哥哥（大学老师）劝她不要离婚，因为离婚对小孩不好，离婚会影响小孩的成长。要她看在两个女儿的份上，要考虑女儿的成长。大女儿（2002 年出生）已经 14 岁了，小女儿也已经 9 岁了。2016 年 6 月，夫妻俩再次闹离婚，而且已经闹到了民政局。江先生承认近两年来家庭经济状况的不好影响了夫妻关系，因为家庭经济不好，妻子会责怪他（家庭经济状况不好影响婚姻关系的稳定）。夫妻俩闹离婚影响了大女儿的成绩，学业成绩排名下降了 60 多名，在开家长会的时候，班主任有问过江先生。原来夫妻俩闹离婚的过程中，都没怎么管小孩。江先生很消极，经常借酒消愁。而赖女士在洗脚城上班，上班到半夜三点，白天睡觉，晚上上班，无暇顾及小孩。笔者建议她放弃该工作，她说如果放弃，那么钱哪里来。笔者说换个工作，夫妻俩一起努力。

在笔者劝阻他们离婚的过程中，赖女士说他不听自己的话，江先生则说对方不听自己的，还说自己结婚后脾气改了 90% 多，并宣称如果按照结婚前的脾气早就离婚了。

赖女士认为会导致离婚她自己也有问题，言外之意是她在外面有了相好。她说自己无法面对他。

在与江先生访谈的过程中，江先生认为自己压力很大，压力来自妻子，也来自父母。来自妻子的压力表现在妻子会怪他不去好好挣钱，也会将婆媳矛盾归结为丈夫没有协调好。来自父母的压力则是父母希望他生儿子（再次说明可以从家庭系统的角度进行分析）。原本已经生了两个女儿的他不再想生了，可是父母不断地施压。他认为自己承受不了这么多压力，为了逃避压力，他想离婚（婚姻缺乏韧性，通过逃避来消极应对）。他说离婚了，就没有这些压力了。确实离婚了，没有来自妻子的压力，父母也不会要求他生儿子了。那么他真的没有压力了吗？离婚了，他要独自抚养两个女儿。他有这个能力吗？没离婚的时候，夫妻俩共同抚养都很吃力，更不要说离婚后（江先生认为婚姻存续期间，妻子和家人给他的压力太大了，他不堪重负，他觉得离婚后，所有这些压力将消失，也就是说，他觉得离婚后的生活会更美好；换言之，当前婚姻的替代品的质量高，这并非指他能找到另一个伴侣，而是说，他觉得单身生活压力会更小，婚姻替代品的质量高减弱了他对婚姻的承诺）。

江先生坦言，自己夫妻很少吵架，在外人看来夫妻关系很好，他不知道自己的婚姻为何会走到现在这种地步。他比较消极，"没有办法"在交流过程中不断出现。这表明他对人生、对自己持消极的态度。

3. 个案 2-6：二金

二金于 28 岁结婚，是经人介绍认识的，没谈多久，谈了大概半年就结婚，结婚之前双方谈得还可以（婚前感情基础好），双方父母都同意且支持这段婚姻（亲属支持），双方都是河田人，结婚后先在家玩了一段时间然后在县城做服装，她在那边当学徒。再后来去广州做服装，他在县城打工的时候会赌博（不良习性），不去上班，钱挣了拿去赌博，挣的钱不够他自己赌，学徒时期因为业务不熟练没什么收入。老公会借钱赌博，赌博会欠债。老公抽烟喝酒泡妞（利己主义、个体本位）都会，开支很大。老公长得很潇洒，初中毕业，夫妻同岁。

夫妻之间有矛盾会吵架甚至打架，打架后一般是老公让步，她不让步。老公打她打得鼻青脸肿，有家庭暴力。父母也会调解，但对他无效，最多收敛一两天。自己父母说他，包括他大伯说他也没有效果。别人的意见听不进去。家里的事都是老公决定，老公想怎样就怎样，想做什么就做什么。在广州的时候一个月收入三四千元。在广州时夫妻吵架，她自己坐大巴离开丈夫去永安，那时已经怀孕快生了，家庭暴力很严重。家庭暴力对夫妻感情有影响。去永安的时候，已经有小产的症状，到医院检查，发现没问题。在广州的时候已经结婚一年多了，老公在广州打工挣的钱也会拿去赌。她打胎回来，在老公家修养，公公婆婆没怎么理她。

在访谈过程中，她经常开口骂老公（夫妻内聚力低，表现在对丈夫的负面评价、互相施暴、对婚姻的失望、对丈夫没有欣赏之情、婚后夫妻关系差、矛盾多）。谈及婚姻不幸她多次流眼泪。她曾经从长汀出走到厦门（曾离家出走），父母不知道她的去向，以为她死了，丈夫找不到她，他曾经跪在岳父母面前，请求原谅。

他曾经诬陷说她堂姐给她介绍男子。夫妻为丈夫赌博的事多次吵架，互相施暴，为了逃避丈夫的暴力，她多次出走，丈夫多次去寻找，多次请求原谅，但最终都未能改掉赌博的恶习（不良习性）。

她说自己早就想不要丈夫了，但一次次在丈夫的哀求中改变初衷。老公本性难改，但亲戚和父母都劝她，"老妹（闽西客家方言），你跟他都结了婚，结都结了，这是命"，为了孩子，她选择给丈夫改正的机会，丈夫曾跪下恳求原谅，父母说离婚会丢人（结构性承诺，离婚的社会压力；想离婚，但离婚遇到了阻力：亲属劝说，及为了小孩）。

丈夫经常以外出应酬为由去跟女的约会，去赌博。她曾抓到老公与老乡约会，搞婚外情（缺乏对婚姻的承诺，婚姻不忠诚，寻找婚姻替代品）。即使在她怀孕期间，仍有家暴（这是反关系的行为；个体本位，夫妻价值观不一致，对婚姻存在负面情感、负面评价，一个个体本位，一个家庭本位；丈夫只顾自己感受，婚外情，家暴；丈夫缺少对婚姻的承诺，在婚姻存续期间搞婚外情，寻找婚姻替代品，在婚姻之外满足性需求，婚外情严重地威胁婚姻关系；婚姻替代的存在减少了夫妻之间的相互依赖，减弱了她维系婚姻的动力）。

丈夫会赌博、家暴、搞婚外情，她对婚姻感到失望。刚谈恋爱的时候，她本不中意他，看他不对头，他很会吹牛，会打扮，打摩丝，皮鞋擦得亮亮的（丈夫花心，只顾自己，不顾家）。

堂姐曾抓到老公在长汀带女的，后来堂姐打电话给她，开始的时候怕她生气，后来才告诉她，叫她一起去抓。见到老公和那个女在一起，她非常生气，抓起外面的一个啤酒瓶，冲动的她想要砸过去，后面被阻止。堂姐也骂他不是人。那时候儿子已经几岁了，儿子都是自己带，出生后都是自己带。家庭开支都由她负责，丈夫挣的钱不够他自己花，他把钱花在别的女人身上（丈夫对婚姻不忠诚，婚姻替代弱化了夫妻之间的相互依赖，影响了婚姻稳定性，个体本位）。

老公在外面带女人，不把钱花在家庭，花在别的女人身上。她看在儿子的分上一次次原谅丈夫，但丈夫没有改变，她总以为他会改正，她知道离婚对儿子影响不好（只有当夫妻都对婚姻有承诺，夫妻相互依赖时，婚姻维系的可能性才高；丈夫在婚姻外满足性需求减少了他对婚姻的依赖，因为他的需求能够在婚姻之外得到满足，也因为如此，他没有表现出对婚姻的承诺；丈夫以自我为中心，在认知层面也缺少对婚姻和伴侣的依赖，在行为层面缺少顺应行为；因为对婚姻没有承诺，考虑问题只看到自己，只看到短期的个人的享受，没有从长远的角度看待自己的婚姻和家庭；因儿子而凑合婚姻，勉强维持婚姻）。后来跟丈夫分居，到这次访谈的时候已经分居三年了，现在已经结婚10年了。

夫妻关系不好，影响夫妻关系的最主要因素是丈夫不顾家、家暴，会打她，会赌博，只顾自己（是否顾家是影响婚姻稳定的一个重要因素，丈夫缺乏家庭责任感，对家庭没有承诺，这影响了婚姻关系的稳定）。她曾经给丈夫很多机会，他也反复恳求妻子给机会。即使不外出打工，他也会赌博，因为丈夫村子的人很多都会赌博（村庄风气不好，好赌博）。丈夫有一段时间对她很好，差不多一年。刚开始的时候他也很体贴她。他嘴巴不好，经常骂人；心肠还好，骂过之后会哄人。

问及要如何处理好夫妻关系，她认为，男的不能打人（尊重体贴妻子，这属于契合之情），要顾家（有家庭责任感），不要到外面乱搞（婚姻忠诚，要在行为层面包容迁就妻子，在认知层面以家庭为中心，以集体为本位，而不是只考虑个人的享乐，不能寻找婚姻的替代，对婚姻忠诚），不要赌博，对家庭要尽职尽责。丈夫活得很潇洒，只顾着自己，不顾家（丈夫不顾家，不好好过日子）。丈夫的钱从来没拿回家，会借钱去赌。她曾经跟借钱给他的人说，你们借钱给他，到时不要找我还。赌博赢钱了会到外面潇洒（丈夫追求个人享乐主义，以自我为中心，在认知上没有形成与妻子的相互依赖；没有把自己和妻子孩子联系在一起，作为一个整体来看待，眼里只有自己一个人）。

在福州打工期间，夫妻租房住，家务都是她做，小孩也是她自己带（丈夫没有分担家庭责任，没有分担家务，夫妻之间缺乏亲近之情）。丈夫开始有拿钱回家，后面自己的钱都不够用后就没拿钱回家。

离婚之后一个多月，即2015年7月，丈夫在一个晚上打电话给她，问她在哪里，她说我在哪里关你什么事，你管我那么多，他说我们复婚好不好，她说复婚不可能，即使跟乞丐结婚也不跟你结婚。你答应给儿子的五百元一分没给，他一个电话都没打给儿子，离婚后丈夫一分钱都没给儿子。他许下的承诺从来都没兑现（对婚姻缺少承诺），都是空头支票。儿子的爷爷奶奶也没关心孙子。结婚判决定下的每月五百元给儿子的抚养费，他一分钱未给，平时也不关心儿子。看透他了。

夫妻同居期间，丈夫也外出找女人（丈夫对婚姻不忠诚，有婚姻替代品）。丈夫风流成性，注意打扮（丈夫对婚姻不忠诚，会关注并寻找有吸引力的异性，寻找婚姻替代；对婚姻和伴侣缺少承诺，并没有对婚姻进行投资，离婚的障碍少）。离婚是她提的，她也想过离婚的后果，但她不怕。她说没他日子更好过（经济上能够独立，宁愿单身，单身也是一种婚姻替代品；因为婚姻质量低，也因为经济上和人格上的自立，她敢于提出离婚）。没离婚的时候他也没给钱。离婚后没有夫妻矛盾带来的痛苦，小孩也更开心，不离婚对小孩影响还更大。丈夫经常当着儿子的面打她，懂事的儿子看到爸爸打妈妈会帮妈妈。儿子已经8岁了，结婚10年了。分居两年后，夫妻协议离婚。丈夫在离婚一个月后就再婚了（离婚之前丈夫就已经找到了婚姻替代品），不过后面的妻子不会生育。

他最糟糕的是赌博（赌博导致家庭经济得不到改善），然后是找女人（对婚姻不忠诚，这两种背后折射出来的是个体本位的价值观）。他父母没管到他，儿子赌博赢了还很高兴。他从来不做家务，衣服都是她洗，即使吵架后也是她洗（夫妻之间缺亲近之情），她心很软。在福州打工的时候，他找的女人是河田人，在县城打工的时候找的女人也是河田人。她把老公骗到北京，也是为了甩开丈夫。

分居期间，丈夫在长汀打工，她自己在龙岩做清洁工。再婚的对象也是河田人。老公在离婚一个月后就再婚了，现在的妻子无法生育了。

丈夫的父亲60多岁，母亲50多岁。公公婆婆说儿子都不要小孩，我们也不要。

她在丈夫家没分到田，离婚也没分到任何东西，就得到一个儿子（离婚的障碍小，离婚并没有造成什么经济损失，离开婚姻的代价低）。他没补偿她，什么都没有。协议离婚规定他每个月给五百元，他挣的钱都是自己用掉，她管不到他，他还会向她要钱用（缺少行为层面的维持机制，互不退让）。他经常夜不归宿，去赌博、找女人（个体本位和婚姻替代，减弱了婚姻的吸引力）。她只读到小学三四年级，有七八个姐妹，两个弟弟。她排行第二。公婆重男轻女，孙子刚生的时候很高兴。丈夫没带儿子，即使儿子感冒他都没理（丈夫的角色表现不佳，不仅减弱了婚姻对她的吸引力，而且弱化了夫妻之间的相互依赖；结婚后因为配偶会监督，婚姻当事人一般会转变行动取向）。

结婚之前有打听丈夫情况吗？她说是亲戚介绍的，亲戚也很后悔把她介绍给他。结婚的头一年丈夫对她还可以，后来就变质了。他酒肉朋友很多，正月他会请朋友喝酒，会有三四桌的朋友，他比较大方。他很帅气，到哪里都有女人缘。他干活干不久，喜欢找女人（丈夫缺少对婚姻的承诺，夫妻之间的相互依赖感低；丈夫对婚姻不忠诚），喜欢赌博，喜欢喝酒，爱好抽烟。他们去民政局协议离婚，没有人调解。她是因为家暴，日子没法过，才离婚的。最主要的原因是丈夫会找女人，会赌，会家暴。不赌、不嫖、不家暴都重要（不嫖表明不去寻找婚姻替代，说明对婚姻有依赖感，对婚姻有承诺；不家暴说的是行为层面的维持机制，即要包容、迁就、顺应伴侣的行为；因为缺少对婚姻的承诺，因此不会采取对婚姻关系有利的行为，而家暴则属于反关系的行为）。她说有嫖就有赌，丈夫吃喝嫖赌样样齐全。丈夫对父母也不孝顺，对儿子也不闻不问，他只顾着自己（个体本位）。

结婚后夫妻和公婆一起盖了房子，笔者建议她要积极争取属于自己的财产，也要维护儿子的权益。离婚是丈夫的过错引起的。她一直觉得，丈夫自己都没钱，就算起诉也没用，而且起诉还要花钱，因此没有跟丈夫要儿子的抚养费。协议书上没有写财产的分割。

4. 个案 8-1：杨先生

杨先生，46 岁，高中文化，家中 5 口人，妻子没读过书，家中有三个小孩，最大的 22 岁，老二 21 岁，老三 19 岁。

问及是怎么想到要出来打工的，杨先生说，2005 年，别人在外面挣钱比自己多。笔者问你未出来怎么知道别人挣钱比你多呢？杨先生说外头的信息朋友会带回来，做生意的朋友会把信息带回来，自己又出去考察了一次，外头比家里挣钱。问及出来挣钱是为了你自己呢还是为了其他什么人？他说总的来讲，自己家里和自己都需要，纸票是命根子呀，关键那时候想出来实际是这边外头比家里挣钱容易，人家一下子就可以买车子、置产业，自己在家里累死了都挣没有钱。自己十多年没种田了，在城里开店。种田也种过，刚开始种烟叶的时候我就种过。

开店的时候夫妻俩都参与了，那时候开的是文印店，以妻子为主，自己左串右串，她顾店顾得比较多，我顾得比较少。从某个角度讲她起到的作用更大，从顾店的时间上看，肯定她比较多；从店里创造的财富来看肯定她没有我多，拉业务的是我，在出来之前，开店的时候，两个人都有参与，家务全部几乎由妻子完成，自己很少参与。问及家务全部由她承担这种分工是否合理？他说讲合理是不合理的，但是咱们男子，传统的男子主义里男人做这些家务是没有的，从情理上讲是没情理的，传统就是这样的，一直以来都是这样的，大家也是这样的。妻子既要顾店又要做家务，她更累，她感觉顾店时间很长，抱怨是肯定有的啦，因为自己更懒，时刻跑去玩。单拉来后就由她来做，自己出去玩。客人来的时候自己在那边泡茶喝，吩咐老婆去做，他笑着说自己是做老板，总的来说顾店不是很累。

因为在家开文印店还是可以的，收入比较稳定，而在这里有可能是亏本的，她不喜欢承担风险，没想到会那么艰难。头一年我出来的时候她身体不好，我不想再开店了，看别人挣钱比家里容易，挣钱比较快，就想出来。出来后她的病又复发了，后来不得不把家里的店转让了。原来想留一个门面，一个保障，后来没法弄了，她身体吃不消，没法继续开店了。我先过来时候，还有一个小孩在读高中，我想等他高中毕业上大学的时候，如果外面的生意不好就回去继续开店，如果生意好就处理掉店面；结果没到那时候就只好把店处理了，处理后妻子就出来了。

病好后就出来了，不过现在她还有些忧郁。她在养病自己在这里的那半年，有打电话回家，但打得不多，缺少语言沟通，双方内心感情是有的。从来没过过生日，小孩及自己的生日都不记得。小孩一个大三在泉州读书，一个在福州读大一，一个残疾。来这里后钱主要是我挣，在家里的时候钱就是我管理，在家开店的时候她收了钱也拿给我管理，她不管理，钱拿给她她也不要。在这里做事很少和她商量，商量不来，没意义的，加上她现在忧郁，她考虑的事情跟我完全不同，根本没法沟通。很痛苦那种感觉，只不过没办法，要延续家庭。也就是延续家庭靠其他方面，情感交流比较少，靠的是责任感。她有病我不可能那样（指离婚）。对比出来之前和现在家庭的分工变化，在老家的时候，我偶尔去买菜，这里时间多些买菜比以前多些。她在挣钱上的责任减弱了，贡献少了，自己的责任则增加了。我认为作为一个男人，作为一家之主主要的职责是经济支撑，像我们家庭经济什么东西都离不开我，家里少了我没有办法运转，我是家庭的支柱，家里离不开我。自己比较操心，压力也比较大，家庭的重担都落在妻子身上，加上妻子的身体不好，之前没生病的时候还能分担些，现在没怎么分担了。在这种情况下，自己承担的责任比较多，压力也比较大，像这种情况没法讲合理不合理，你讲合理她生病了，怎么讲合理，她文化程度跟咱们有差异。强求不得的，她只有那么大的能力，我没办法的。

这个房子是租的，每个月六百块，有一个房间房东放了东西。租房这件事，没有跟她商量，她来的时候我已经租好了，一直住到现在。现在挣的钱主要用在小孩上学上和家庭开支。在这里自己有帮忙做饭，没有洗衣服，有买菜。

在先出来那半年，自己洗衣服、做饭。后来因为她在这里我没有必要去做了，她没有事做，不留给她做，她也（没事做），再说有人做我就懒惰下来了。她不在的时候是无可奈何，没办法只好自己做。总的来说，各种决定包括小孩读大学、出来打工，这些大的决定，都是我怎么说就怎么做。无论什么事情不论是对是错，她都持怀疑态度，什么时候都会跟她透露下，但都是我做决定，想去哪里就去哪里，想做什么就做什么，她决定不了。有些事情没做对，她会抱怨，说印证了她的说法。她每遇到这种事情都会抱怨我会偶尔去想下，有些事情没做对，也许我没做对，但在我觉得没什么好后悔的，因为这是自己的操作方式，是对这种事情没有了解透彻，业务素质不够导致的，而不是她所说的因素导致的。

出来之前和现在相比夫妻之间的分工情况变化较大，我承担的责任更大了，压力更大了，在这里她没法去做。她做些手工活，她只有办法做这些，她有参与做贡献，做一天从早上做到晚上也就二三十块。做这个没有钱的，所以我不会叫她去做，但她也会想做，现在因为钱不好挣。她还是觉得有责任对家庭在经济上要有贡献的，她肯定会想贡献家庭，每一个家庭成员都会想，对家庭有所作为。这些手工活主要是贴补家庭的，不是作为主要收入，是用来打发时间的。这些是妇女们做的，家里比较会挣钱的就不做了。她在这里没买什么衣服，生活方面不追求奢侈。她是顾家的朴实。总体来讲她还是贤妻良母，不过就是没文化，思想境界低。

他说出来这里自己和妻子变化都不大，生活方式有些改变。生活节奏快没体验到，这里经济比家里发达得多。我生活的地方没多少酒店，跟在城里没多大区别，买菜还是这样去买，高雅的我没什么兴趣，打麻将在家里我也有，区别不是很大，生活还是在老乡的圈子里。这里老乡很多，除掉生意上跟客户交往之外，基本都是跟老乡交往。跟家里生活方式相比没什么变化。

自己还没打算在这里长期做下去，没法回去开复印店了，现在的市场竞争多了，市场被别人占领了，客户也没了。以后想做一份稳定的事情。户口对我没什么影响了，对小孩的子女可能会有影响。

我觉得一个是想要更多的钱，想要更多的钱的目的还是这个家。挣钱是为了改变家庭面貌，为了整个家好，经济好。问及承担的压力这么大，对家庭的付出这么多，责任这么大，你觉得值得吗？他说，现在做这些还一般的，是作为父母的一种义务，又不曾把子女培养到什么程度，不过大学生已经很普遍了，送他们去读书是很普遍的，如果他们能升到更高程度，才能说是自己的一种荣耀，才能说自己尽到了义务。现在这还是一般的，是作为父母应尽的。觉得送子女上大学是自己应该的，这些是基本的，如果连这都做不到，说明父母是比较无能的。

你觉得能干的父母应该做到什么？一是家庭的经济搞得好，二是子女培养成功，有出息，三是在社会上有知名度，人家知道，这种父母才是能干的。他认为作为一个男子，作为一个老公，作为一个能干的老爸的责任，对子女来讲就是培养，对家庭来讲就是经济有一定支撑。要视家庭情况而定，如果老婆扎实，自己自然地就不用分担那么多。如果妻子没那么厉害，但她也做事，原则上她还是分担了，但支柱上她分担不了。

问及对于老婆的情感需要，你觉得老公有责任吗？他说这是互动的，自己有开导老婆，但开导不通，这种是没办法的。自己觉得在这方面做得不是很够，就我的耐性来说觉得还是可以，但确实只有这些水平，没办法，还是很无奈。

笔者问你觉得挣钱从经济上供养家庭自己做得如何？如果一百分是满分，你可以得多少分？他说六十分是能得到的。真正的培养小孩，自己经历后才知道，小孩跟父母需要很多沟通的，像我的小孩只是说读了书，综合素质还是很差的，这种父母还是不称职的。

老婆早上起来做饭，手工活没有天天做的，有淡季、旺季的。跟小孩沟通主要是生活上的，比较少提供建议。现在生活比以前苦，没挣到钱。比家里苦得多，压力更大。在家里有稳定的收入，家庭的开支费用没这么大。在这里花销要几千块钱，在家里有一两千元吃就会吃得很好，再说小孩那时候也还小。总的来说还是收入没那么多，不稳定。

笔者问你出来跑业务，承担风险，承受压力，家里人理解吗？他说理解,老婆、孩子开玩笑地说我无能,说人家一出来就做得好!比较之后得出老公、老爸"无能"的结论。小孩读书一个月要500元,一个学期除掉学费2500元左右,去读书的时候就买了手机,电脑没买。小孩去年暑假有去工厂打工,要吃了一定的苦才能体会得到。大的是女儿,在读工商管理,她想读研究生。她想去读就去读,经济上我也挺得过,她要去读也会支持她读。读研究生的优势、劣势是什么,由她自己决定,我既不赞成也不反对。我都不怎么了解这方面的情况,老婆更加不知道,所以由小孩自己决定。相比以前挣钱更难,原来店里请了人,现在一切都要靠自己。老婆的户口还在农村。

5. 个案8-2:林先生

林先生,1977年生,龙岩乡下人,文化程度为初中,泥水工。他是小包工头,月收入4000元,买了套房(没有产权,一栋房子共一个产权,婚姻的投资增强了他对婚姻的承诺)。妻子1981年生,长汀人。夫妻有两个女儿,大女儿11岁,小女儿两岁五个月。夫妻结婚11年,是与老婆打工认识的,他人介绍后认识三四个月就结婚了,结婚前与老婆合得来,双方父母支持他们的婚姻(婚姻得到亲属支持)。

他初中毕业后先是当学徒,农村人不读书就要学门手艺,不然在老家没活干。当时在龙岩鸿飞建筑公司当学徒,与老婆结婚后一直在龙岩。结婚的同一年生了女儿。老婆在家里带小孩,负责把小孩带好,小孩还小。与老婆偶尔会吵架。

房子是结婚后买的,买房有跟老婆讲,房子价格25万元,125平方米,每平方米2000元。他说买房子是个机遇,原户主是亲戚,一栋房子一本产权证。虽然买了房,但没有产权证,房子是亲戚自建的。

小孩在打工所在地读书,跟老婆结婚后一直在一起,没有分开过,结婚后老婆没去外面干活,前几年收入还可以(家庭经济好),因此决定再生一个,近两年经济不景气,活不够干,父母已去世,没老人帮忙,夫妻俩总得留一个人在家带小孩。大女儿上小学,小女儿两岁半。之前一年能积累3万元(男主外、女主内)。

做工挣不了多少钱,钱都是靠省。干的活70%靠房东介绍,其余是同行介绍,干完活回家没帮忙做家务。小孩在能带的情况下会帮忙带。老婆在家把小孩带好、家务做好,他就心满意足,他负责挣钱(角色分工很清楚)。老婆没什么文化,性格直,吵架后一般是他让步(顺应行为,包容迁就)。

夫妻有吵过架,他没活干的时候会去打麻将,有时会比较晚回家,老婆劝他不要打麻将,他晚回家老婆会生气。老婆知道他不会做家务,家务做得粗,因此不要他做家务(牺牲的意愿)。

家庭生活根据收入来安排,打工收入不稳定。他把钱交给老婆管,工程结账了会把钱交给老婆,要给工人工资时再向老婆要。他会打麻将,另外别人看他有钱,会向他借钱,因此老婆管钱(家本位的资源管理,认知层面的维持机制,认知性的相互依赖)。

他对老婆满意,老婆与他同甘共苦,他与老婆认识的时候他还是学徒,身上没钱、家庭穷,但老婆没嫌弃他,仍然跟了他,结婚没钱买戒指、金银首饰。家境不好父母没帮到他,结婚靠他自己。结婚花了2万多元,当时没钱,但岳父母同意欠款(对妻子满意、夫妻同甘共苦,婚姻吸引促进了他对婚姻做出承诺,婚姻吸引也加强了他对婚姻的依赖)。

家庭生活开支、抽烟、摩托车加油,每月要3000多元。自己家庭条件不好,家庭背景不好,自己没钱,但她没嫌弃我(对妻子存在感恩心理),老婆学校门都没进过,但照顾母亲很体贴,他觉得老婆孝顺。因此他对老婆很满意。聘金对自己来说金额非常大,他做工收入在每天30~50元。

家乡结婚成本不高,目前三四万元,长汀、上杭硬讲聘金十七八万元(结婚成本高,离婚代价大)。

他周围有些朋友离婚了,他一个朋友丈夫在外打工,老婆在老家,夫妻俩都是龙岩本地的,老婆赌博欠债,丈夫替她还,输了第一次老公替她还了一次,结果第二次老婆输得更大,老公忍无可忍,夫妻离婚。儿子判给丈夫,女儿判给妻子。

他说即使自己有外遇(婚外性行为),也不会跟老婆离婚,现在有两个小孩,有挣到钱(小孩是对婚姻的投资,也是离婚的障碍,或者也可以说是结构性承诺),有这个条件找女人也不会离婚。他认为搞婚外情也要把握度,不要因此把家弄没了,要顾到家来(顾家指把家庭照顾好,承担起对家庭的责任;对婚姻忠诚,不去寻找婚外替代品)。

他跟老婆说,跟朋友去玩,但不能把家庭搞破裂,要把家庭顾到。他说自己本质上是不会因搞女人而与老婆离婚的,因为有小孩,另外,老婆在他穷的时候仍然跟他,没有嫌弃他(白手起家,共同打拼,培养起了感情,这是一种亲情式的爱情;家庭条件差不敢离婚;这里提到了对婚姻和家庭的投资，包括买房子和生小孩，这增强了他对婚姻的承诺）。有时他会明确告诉老婆，去哪里喝酒。

前几年，有一个长汀的女的帮忙做小工，工地上有10个师傅帮忙干活，他们发现我与那个女的关系比较亲密。他们告诉我老婆，老婆来到工地，叫那个女的不要做了，账目会结给她。老婆当时没有吵，算是给我面子（应对婚姻替代对婚姻稳定性构成威胁的策略，老婆严加看管）。

我隔壁村一个老乡，也是同行，在外面搞婚外情，把老家的老婆离掉，又找新的（对婚姻不忠诚，寻找婚姻替代品，婚外情与婚姻破裂），再与外面的女人结婚。老家的老婆会闹，老公在外面挣钱，家里没顾好，又在外面带妹子。家里的老婆肯定会闹的，家里生活需要钱，问你要钱你说没有，然而你外面搞女人，他也可能有寄钱回家，但正常开支都不够，女的会说我天天在家里当黄牛，你却在外面搞那个，只顾自己快活（夫妻在婚姻中的投入与回报产生了不公平现象，有诱惑力的婚姻替代构成了对婚姻的威胁，婚姻失去平衡，一个顾家，一个不顾家）。

他问过朋友会不会后悔，朋友说不后悔，要离就离，反正孩子她又带不走，我们又没钱，有没什么家产（家庭贫困，离婚不会造成财产损失，婚姻投资少，离婚造成的损失小）。

我也劝过，说你们是正式夫妻，就算你们结婚五年，也有五年的感情。你跟现在的这个女的，明年不知道会怎样，如果这个女的明年跟你提出离婚，你怎么办。他回答说，如果真怎样，那是我的命。

我说我是一开始就没钱，老婆跟着我，慢慢起家（白手起家，共同打拼，在这个过程中产生了亲情式爱情，产生了浓厚的情感）。但往往夫妻争吵的情况是家里没钱，又爱赌博，欠别人钱；或者没钱，又在外面找女人，家里没顾到（夫妻矛盾源于家庭经济、不顾家）。在这种情况下夫妻会吵闹。

林先生爱赌博，他说小时候，七八岁跟着爸爸去玩，爸爸也爱赌，自己在一旁看，很小就耳濡目染。

林先生那位离婚的朋友再婚了，没再生小孩，女儿判给了他，离婚的时候女儿七八岁。后来的老婆结婚后没有生育，小孩由奶奶在老家带。小孩七八岁了懂事了，现在的老婆又没生育，也没带过前妻的女儿，两人没感情，离婚对小孩影响非常大。这个小孩目前十一二岁，孩子的奶奶60多岁，管不住，再过几年，小孩读到初中，没人管，如果不想读书出来找男朋友的话，这样就害了小孩（离婚对小孩有不利影响）。

他这个朋友长得可以，比较风流，跟女孩子在一起的时候表现得很大方（对婚姻承诺较少的人会关注异性，寻找婚姻替代），跟男性朋友玩的时候没那么大方，他会讨女人喜欢。朋友的现妻不会生育，没有小孩就没有牵挂，感情会受影响（无小孩不利于婚姻稳定）。万一哪天她看上更有钱的，这边没有小孩可拴住她。他大前妻两岁，大现妻七八岁。

问及吵架的时候有没提过离婚，他说没有。有一次生气的时候，茶盘都被他扔掉，当时姐夫也在。吵架时他从来没有打过东西，他对老婆说你要走就走。当时是有集资金融，属于民间融资，很早就投出来用了，后面每个月要交三百元。他当时欠妻子的弟弟五千块钱，妻子的弟弟打电话来，老婆说钱先要还他。我对老婆说家里有多少钱，你们兄妹比较好讲，先还部分比如两三千。集资你既然参加了，月费是无条件要交的。老婆说欠谁的钱都要还。我说集资的钱是必须按时交的，到了日期不交会失信于人。夫妻俩为钱是先还给亲戚还是先交会费发生争吵。晚上回来要交会费了老婆说钱给弟弟了，这边没钱交会费了。

老婆连自己的伙食费都没留就先把钱还给了弟弟，为此他很生气。姐夫当时在这里泡茶，帮我们交了会费。岳母当时住在东肖镇，老婆要去那里，我说你把小孩也带去，小女儿我带不住，你要去那边住几天，消消气，可以。老婆虽然脾气大，但气消得快，气消后她仍然会去做事。

我对老婆说，以后你要用钱要提前跟我讲，比方房东今天给我5000元，你拿去用了，明天我给工人开工资怎么办，你不讲信用，工人不会给你做工。你起码要告诉我，钱要还谁，家里还有多少钱。现在在钱的问题上，她没有主动权，因为她不知道家里的钱到底什么时候要做什么用。

弟弟向她借钱，她不敢自己做主张，会说问你姐夫，不知道有没有，不敢自作主张了。确实家里有点钱，这个钱可能是答应给工人发工资，房东提前拿来了，放在家里，你用到别的地方去了怎么办。

问及你有自己做工吗？他说工人少的时候自己也有做，工人多的时候比如大工地，自己没法做，要负责管理工人。这半个多月自己没做工，不会做，前半个月工地刚开始，请师傅200元一天，自己做了一天，也有200元，自己做了一下，发现受伤了，我也没管它，身体又没扭到，后来越来越严重，拍片发现是骨质增生。

这段时间自己没做工，但会到工地安排好工人该做什么，然后回来。

自己负责把活拿回来，然后找工人做，做套房装修的时候，自己也做，请小工。做一整栋房子装修，两个店面六层楼一直上去，这样就请师傅做。

他说对婚姻法不怎么了解。他听别人说离婚要赔偿，他说在我们农村，如果不是自己盖的新房子，是旧房子，不值什么钱，因此离婚就没有赔什么钱，自己只是农民一个。

问及朋友离婚有没有给朋友做工作时，他说自己是收到结婚请帖才知道朋友再婚的事，平常只有电话联系。

他说"人这个东西看不清楚，朋友觉得娶后面这个女人会更好"。他说，有时候跟朋友聊起这事，起码来讲，前妻有给他生女儿，现妻则没有。他说自己是不愿意跟不会生育的女的在一起的，他说娶的老婆若不会生育宁可不要，说真的，不管是男是女，生一个就好。有个孩子才有个家，有孩子有牵挂。他说谁都是为了孩子、为了家，一步一步看着孩子长大，人都是这样子。没有孩子，作为男人会灰心。

问及你现在包活干的动力是为了孩子吗？他说，现在有小孩，女儿大一些了会听得懂话了，他说自己对女人不要求什么，像我们家没法跟别人比，女儿会读书，自己就算贷款也要贷给她读书，若跟自己一样不会读书，出来打工就完蛋了。

笔者问，你跟老婆结婚十一年了，在相处过程中没有过离婚的念头，他说吵架的时候有提过离婚。前几年她怀孕的那一年，我赌六合彩输了三四万元。她说你做工程挣的钱输掉不值得，双方吵架，她说你再不改，就跟你离婚（赌博与婚姻不稳定）。他说如果打麻将输个几百块，老婆不会管，她自己也在旁边看，打麻将坐下去总会有输赢。就怕赌博后陷入其中，我们做工的，像自己的钱是靠双手挣来的。什么都靠自己，不像别人父母亲有钱，欠人家十万八万块父母会帮忙还，自己得靠双手去挣，老婆这样讲自己能接受。

家里还有个哥哥，两个姐姐，哥哥48岁了，还没结婚，哥哥以前是煤矿工人，那时做煤矿工工资很高，收入还可以。问及为何未婚呢？他说哥哥爱赌，有钱时哥哥说"有钱哪里怕没有老婆"。但在农村如果过了30岁，如果家庭条件差，就很难娶上老婆了。在外面离过婚的女人条件也很高，若有房会比较好找。如果没有工作没有那个，哪里找得到，即使上门，人家也会嫌弃你（婚姻市场性别比例失衡致使家庭条件差的农村适婚男性难找对象，阶层地位影响择偶，农村社区中家庭地位低、家庭贫困的农村适婚男性存在择偶困难)。

笔者问你们村光棍多吗？跟哥哥一样未结婚的有四五个，三十七八岁未结婚的也有两三个，30~35岁的也还有，40~45岁的已定型了(农村婚姻市场适婚者男多女少，性别比例失衡)。他觉得找不到老婆的原因主要是性格，以前姐夫帮哥哥找了一个，那女的下班的时候打电话给哥哥，叫他去接，哥哥说电视很好看，很难沟通，就没办法找女朋友。

老婆小他四岁，1981年的，老婆的父母在她十几岁的时候就在龙岩打工，而自己16岁时出来打工，他一直待在龙岩。

做工过程中婚外情的机会还是有的，以前做工的时候会有婚外情的机会，现在比较少了。30岁左右的女的谁也不愿干装修这种脏活，砂浆黏在衣服上很难洗掉。做小工一天100元，衣服的钱都挣不到。现在做小工的都是年纪大的，小孩已经很大了，家里没事。他说自己以前做学徒的时候，工地上做小工的很多是小女孩，读书毕业出来去干活，像培训班一样。像自己这一行找的老婆都是做工的时候认识的，认识了就结婚。

笔者说像你们夫妻俩认识才三四个月就结婚也算是快的。他说当时自己年纪比较大，不可能再拖，结婚的时候自己没钱，先领证，从认识到结婚没超过五个月。与老婆是经人介绍认识的，认识后双方父母同意。当时岳父母要两万块聘礼，姐夫他们都反对这门婚事，说太贵了，自己老家当时娶老婆只要五六千元。像自己的家庭条件别的女孩不会嫁给自己，自己家庭很差劲，别人会嫌弃(家庭社会经济地位低，婚姻选择余地小，促使他珍惜现有婚姻)。我说自己谈的多少钱都可以，没钱可先欠着。我们那边娶老婆不能欠钱的，老婆家那边可以欠，她们那边历来都可以欠，不过那边的价钱比较高。一般的家庭拿不出这么多钱，但这个钱是无条件要还的。

在认识老婆之前也有谈过恋爱，是以前给自己做小工的。那时她哥哥要结婚，她说要2000块钱，她说你先给我父母亲2000块钱，她哥哥娶老婆急着要钱，先交这2000块钱算作订婚。我回去问父母，他们说没钱，真的没钱。自己当时当学徒，一天30元，一天伙食6元，包抽烟喝酒，一天10元，租房子一天3~5元，做一天可存15元，但是做个十来天，和一起玩的在大排档吃，一个人当时没牵挂，钱就这样花了，连要不要给家里寄钱都没去想。他说也不能怪父母，自己没寄钱回家，父母种田哪来钱存。家里虽然田多，但没用，种田一年除去买肥料等开支就所剩无几。家里就种烟叶和水稻，其他没什么收入，家里存不到钱。他说村里跟自己年纪差不多的哪一个结婚不是父母亲出钱的，自己不要出一分钱，只要你找好对象，有的甚至会帮忙找对象，你就等着娶老婆（家庭贫困不利于成婚）。

他自从当学徒后没花父母一分钱，自己也没寄钱回家。在城里待越久朋友越多。上半年比较没活干，没活干的时候大家一起玩或吃，吃完没事就打麻将。下半年比较有活干。那时挣的钱基本都花掉，没有存钱娶媳妇的想法，自己够吃够花这样子。有些人说要给自己介绍对象，他说不要，别人介绍肯定不行，家庭经济背景实在不行（家庭社会经济地位低下影响择偶成婚）。

我曾经谈了个女友，带回家，当时邻居开了个杂货店。回去的时候身上没什么钱，跟邻居赊一箱啤酒，邻居不肯，后来去另外一家店买，回来路上看到邻居的儿子，我说你妈妈不肯卖给我。自那以后，过年我很少回老家，被村里人看不起（因为家庭贫困遭遇村民歧视，被人看不起），我也从来没向村里人借过钱。自己父母家庭条件差，两个儿子没有本事娶老婆，家庭背景差。我跟妈妈讲，你不要着急，你自己挣给自己吃，结婚的事叫你帮忙，你们也帮不上忙，你们不要过问这么多，不要托媒人找，我也不回去（家庭经济背景差影响成婚）。

现在住的房子是 2009 年买的，我很想回老家建房子，老婆说你一整年在龙岩打工，出来租房子住，家里房子装修好了，就逢年过节回去，她宁可在龙岩买（买房是对婚姻的投资，生小孩也是对婚姻的投资）。他说自己不重男轻女，我说即使是女儿，我也要生，管她是男是女。生女儿后，老婆就结扎了，像我们做工程的，生三个家庭条件跟不上，结扎了就会去想再生男的。老婆在手术室生小孩的时候，是剖宫产，医生问要不要结扎，要结扎就结，不用痛两次，我说可以，两个小孩都是剖宫产生的。

生一个女儿太孤单，生两个，以后有事，姐妹俩有个商量。以前自己夫妻居无定所，工地在哪就在工地附近租房子，小孩子那时读幼儿园，在哪里都可以读，后来读小学，再不固定住所不行。很多人说，这边买不如在老家盖。盖房子在老家没用，住老家没活干，在这里认识的朋友基本都是同行，不同行也基本是相关的如水电、油漆工，大都是搞装修的，也算同行。

老婆娘家的家境比自己好，她父母比较早就在龙岩买了房子，也比较早就出来龙岩，是一整家人出来。有人说她娘家的泥巴墙不能住人，因此一家人才出来打工。老婆排行第三，有个姐姐。她们家男的才读书，老婆两姐妹没读过书。

他老家所在的村庄只有四五百人，老家的田一般种点菜吃，很多很好的田都荒掉了。在家的人即使没打工也不怎么干活。做小工一个月的收入种谷子一年都比不上，还累得半死。种田六七月农忙时，天再热都要去收割，做工随便做都有这个收入。春节、中秋节回村里看到很多人天天在家玩，出门也没什么事做，开开店什么的。很多人在吃老本，今年村里有人搞养殖，规模较大的收入还可以，小打小闹没什么用。养猪的特别多，养得少的也挣不到什么钱，去年和上半年要亏。最近虽然价格好，但很多没有猪卖，只有在价格高的时候有猪卖才有得赚。

笔者问你老婆会把你跟别人对比吗？他说她也会，我会说你如果觉得别人好，你不会嫁给他。人有什么好比的（尽量不进行社会比较，从而增强自己和伴侣对婚姻的满意度）。

问及你们结婚已经十多年了，婚姻能维持这么久的原因是什么，如何不像你朋友那样婚姻破裂。他说，老婆脾气不好，性格不好，老婆说的时候、骂的时候，自己会迁就，会忍让（夫妻相处过程中互相忍让有利于婚姻维持）。老婆骂的时候，自己不跟她吵，老婆的骂自己听习惯了。老婆脾气不好，自己能接受，无论什么事，忍一下就过去了（行为维持机制：顺应行为，包容迁就）。

除非打麻将的时候老婆说自己，自己才会回嘴（在公共场合男人需要得到妻子的尊重），一般情况下自己会忍让。老婆也会打麻将，自己不会过问她是输是赢。以前自己开麻将馆，她在一旁说这个说那，麻将桌都会被我掀掉。我的观点是，我自己挣钱输点你还说，我都没说你。其实话不能这么说，要不然她会把小孩扔给你，自己出去打工（互相依赖，可以用互相依赖理论来分析婚姻的关系的维系）。

往年麻将打得多，一个月会有十次，十二点之前要回来，第二天要起来干活。没活干的时候，若朋友打电话来说三缺一，就会去，下午去打的话，晚上八点会回来。

老婆会打麻将是他教的，他说之所以教是因为以前她不会赌，自己输一百块她都闹得要死，我当时想如果你会打麻将，就不会为输钱而叫了，就教她打。

老婆性格比较直，有话憋不住，会讲出来，但她不会乱发火。她讲话很大声。

他说自己不会对婚姻感到失望，虽说结婚这么多年，但很少去岳父家，十来年才去过三次，龙岩这边的是养父母，长汀那边的是生父母。生父母（在濯田）那边每年都有去，养父母比较势利，我们没钱，他们看不起我们。

跟老婆的父母来往多，我们有困难跟他们讲，老婆的生父母会帮我们，而她的养父母则不但不帮还会说，别人装修的怎么有钱，你怎么会这样，我听了就恼火。

问及他作为丈夫对家庭是否尽力了，他说："现在已经有房子了，老婆嫁给自己后也没外出干活，他觉得自己对得起老婆了，自己每年的收入也算得出的。我自己做工的，没有乱花钱，有顾到家庭。对小孩我们该付出的会付出。"（对家庭有责任感，顾家）像我同学，儿子十多岁，儿子感冒都没理过，都是父母亲帮他，像我们是什么事情都是自己做。我跟老婆讲，人真的不能比（尽量不进行横向社会比较也是维持婚姻满意度和维系婚姻的一个策略），有个小家庭有现在这样子就知足了，房子的债还掉，自己对买车没爱好，自己好喝酒，有个二三十万养老，就心满意足了（因为家庭原来的社会经济地位低下，现在家庭经济社会地位有改善，纵向的比较增强了他对婚姻的满意度，他对婚姻的满意来自纵向的比较，因为内在的对婚姻的期望值不高，因而容易满足；婚姻满意度高的原因还在于尽量不进行横向社会比较）。

对这个家老婆也有尽力去经营，以前租房子，跟姐夫一起租，一人交一次月租。轮到自己交房租的时候正好没钱，我跟她商量，房租是准时来收的，900元一个月，我们没钱交还会被人取笑，我说你的项链先拿出来卖，她也同意（老婆的牺牲行为，愿意牺牲自己的个人利益，为了家庭的整体利益，这属于行为层面维系婚姻的机制；夫妻都顾家，都有家庭责任感）。

她有时会讲起来，跟你结婚以来没得到你一克金子。我说以后有钱了给你买一条（答应对妻子进行补偿以提高妻子的婚姻满意度）。

6. 陈先生

陈先生，1972年生，初中文化，妻子李女士，1974年生，文盲。夫妻有两个小孩，女儿1998年生，儿子2004年生。一家七口人，分别是父母、弟弟、夫妻俩和两个小孩。

在访谈中，陈先生告诉笔者，没读书后，他在老家务农三年，21岁左右到广东东莞打工，当时家里盖了房子，欠了债。虽然在家务农也能解决温饱问题，但为了改善家庭生活状况以及还债，他外出务工。他说，当时不好找工作，来到东莞后在一家服装厂做工，先在该厂的厨房负责切菜，后来学到技术后，在服装厂熨衣服，工资1000多元。

他26岁结婚，1997年结婚，1998年生女儿，妻子与他属于同一个镇不同村，夫妻从小就认识，当时他与妻子都在外地打工，订婚后，婚事都由双方家长安排。婚前并没有感情基础，婚后两人一起外出打工，在同一个工厂，先住宿舍，后租房一起住。怀孕后他与妻子回到老家，女儿出生后，他便继续外出打工，妻子在家带女儿，女儿断奶后由爷爷奶奶带，妻子与他一起外出打工。他打工挣的钱会寄回家或带回来，钱由妻子管。

他在东莞打工近十年，后来在广州白云区亲戚开的工厂打工，到2018年2月20日笔者访谈时已在广州打工近十年。

自儿子出生后，妻子与他分居两地十几年，平时电话联系，节假日他会回家与妻子、儿子团聚，暑假时妻子会带儿子到广州来看望他，一般只会待几天。

儿子出生后，他继续外出打工，而妻子留守，这是夫妻协商的结果，因为只有这样才能既改善家庭经济状况又兼顾到儿子。他给出的解释是，儿子比较调皮，爷爷奶奶管不了，因此妻子留在老家照看儿子。他还说，之前女儿留给爷爷奶奶带，女儿没有跟同辈群体玩，经常待家里，性格内向，现在女儿已经20岁了，还是很内向。

陈先生说，他与妻子有好几年没回家过年，是由于回家的车票不好买。女儿留守在家，他与妻子回家，女儿都不认识他们，说到这里，他很难过，眼睛里面含着泪水。

2007年他家重新盖了房子，花了15万元。他在广州打工时工资收入每月六七千块。

他说结婚总共花了3万元，钱都是他自己打工挣的。目前他所在的村庄结婚要花三十万元，见面礼低的10万元，高的16万元。

他说女儿才20岁，已经要好几户人家到他家询问婚事（婚姻市场性别失衡使女性有优势地位）。其中有户人家是做生意的，家庭经济状况很好，在井冈山市有几套房子，在龙市镇也有几套房。陈先生的弟弟二十九岁，尚未结婚，还没有女朋友。

问及夫妻两地分居对婚姻关系的影响，他说在与妻子分居期间也会担心妻子。因春节不好买车票,他与妻子四五年没回家过年。他说回到家,女儿不愿叫他爸爸,也不愿叫妻子妈妈,说到此,他很难过。

现在妻子在家做陪读妈妈,儿子在县城读小学。妻子现在井冈山市一家幼儿园做饭,儿子上小学前,她在一家瓷厂打工。

女儿是爷爷奶奶带,性格内向,他解释说:"女儿经常待家里,很少跟其他小朋友玩。"如今女儿长大了,还是很内向。儿子出生后,夫妻商量妻子留老家带小孩,而他继续在广州打工。他的解释是,爷爷奶奶只会管小孩的吃喝,其他管不到,另外儿子是男孩比较调皮。

当夫妻有矛盾时,夫妻互相让步。矛盾不会过夜,夫妻矛盾当天便能得到解决。他说打工的目的是养家糊口,结婚前他一家五口,父母、弟弟、妹妹。每人一亩地,种田只能解决温饱,但没什么钱,可支配收入少。结婚前盖了一栋房,结婚后也盖了一栋。他的家庭责任感强。

7. 个案 2-3:罗先生

罗先生,45 岁,张女士,42 岁,他们是四口之家。为了一个家,拼命挣钱,为了钱,张女士督促丈夫加班挣钱。她学习能力较强,是个强势女人。流动后夫妻关系没有变化,在老家时,她烧火,他去干别的活;在外面,她做饭,他烧洗澡水。

夫妻认为种烟不合算,所以为了两个小孩外出打工挣钱(共同的目标把夫妻凝聚在一起,相同的价值观即家庭本位)。外出打工是她提出的,夫妻挣的钱放在一起,很难分清谁的贡献大(她迟疑了一下)。丈夫体贴,会主动帮忙做家务(丈夫角色表现好,夫妻相互依赖,促进了婚姻关系的稳定)。

丈夫先外出半年,挣种烟的成本。夫妻一星期通话一次,聊家里的情况,互相体谅、体贴。丈夫外出妻子留守,尽管她负担较重,但她没觉得不公平(为了家庭整体利益的改善,不计较谁更辛苦)。外出与留守都是为了家庭(相同的价值观,这里面包含了对家庭的认同;认知上的相互依赖,不把自己视为独立的个体,而是把自己和丈夫作为一个整体,关系取向,家庭本位,愿意奉献)。丈夫是技术工,工资每天 90 元,妻子做小工,每天 50 元,一年做了将近 300 天。

刚出来时,公交车都不怎么会坐,不识字,会坐过站。流动后学会讲普通话了,会坐公交车了。

在家种田,要培养小孩是很困难的,没什么收入。他们有两个小孩,一男一女，女儿已经中专毕业，正寻找工作；儿子读高一，每月生活费400元，她觉得儿子太会花钱了（生命周期处于外出打工阶段，婚姻处于培养小孩的阶段，打工是为了小孩，从家庭生命周期视角进行分析）。

在做工的过程中吃了很多苦，遇到一些挫折，包括工友的欺负，但她觉得自己的付出是值得的（家赋予打工生活予以意义）。她觉得夫妻关系平等，但只是相对平等，很多事情还得他决定，没经过他同意她不能做。在家，夫妻谁都说了算，丈夫的权力相对较大，传统就是男人的权力更大。

夫妻俩都在家庭种田，种植烟叶时，一个在烧火，另一个在弄肥料；一个做饭，另一个去喂猪（夫妻相互依赖、相互依存）。夫妻俩在家种过烟叶、香菇、西红柿，收入都不好。

丈夫在烟叶种下去后，便出去打工挣钱，丈夫出去打工挣钱是妻子提出的，她说："如果我不提，他会思量我一个人在家的辛苦，会不出去。"（为了家庭愿意牺牲夫妻的共同生活，包括性生活；外出前夫妻感情好，夫妻恩爱，有恩才有爱；丈夫体贴，妻子欣赏丈夫，婚姻满意度高；婚姻满意度高增强了她对婚姻的承诺和依赖）。

他出去是为了多挣点钱，增加家庭收入，挣钱买煤、买肥料，她在家干活早出晚归。丈夫外出家里的事她做主，丈夫回来后则是丈夫说了算。妻子主导的家庭决策。

夫妻共同外出也是她提出的，由于种田实在辛苦，又没收入，因此下定决心共同外出（家庭的贫困迫使夫妻共同外出，牺牲了一家人共同生活所能带来的天伦之乐；忍受与儿子分离之苦；愿意牺牲，这是行为层面的维持机制；当个人的夫妻生活与家庭利益不一致时，愿意牺牲个人的利益；愿意牺牲个人的利益去促进家庭的幸福，这是对家庭的承诺和责任感）。

子女越长越大，需要的钱越来越多，在家种田务农难以供子女上学，儿子上高一，女儿中专毕业后，一边寻找工作，一边读大专。女儿现在21岁，张女士深知自己没读书的苦楚，下定决心要培养子女上学（子女是夫妻俩外出打工的动力源泉，家庭的重点在于培养子女，亲子关系重于夫妻关系，为了子女；夫妻的目标一致，价值观念一致；夫妻之间存在契合之情；自己的经历使她意识到要教育的重要性）。

她觉得流动后夫妻关系没有变化，丈夫的权力无论什么时候都比较大，她遇事会跟丈夫商量，而丈夫则有些事没跟她商量（流动并没有改变夫妻权力关系）。

丈夫外出，妻子留守，家庭收入多元化了，对此她说："家里五六亩地，一个人是这样种，两个人也是这样种，他去做工挣钱买煤。"

夫妻都外出后家庭经济得到更大改善，他有能力借给姐姐1.3万元盖房，借给外甥2万元。借给两个哥哥各2000元，还有两个小孩上学的钱及日常生活费用。

夫妻俩都在尽力维持这个共同的家。丈夫外出、妻子留守在她看来对夫妻的稳定没有不好的影响，她相信自己的丈夫，她觉得丈夫很老实，不会去赌，也不会把钱花在别的女人身上（丈夫外出、妻子留守，夫妻关系并没有受影响，这跟夫妻相互信任密切相关；婚姻满意度高，原因在于丈夫体贴、老实；信任丈夫表明妻子欣赏丈夫，与丈夫之间存在契合之情）。

夫妻俩互相尊重，夫妻俩挣的钱放在一起，钱谁都拿得到，她拥有消费自主权，丈夫鼓励她买贵点的衣服（妻子拥有消费自主权，表明夫妻之间相互信任，彼此存在契合之情；认知上的相互依赖，认同彼此；关系取向的交换）。

那时家里很困难（家庭贫困是外出务工的原因），她在家负担更重，她说丈夫在家时，打虫、施肥她不理，而丈夫不在家时，这些都是她理。尽管负担比丈夫重，但她没有觉得不公平，因丈夫外出是为了挣钱，自己在家也是为了这个家（对家的认同）。由于生活很艰辛、很贫困，那时家里很困难，没有人帮忙，没人肯借钱借粮食，她感到很无奈。为了钱，没办法，只得一个外出，一个留守（为了钱忍受夫妻分居，动力是改善家庭经济；愿意牺牲夫妻共同生活，忍受夫妻分居的苦；为了家庭经济的改善，为了培养子女；夫妻的家庭目标是一致的，相似的价值观使夫妻能够正面评价彼此和婚姻）。

她说，自己吃过很多苦，被人看不起，因家里穷，没人肯借钱，没人肯赊账。她觉得丈夫很好，自己嫁了个好老公。丈夫对自己体谅，思量她（她欣赏丈夫，丈夫角色表现好获得了妻子的正面评价）。丈夫叫她不要那么辛苦，而她则是尽力拼命干活，在家拼命干活，在外拼命挣钱，即使身体不好也是如此（婚姻满意度高，夫妻相互依赖，相互感恩，感谢对方对家庭的付出；作为留守妻子能够得到丈夫的关心与体谅；夫妻双方合格的角色表现，夫妻之间相互依赖，增强了婚姻的稳定性；夫妻之间的亲密情感从内部增强了夫妻之间的相互依赖）。

务农很辛苦，打工也很辛苦，一天要做九个半小时，上午7点到12

点，下午1点到5点半。做工过程中曾经被工友欺负，也曾被包工头欺负，在分配活时存在不公平现象（城市敌对的环境从外部促使夫妻相互支持，相互依赖这增强了她和他对婚姻以及家庭的承诺）。

她觉得丈夫的权力无论什么时候都比自己大，男人就是男人，再怎么没用也是男人。男人比自己能干，挣的钱多，而自己没文化，不会算数，刚外出时，普通话讲不好，公交车不会坐。外出并没有从根本上改变夫妻之间的性别关系，夫妻之间原有的性别关系在打工所在地得以延续（在访谈中，张女士不断提及她对丈夫的感激之情和欣赏之情）。

在访谈过程中，基本都是她在说，他偶尔插几句话。外出是为了从根本上改变家庭经济状况，贫困迫使她与丈夫外出。他们种烟种得好，但烘烤不好，扣除成本几乎都没有人工钱。

如果不出去打工，小孩读书的钱挣不到，就是为了小孩，不是为了其他东西。除了为了小孩，也是现在社会变了，在家里种田不合算，会想出去打工。为了小孩是大事，第二个是觉得在家种田不合算。种烟种到哭，烟叶种得好，但烤不好，在烤烟房哭过几次。种得好、烤得好、收得好，才有收成（抚育和培养小孩使夫妻相互依赖，小孩是家庭的重心，夫妻俩围绕着小孩）。

是她提出来要去打工的，丈夫觉得母亲老，没人照顾，她说没办法，钱不够用。是她想出去的，也是她决定的。丈夫没反对，对她的说法表示赞同，出去挣得到小孩读书的钱就算可以了（外出打工挣钱培养子女上学；在访谈中张女士一再提及经济原因是外出务工的首要原因）。

丈夫没反对，只提了一句：要出去就两个人都出去，他母亲那么老了，夫妻都出去，母亲会更轻松，不种田，不用养猪（对母亲的孝顺）。

丈夫先半年出去，去龙岩扛柴，扛柴扛到肩膀出血。她在家种烟，烤烟时他回来（灵活安排做工或打工，短暂分居）。他一星期打一次电话。小孩、老人都是她照顾，田里的事也是她做。什么事都要她做，她的负担更重，但她没有觉得不公平，她也不会说不公平，她的意思是：他出去是挣种烟的成本、买煤的成本，用来买肥料、交小孩上学的学费。种烟的钱要收购后才有。烟叶种得好，才赚两三千元，因此没钱（家庭本位的价值观合理化了夫妻之间的不平等分工，夫妻之间的交换不是直接的而是间接的，通过为家庭做贡献来间接实现夫妻彼此的交换）。

她是第二年出去的，烟叶、稻谷收成后，田借出去后才出去。

他先出去那半年，家里的事、田里的事都是她做，她很辛苦，但她没有意见（关系取向，互相体谅，夫妻关系好）。她说他也是很辛苦，她体谅他的苦，我们本来关系就很好，不会闹矛盾。他一星期电话一次，天冷时会打电话回家。电话中一般交流：你干活有没请人，不要拼命，我会拿钱回来请人。他会问家里留起来的猪仔好不好喂。我问他会不会很累，他说很累、很苦，肩膀扛柴扛到出血，这些苦事她都记得（夫妻双方合格的角色表演，相互依赖；作为夫妻相互体谅，作为父母努力培养子女；夫妻之间存在亲密关系，表现在互相体谅，共同的经验增加了夫妻之间的亲近之情；流动前夫妻关系状况好，在分离的生活中互相关心、互相支持、互相体谅）。

他出去挣钱也是为了这个家，你在家也是为了这个家，各人都在尽力。两个人在家时，去田里干活没什么分工，同时去干活，她烧火他拌肥料，她挑水桶施肥时，他去田里干活，重活他做。干完活一起回，回家他有帮忙做家务，他自觉去喂猪，不要人吩咐（夫妻都在家务农时互相配合，一起分担家庭责任；对家的认同使夫妻都愿意分担家庭责任；她感激丈夫的担当和责任感，丈夫愿意分担家庭责任和家庭压力，属于恩爱夫妻，感谢各自对家庭的付出与共享，夫妻通过角色分工相互支持，相互依赖，尽力履行对家庭的责任）。

她说妇女肯定要做更多家务，最起码要挑尿桶、洗衣服。我们长汀没男人洗衣服的风俗（传统文化规定女性承担更多的家务责任）。

女人生病不能做时才由男人洗衣服，风俗如此，一直就是这样。现在夫妻都出来了，夫妻平均做，他很勤快，她说洗好的衣服他会拿去晒。她觉得未出门时夫妻关系平等，做的东西没分，她做的事情他会帮忙做，全部事情他会帮忙做（共同的经验培养了夫妻之间的亲近之情，平等的性别分工也有助于婚姻关系的维系，外出后性别关系有一定改变，夫妻关系平等；客家妇女勤劳，除了犁田由男的做）。

家里的事夫妻俩谁都说了算，两个人有商量，总的说来他说了算的居多（协商性亲密关系）。她说：当然是男的说了事算。

夫妻在一起做工，360天在一起，他做石匠，她做小工，他90元一天，她50元一天。

笔者问："你们俩谁对家贡献大？"

她说："怎么样才算贡献大？"

她付出更多,她说自己一天不干活就不舒服,他说她更辛苦,丈夫说:"不用怕,休息下。"她更拼命,她觉得天天都要干活,一天不干活就觉得很不舒服(强烈的家庭责任感,家庭本位的价值观支撑其打工)。

问及那时候是怎么想到一个人外出一个人留守的(外出务工的原因,农闲时外出务工)?她说:"田里我一个人种得出,他出去挣煤的本钱,煤要一千多块。"秧苗插下去后,她说冬天更要出去挣钱,家里没事可做,女人冬天没事时去砍柴,找小工做,不敢浪费时间(外出务工最主要的原因是经济原因)。

她说自己在外面一天没干活就会大喊大叫,会骂老板(没活干没收入就不舒服,打工的目的就是挣钱,没活干意味着没收入;家庭责任感强,愿意为家庭奉献自己,愿意吃苦,愿意付出;责任伦理,突出对家庭的付出与责任),说没活干就不要答应我。去一天两人有140元,不去干活一毛都没有。在外面租房住,床也在那,灶也在那,她觉得那边像家一样,女儿对她说:"妈妈,这里好像一个家。"她说:"那也像老家一样,十分熟悉。"她说:"自己过年时,不怎么想回家,去那里自己还更熟悉,在那里住五年了,当然熟悉。"

(身份认同)尽管在过去五年中大部分时间在城市住,但她仍然觉得自己是农村人,无论什么时候都是农村人。她说屋又没屋,就是打工的哪敢说自己是城里人,为了挣钱才出去那边的,不然怎么会去那边(城市只是打工的地方,家乡的土地和房子是农民工认同家乡的原因)。

在那边干活,天天有活干,则那边更舒服。如果玩一两天,没活干,她说自己都会爆炸,有活干挣钱有劲(有动力)。有活干就会不想回家,反正天亮了,就跟丈夫骑摩托车去工地(责任伦理,一起到工地干活)。

她买菜、烧火、洗衣服,他洗碗筷、烧洗澡水。她说丈夫这两年更勤劳,原因是她做多了身体会这边痛那边痛,他当然要帮忙做。她说自己的身体跟以前不同,他更体谅,以前他没有这么体谅。以前更懒,现在更勤劳得多。现在一回家,她压饭、炒菜、他烧水,水烧好后,一般先洗澡,然后吃饭,吃完饭她洗衣服,他则洗碗筷(夫妻相互依赖,相互配合,丈夫主动做家务,体贴妻子;妻子高度评价丈夫是因为丈夫角色表现佳,欣赏丈夫;合格的角色扮演增强了婚姻稳定性;丈夫愿意分担家务,平等的性别分工有助于婚姻关系的稳定)。

她觉得他作为老公:"无论如何,她已经认他好,工地上只有她讲老公好。"(欣赏丈夫,妻子高度评价丈夫,源于丈夫角色能力强,角色扮演佳)即使她对他生气,她也不会说他的不好。她说:"家里不好,外人欺,本来自己就是出门在外,你家庭不好更加被人欺负。"(外力促进婚姻团结)贵州、四川的工友对她说:"阿姨,从来都没人说老公好的,就你一个人说你老公照顾你怎么样好。"她说,本来就这么讲,他就是这样照顾我,他一直叫我不要去做。有一回,我说要去做他说不要,他的手机不拿给我打电话给老板,意思是他体谅我、思量我。

她觉得他作为老公和父亲对家庭尽了力,十分疼爱小孩,她说:"过分疼爱,不会大声骂小孩,小孩被他顺坏了,他宁愿自己累都不叫小孩去干活,现在的社会不同,小孩都在玩,小孩没钱时,他对小孩说不要担心,自己去叫老板拿钱,他从来没骂小孩。"他说:"生了个好女儿,女儿会打电话、发短信,对父母有良心。"(责任伦理,丈夫角色表现好,夫妻相互依赖)

夫妻俩挣的钱放在一起,她说:自己从来没跟丈夫说,我挣的钱我拿起来,你挣的则你拿起来。为了一个家庭,两个人为何要分开,钱从来没分开(家本位的资源管理模式)。

有人说:"钱肯定她管理。"她说,你不信可问我老公,老公作证最好,是他拿还是我拿,买菜的钱放在那,不是说谁拿。他口袋从来不装钱,钱要寄给小孩还是要存起来都是他负责,她没理,她说,我又不识字,自己没读书。

干活很辛苦,天晴下雨,天再冷都要去,路再远也要去。挣钱很辛苦,流了很多汗,对于这个家付出这么多,为了挣钱培养小孩,她觉得自己的付出值得。她说,为了一个家,为了两个小孩,当然值得(子女是夫妻打工的动力,子女是父母的未来和希望,农民工夫妻觉得为子女付出值得;子女的抚育与教育使夫妻相互依赖)。

对于儿子读书,她说,要尽力,她对儿子说,你一定要勤奋读,你如果考得到,我们两个再苦都要你读,我有决心让你读。现在婆婆已经安排了(去世了),两个小孩无论如何都要培养,以后读书出来进得了公司,她自己有一碗饭吃(子女对于家庭的重要性不言而喻,这也表明纵向关系依然重于横向夫妻关系)。

她觉得男人的权力更大,有些事情她要问过男人。老板有些活拿给我们做,他不同意就不做。

出去做工后，家庭经济有改善，最起码可以攒些钱，借了钱给姐姐盖房，在家里干活十块钱都拿不出，只有两仓稻谷。培养小孩从经济上讲更容易，但对小孩教育不够。小孩不在身边她觉得对不起小孩，她一直担心小孩学不了好样，没读书。

她知道夫妻俩挣了多少钱，买衣服什么的她不用过问丈夫，可以自己决定，要买就去买（丈夫在经济上信任妻子）。

夫妻俩出去做工，婆婆还在时，两个小孩留家里，婆婆不在了，就安排给姐姐、姐夫（家庭支持网络）。第一年出去打电话回家时，自己话都说不出来，只会哭。意思是自己对小孩太过分了，觉得自己对不起小孩，那时候在深圳，两个小孩在被窝里一夜哭到天亮，哭了三四个星期，被小孩这么一说，她的眼泪更加控制不住。小孩现在长大了，不会那么想父母了。

自己对于家庭的责任，就是为了小孩，与丈夫共同养家糊口（夫妻相互依赖，家庭责任夫妻共同承担）。

可能是干太多活了，肩膀在去年冬天贴了很多止痛膏，一天干9个半小时，提砂浆时间太长，很少休息。丈夫做到将近300天。清明、八月初一都有回家。

社会交往方面，没跟人玩，门关起来睡觉。租房住，有卫生间，房东对她很好。如果有钱，绝对回老家盖房子，暂时没能力做（认同家乡）。

一个人外出，一个人留守在家，婆婆会骂她，丈夫在家时婆婆会忍。夫妻关系稳定，要买煤会寄钱，扛柴挣不到钱。丈夫一般都是在外头做工，摘烟叶、烤烟叶时回家帮忙。在龙岩做了七八年，做几个月回来烤烟，水稻插完后又出去（农忙时回家帮忙，农闲时外出务工）。

他出去做一段时间会回家帮忙，然后又出去。他出去做工虽然是在烟叶种完后，但烟叶的管理，大人、小孩的照顾都由她负责。她说：她的负担肯定更重，她不会觉得不公平，要出去挣钱，这有什么办法，自己会更辛苦些（为了钱，夫妻分居很无奈；为了家庭整体利益牺牲夫妻个人利益，通过改善家庭经济来合理化夫妻之间分居；张女士的话语中充满了无奈）。她从来没说过自己在家里更累，因为一个人出去挣钱，一个人在家，等于收入会更多。

他说，她在家负担更重，做事要想，像烟叶敢不敢再施肥了，再施肥会不会长得太好，自己在外面没什么可想，吃饱饭去砌砖，其他没什么负担。

那时候打公用电话，打到邻居家，叫她去接。7~10天打一次，家里要用钱时会寄钱回来，不要紧时则带回来，那时买煤要好几千块（通过汇款来承担家庭责任和维持夫妻之间的互动，丈夫的行动策略：打电话关心妻子、汇款回家、农忙回家帮忙）。

后来之所以两个人出去是因为烟叶烤不好，只有三四千块收成。烤烟房又一直在修，因此不想种了。小孩越大越需要钱，因此才出去。如果烟叶烤得好还不会出去。这个决定（两个人一起外出的决定）是她提出的，她说跟他一起去做，不种烟叶了，田借给人，他去问谁要，然后就把田借出去。他同意她也出去。

他一个人在外时会想小孩，他会交代老婆要如何做，会叫小孩要听话。他不在家时，她能解决的都由她解决，她不知道电话该打给谁，一般是他打回家，家里的事情都由她处理。他说她种田厉害，农药、肥料都是她处理（妻子独立性强，能独当一面）。她说，真是她提出来要一起出去的，没有跟婆婆商量，只是跟婆婆说，我要出门，家里种烟挣不到钱，公公婆婆商量一下就可以。老的说，你出去就出去，我省得喂猪。他也说，自己夫妻出门母亲更高兴，意思是不种田她不用晒稻谷更轻松，老人家在家没什么负担（孝顺老人）。

一个人外出，另一个人在家，家庭经济也会更好。她说，只有这么多田，一个人是这么做，两个人也是这么做（家庭贫困驱动丈夫单独外出）。

她说在家种田一个人也能应付，但会更累，比较没时间玩，天天都要去做，也没请人，他会打电话叫她请人（丈夫体贴），他怕她一个人累、应付不了。但她不会请，她从来都没请过人干活。她说自己一个人一天能割六石稻谷，他会用摩托车帮忙载。

她说种田种怕了，因此不种了，除非田没人要，要不永远都不回来种田。两个人出去后家庭经济情况好得多了，两个人都有做的话，一天有140元，如果不出去做工，哪来钱借给人（富足的家庭经济也是婚姻关系得以维系的一个重要因素，这或许是农民工夫妻关系稳定最主要的原因）。

她说，自己出去外面也很拼命，即使有疼痛，也十分勤劳。她说以前即使生病，也能拼得下来，也不要吃药，现在年纪大些了，就不行了。丈夫经常骂她不顾身体，叫她不要拼命，要身体好（拼命挣钱，体力劳动）。

她说夫妻同心，觉得干活有劲，今天挣了钱，会天天想去做。夫妻合得来，夫妻 24 小时在一起，哪里会走漏（监督丈夫），电话费也省了（夫妻关系好，妻子监督丈夫；共同的生活经验增进了夫妻之间的亲密感、亲近感）。

她说一家人也好，夫妻也好，子女也好，要看得起大人，这样就不用操心，你弄点事情气我，我弄点事情气你，这样会气坏身体，人会老得快（和睦的家庭关系）。

笔者问，他在外做工，你在家监督不到他，会对夫妻关系有影响吗？她说，他出门时她会掉眼泪。有人问她：你老公回来没，她说，自己无法回答，眼泪都快出来了。老公不在家自己被人欺负，但对夫妻关系没影响。他一个星期会打一次电话回家，他这种人够老实，不会怀疑他做什么事，因此不会产生矛盾，其他的不会怎样（契合之情，夫妻相互信任，信任是夫妻关系的基石、润滑剂）。他出去她不会对他有怨善，他出去是为了家好，为了家好才要去出去，要不然为何要出去（访谈中多次提及"为了家好"，家庭本位，文化的视角）。

她在家种烟叶，烟叶她一个人管得了，所以他外出做工的钱是多余（额外收入）的（家庭收入多元化）。那时他去做工也是她叫的，几乎都是她叫他去做工的，他会不舍得出去，他思量（考虑到，体贴）妻子一个人在家难累，这么多田。她觉得这无可奈何的，早上很早就出去干活了，回家还要做家务事，婆婆蒸好饭后，她炒菜。

她不会感觉不公平，她说这是没办法的，不会说公平不公平。出去挣钱的最终目的是小孩，小孩越大越要钱用，怕弄不到钱给小孩读书，得早点出去挣。儿子读书花了一万多块，在家种烟的话很难拿得出这个钱。

因为种烟没能挣到钱，她就种蘑菇，投资一万多元本钱，没挣到钱，种西红柿也要很多成本，种了 1000 多棵，这些都未挣到钱。在家里想了很多办法挣钱，就是挣不到钱，因此她说，明年不种烟，田借掉，出门做工。他说：小孩还小，我妈又那么老了。她说：我不理那么多，小孩以后如果真的会读书要钱，那怎么办。她说：如果待在家顾了小孩就糟糕了，钱拿不出来，一直种烟下去能种几块钱。我是普通话都不会说的，不管那么多，普通话不会讲也要出门。不会讲普通话照样还能学会。

她让子女到镇上读书，说村里读书学不到（知识），两个小孩花了近千元，女儿不想在镇上读，要回村里读。她用摩托车送女儿去读，女儿偷偷跑了回来，女儿躲到另一栋屋，后被她奶奶发现，弄得没办法。婆婆劝说,她不读书就算了,让她干活。她回婆婆,我因为没读书,在这里不得过(日子难过),你还要叫她干活。

女儿说就要回村里读,后来请村里小学老师及村干部吃饭,把女儿弄回村里读。她对女儿说,你一定要读,像我没读书笨得要死,你无论如何都要读。女儿在厦门读书对同学说:"要不是我妈那我完了,十四岁就差点没读书了。"这些事都是她做主,那时他没手机,没法联系。只有他打回来没有她打出去,没办法跟他联系。

她自己种香菇扛柴扛到肩膀出血,丈夫外面挣钱扛柴也扛到出血,她说:自己没读过书,十二三岁开始学干活,她自己尝过了生活的苦,因此想方设法要把小孩弄出去。她说,要让女儿读下去,还剩两年,大专毕业证书要拿得到。

她跟丈夫说,如果有去读书我不会那么笨,那时村里办扫盲班,老少都读。等她去读时,快结束了,才读了近十天就没了。老师说可惜了,你没读。

夫妻在家时,她烧火,他拌肥料,她弄好猪食他喂猪,不是说分工不分工,他一直以来就很晓得做(懂得合理分工),不需要她提醒,他会主动去做(丈夫主动帮忙做家务)。

家庭事务夫妻商量,在外面也像一个家,就是没养猪,小孩不在身边。她说,小孩以前在家,我外出,到时候我不会挣钱了又要离开小孩,自己回家,小孩外出。现在是自己外出,以后是小孩(接替式外出)。

她说自己会想小孩,今天女儿回厦门,自己心里不舒服,小孩外出前,她问女儿,跟爸爸妈妈住久了外出会不会舍不得,女儿说会,出门时会难受,到了以后则会忘记。

他一个人在外面时会经常体谅她,电话中说:"你一个人做,来不及要请人。"她也会反过来问他:"在外头会不会很累,以及其他什么会不会如何?"他会回答说:"会哦,会如何哦。"她对丈夫说:"你不用担心,我自己有把握。"

他没出去时,她没理打虫的事,也不知道要下多少肥料,等他出去后他会在电话中交代要如何下肥料,她自己也会问别人。每亩地要下多少肥料她会记起来,如果水稻长得丑就增加点,如果十分好就减少。

她对他说,有一次感冒后去背气筒打虫,没办法,禾苗都快被虫子吃光了,她踏空了掉到河里,爬都爬不起来。这是没办法,他不在家,自己得去做。

　　她一个人做不过来时，他会回来帮忙，正月帮忙把烟叶种下去，出去挣钱一段时间，烤烟时回家，烟地种下去后又出去。

　　夫妻俩经常要分开，她说这对夫妻关系没影响，你要看收入的一面，想想今天他出去了，能挣多少钱（夫妻分居是为了改善家庭经济状况，经济状况的改善也是夫妻关系维系的一个重要因素）。她说，她去永安砌石头、龙岩扛柴、三明铲草，出门年头多了，有10多年了，到处去（妻子支持丈夫外出，丈夫责任感强）。

　　如今是夫妻俩在一起，5年没离开过，她说比夫妻分开好。

　　在她看来，维持一个家，男女的责任没什么不同，挣钱一直都是他挣得多。以前他虽然外出但没见到钱，他父亲病很多，钱花在看病上，钱攒不起来。

　　家庭事务夫妻商量，在权力上她说他更大，要他说的才算，家里挣了多少钱他才弄得清楚，比如从老板那里拿了多少钱，除掉生活费，寄给小孩多少，还有多少剩余，钱是他拿去寄的，自己弄不清楚。她晓得的事可以自己决定，她不晓得的事则他决定。她会说："小孩的钱要少寄，扣除自己的生活费还有多要存起来。"

　　她说夫妻关系平等，虽然他权力更大，出去也肯定是他权力更大。我出去外面，别人都说我权力更大，其实每次拿回来的钱我只看一下，这个是小孩生活费，这是自己的生活费，还有什么钱。我又不会存钱，弄不清。她觉得他的能力更强。

　　很多人问我会不会攒钱，我说不会，因为他不会让我吃亏，从来不会把钱拿去赌，也不会把钱送给女的（丈夫对婚姻忠诚，丈夫不会寻求婚姻替代），我从来不会攒钱，一分钱也不会，你今天要买衣服自己去买，今天你要吃什么自己去买，他从来不会管（丈夫很顾家，有家庭责任感；丈夫信任妻子，夫妻相互信任）。她说，家里的钱谁都拿得到，小孩也是，但小孩不敢去拿。小孩要钱必须经过大人同意，必须向父母要，而不能自己去拿。

　　她觉得外出后夫妻之间的关系没变，跟在老家时一样，反正出门也是这样，进门也是这样，又不会斗气（夫妻关系和睦）。他出门不是出很久，出门一两个月会回家的（夫妻关系原本就好，夫妻暂时分离不影响夫妻关系，而且丈夫外出得到了妻子支持）。

夫妻在一起时他权力大，他不在家时她权力更大，他回家后又是他权力更大，本来就是他更大，我有什么是要问过他。夫妻都出去后，也是什么事要问过他，他做事也有问过她，等于夫妻共同商量。罗先生也说，自己外出后她做主，家庭她管理、她负责，我只管挣钱，家里的事情她做主，她权力更大，责任更大。

她说，那时候自己很苦，以前上半年他出去做工了，烟叶种下去后，自己没肥料给烟叶施肥。那时候肥料20块钱一包，买肥料的不肯赊账，问她有没有钱，她说等家里人去挣，寄钱回来再给你，肥料老板说："你没带钱，我不会赊给你。"有一次下大雨，打雷，要给水稻下肥，还有油柰树快折断要用竹去撑起来。她说，挑起来的竹子有三个人那么高，挑到一手眼泪，一手鼻涕，竹子跟签筒一样会掉出来，就是为了挣肥料钱。

打工后日子好过很多，但要哺育两个小孩，小孩刚好要读书，婆婆去世花了一万多元，所以说没盖房，难道真的没本事盖房？怎么会，我又不会比别人好吃，也不会比别人更懒，我会没本事盖房？我全部都尽了能力去做的（尽力扮演家庭角色）。

过年回家盖房，打工不是一世的（打工是阶段性的）。她说，丈夫会做家务事，如果家里请客有三四张桌，丈夫收拾得很扎实，丈夫做事很周全。她说，他很会做事，对老公很满意，满意是满意，老公有时脾气不好，自己会生他的气（丈夫愿意跟自己分担家务，丈夫能力强，妻子对他满意，正面评价，积极评价丈夫的角色表现；夫妻内聚力强）。

她说，不是自己吹的，自己嫁了个好老公，就是有时他脾气不好，其他没什么可嫌弃的（对丈夫满意，因为丈夫能力强，丈夫会挣钱，会做家务，会做事，有家庭责任感，对妻子体贴）。

她对儿子说，你老爸挣钱十分勤劳，为了你能挣一块是一块，为什么你老爸会那么瘦，就是因为想到你们心里会发愁和着急，拼命负担你们（积极评价丈夫的角色表现，符合妻子关于好丈夫、好父亲的期待）。

索　引

A

爱情　13，15，30，36，70，72，76，77，92，140～145，157，159，161，163，168，169，180～184

爱情婚姻　141，159，168，169

B

半城市化　56

半工半耕　56，58，61

半熟人社会　107

伴侣式爱情　181

C

彩礼　15，36，83，101，151，152

财产分割　148

拆分型劳动力　56，57

再生产制度　56，57

城乡二元结构　26，29，40，56

传宗接代　14，16，73，100，102～104，107，151

从夫居　85，148

D

道德承诺　134，135，137，138，143，144，146，153，155，157，158，160，183，184

道德规范　82，105，134，157，169

道德世界　104

道德危机　100，106

道德转型　100，106

独立意识　27，89，90，97，123，129

E

二元劳动力市场　55

F

分工　15，28，31，40，42，43，60～63，117，118，159，163，180，181

分离的核心家庭　39，40，49，75，132

分离的联合家庭　49

分离的主干家庭　49

风险　5，9，19～23，28，37，38，50～52，56，58～61，63，67，87，153，159

夫妻分居　27，29～31，39，70，78，80，87，89，91，94，98，111，143，167，183

父系家族　102

父权制　62，113，160

分居　11，12，19，21，25～31，33，37，39，40，44，45，51，52，54，60，65～68，70，72，75，76，78，79，80，86～95，97～99，109，111，119，122，126，138，141～143，155，157，163，167～169，178，182，183，185

G

感激之情 164，168，180，181

感情基础 13，27，29，43，70，93，97，98，112，123，124，130，131，140，144

个人承诺 134，135，137，138～141，143，145，146，155，157，158，160，183，184

个人奉献 138，174，179

个体本位 13，17，29，64，99，104，105，107，131，132，158，184

个体化 104，149，153，155，160，183

个体主义 6，100，104，141，155

公共产品 26，27，155

公共生活 101

功利性婚姻 87

功能冲突论 115，116

共同体 36，54，59，87，97，98，103，170，182，183

关系本位 135，146，157，158，184

惯性 76，77，142，155，158

过密型 56

过日子 83，87，106，107，132，149

H

户籍制度 55，58，62，64，101，153，155，159，183，184

婚外情 27，33，34，37，52，55，76，93，109，110，126，128，131，147

婚姻不忠 33，93，123～125，130，173

婚姻承诺 4，7，8，12，45，79，105，134～136，138～141，154，155，157，158～160，169，170，183，184

婚姻冲突 12，89，93，130，153

婚姻观 17，18，20，27，29，30，32，36，38，103，145，153，154，159，160

婚姻关系 6～15，18，25，29，31～33，35，39，44，45，65，66，68，70～73，75～81，83，86～93，96～99，103，108～110，112～115，122，123，126，129，131～136，138～141，143，147，149，151，155，159～163，167～170，172～177，181～185

婚姻回报 5，66，70，75，76，90

婚姻挤压 82，87，151，152，183

婚姻解体 9，18～20，23，24，26～28，31，44，51，52，70，79，80，98，145，185

婚姻伦理 99，100，107，108

婚姻满意度 9，27，44，78～80，86，130，135，136，140，141，145，174，181

婚姻矛盾 37，78，80，107，108，115，124，130～132，183

婚姻模式 37，87，141，156

婚姻破裂 7，12，20，80，83，129

婚姻期望 18，19，143，150

婚姻市场 9，29，38，82，83，87，101，145，151，152，156，159，183

婚姻替代 5，27，28，30，35，52，66，78，79，82，83，86，87，90，136，151，152，159，170，172，173，183

婚姻替代品 151，159，170，172，173，183

婚姻投资 78，79，85，86，87，147，157，158

婚姻危机 18，73，74，92，100，103，124，147，178，185，186

婚姻维系 17，36，45，65，70，76，77，

87，107，109，132，134，142，145，
157，160，162，169，183，184

婚姻稳定性　1，4~7，9~14，18，20，
25，27，29，30，33~35，37~39，41~
44，54，64，66，78~80，83，89~91，
93，99，100，109，110，126，131，
134，135，139，158，160，183~186

婚姻吸引力　79，91，98，134，139，157，
169，183

婚姻幸福　44，80，97，103，110~112，
129，132，135，143，145，152，157~
159，180

婚姻责任感　89

婚姻支付　152

婚姻质量　4~6，13，18，26~28，38，
42，43，54，80，87，89~91，93，
126，141，159，183

婚姻资本　11，72，86，148

婚姻资源　82，151

J

家庭本位　29，31，44，64，87，99，104，
105，107，113，118，131，133，160，
171，176

家庭策略　55，59，60，63，66，67

家庭合作社模式　59

家庭结构　29，40，51，53，55，59，65，
73，100，107，108，162，184

家庭经济　28，30，53，59，67，75，78，
80，81，83，86，87，112，117，121，
123，126~133，149，166，176，179

家庭伦理　13，104，143

家庭生计　61，68，76，80，87

家庭取向　110，130，132，171

家庭压力　28

家庭责任感　65，72，76，89，90，96，
97，113，123，126，128，130，160，
182，185

家庭政治　34，109

家庭主义　6，67，104，171

家务劳动　28，113，114

价值观　6，7，16，18，19，26，31，38，
100，102~105，137，154，159，168，
183

价值理念　13，102~104，154

结构　2，3，8，10，17，18，26，29，
36，39~41，45，47，51，53，55，
56，58，59，64，65，73，83，87，
100，102，107，108，117，134~138，
145，147，151，153~155，157~160，
162，183，184

结构性承诺　134，135，137，138，145，
153，155，157，158，160，183，184

结构性障碍　145，183

结婚成本　31，37，82，87，147，149，
151，152，156，183

禁欲主义　99，105，107，108

经济独立　35，97

经济基础　59，131

经济贫困　82，149

经济维系　65，75，76，132，133

经济障碍　97，149

精神出轨　29

精神压力　28

居住分离　40，48

K

跨国家庭　77

跨省婚姻　36，37

匮乏经济　106

L

劳动力 3，4，22，25，27，30，38，39，47，55~59，61，62，64，65，149

劳动压力 28

离婚成本 31，38

离婚代价 31，150，183

离婚法 94

离婚率 2，3，6，9，13，18，19，21，23~25，27，37，38，44，71，78，94，99，100，105，106，135

离婚障碍 5，66，70，71，75，78，79，83，86，87，89，90，94，96，97，98

离婚制度 94

离异女性 101，104，148

脸面 34，75，101，109，146，156

两地分居 25，28，33，37，92，142，163，182，185

流动 1~4，17~43，45，47，48，50~53，55，57~59，61~66，70，74，78~80，82，87，89，98，100，101，103~105，107，109，110，112，115，118，122，123，129，131，134，135，141，145，148，149，151，153~155，157，159，160，173，181~186

流动家庭 33，35，39，40，51，64，110，181

流动经历 19

流动性 24，101，145，149，153，155，157，182，184，186

留守婚姻 28~32，54

留守家庭 47

留守老人 48，54，64

留守子女 54，64

伦理本位 36，144

M

门当户对 16

命运共同体 97，98

陌生人社会 54，107，153，159，183

N

男女有别 180

农民工 1~4，26~31，33~36，38~43，45，47，48，50~59，61，63~67，70，75~80，82，83，86~90，93，97~101，103，105，108~110，112，113，115~118，120，122，123，129~135，139~164，168~171，174，176，179~186

农民工夫妻 26，28~30，35，41，42，51，54，59，65~67，70，75，76，78~80，83，86~89，99，103，109，110，112，113，115~118，129~131，133，140，142，143，145~147，157，159，161~164，168~171，179~185

农民工家庭 2，4，30，33，35，39，40，42，45，47，48，50~55，59，63~66，75，87，89，93，100，109，129，132，135，161，181，182，184

农民工生产体制 56，57

P

判决书 43，91~96，185

平等责任原则 88

贫困家庭 28

Q

亲近之情 164，165，168，180，181

亲密关系 5~8，68，70，76，92，94，96，114，115，134，147，158，161，163，164，168~170，172~174，176

亲密情感 144，161，163，164，168，169，179，180，181

亲情 13，73，74，124，140~144，157，161，163，169，180，181，184

亲情式爱情 142~144，161，163，169，180，181

情感维系 65，76，133，162

权利伦理 104

R

人口流动人力资本

人生意义 102，105，106

认知机制 161

认知上的相互依赖 170

S

社会反应 138，145

社会规范 17，23，35，131，146，153，154，156

社会力量 14，32，73，74，146

社会取向 104

社会事实 2，48，78，95，98

社会性价值 99~102，107

社会压力 5，10，34，83，84，95，98，101，109，146，155

社会整合 4，10，11，18~20，23，24，38，74

社会转型 12，38，94，99，105，107

生活方式 1，12，18，19，37，103，147，154，183

生活共同体 54

生活目标 67，149，168

生活预期 103，149

熟人圈子 82

熟人社会 27，54，71，74，75，101，107，146，147，156，159，183

私人生活 75，162，163

弹性家庭调解网络

脱嵌 149，153，155

X

消费社会 106

消费欲望 108，120

消费主义 103，105~108，154

现代性 17，100，101，103~107，154

新迁移经济学 58

新生代农民工 39，42，55，64，140，146，160，186

欣赏之情 164，165，168，180，181

行动取向 99，104，105，107

行为出轨 29

行为机制 161

性别分工 15，28，31，61~63，159，163

性别失衡 82

性别视角 22，62

循环流动 18，48，50，58，61，63

Y

异地婚姻 36，37

舆论压力 71，74，75，98，154，155，177，183

缘分婚姻 87，147，169

Z

责任承诺 75，76

责任感 13，37，45，62，65，72，73，76，89，90，96，97，104，113，118，121，123，126，128，130，132，138，142~144，160，180，182，183，185

责任共同体 54，98，182

责任伦理　104，106
责任维系　76，133
制度　9，13，14，39，40，55~58，62，
　　64，71，85，87，94，98，101，103，
105，106，113，134，138，148，149，
153，155，159，161，162，174，175，
180，182，183，184
自杀　10，76

后　记

　　本书是我主持的国家社会科学基金项目的成果，本书从开始论证到最终出版，跨越了六个年头。在本书即将付梓之际，向所有曾经帮助我的人表达真诚的感谢！

　　本书在论证过程中得到学界不少师友的宝贵意见和建议。福州大学何朝银博士既是我的同事也是我的师兄，我们曾共用一间办公室，有问题的时候我会最先向他请教。华中科技大学曹志刚教授在看完我的论证书之后也对我提出了许多中肯的建议。武汉大学张杨波教授建议我研究方法部分的论证要体现专业水准。重庆工商大学郑从金教授建议我拟定题目要能抓人眼球，要能吸引人。

　　本书在第一次论证过程中得到福州大学社会科学处处长朱祖平教授的指导，朱教授当时觉得我的论证报告同时关注了两个问题，提醒我要集中关注一个问题。感谢社会学系甘满堂教授的鼓励与督促！甘教授的理念是不管成功与否，重在参与。甘教授时不时地邀请校外名家来校指导系里的同事，不仅如此，他还会亲自参与指导。

　　福州大学社会学系是一个积极向上的集体，系里科研氛围良好。同事们相互鼓励，相互支持。感谢系里的各位同事！

　　从我2009年7月到福州大学社会学系任教至今已有11个年头。感谢我的父母对我家庭和工作的大力支持！我已年过不惑，很愧疚，仍然需要他们的帮助。感谢我的妻子黄翠萍的陪伴与付出！在我的科研道路上，妻子的作用是无可取代的，再怎么感谢她都不为过。她经常激励我，给我打气。她的激励与督促使我充满了前进的动力，使我不敢有丝毫的懈怠。感谢我的岳父母对我们小家庭的支持！他们在我出国访学期间以及在我回国之后，毫无怨言地帮忙带小孩，使我能够安心地考究学问。

　　本书在写作过程中得到了南京大学社会学院翟学伟教授的指导，翟老师视野开阔、理论深厚，翟老师的指点增强了我的信心。西南财经大学罗牧原博士就书中部分内容的结构提出了宝贵的修改意见。

我能有今天的一点点成绩，离不开求学路上两位研究生导师的启蒙与指导，感谢硕士研究生导师潘玉腾教授和博士研究生导师刘祖云教授！两位教授以不同方式影响了我对学术的追求。

本书的出版得到了学院经费支持，感谢院长吴慧娟教授的大力支持！本书得到了国家社会科学基金（14BSH046）的资助。

感谢南京大学社会学院周晓虹教授的鼎力支持！

感谢老同学及好友刘有升教授！感谢你经常为我出谋划策。

本书在资料收集过程中得到了各位亲友的支持，感谢你们！感谢我的本科生和研究生！谢谢你们帮忙收集一手资料。感谢接受访问的各位农民工朋友！请原谅我无法将你们的名字一一列出。

2016年12月至2017年12月我在美国纽约州立大学奥尔巴尼分校访学一年，一年的访学使我从教学工作中脱离，有了相对完整的时间来思考和写作本书。能够出国访学，离不开福州大学人文社会科学学院领导和系领导的支持！感谢福州大学人事处相关工作人员的支持！也感谢访学前和访学期间梁在教授的支持！访学期间我认识了不少朋友，他们分别是浙江大学刘志军教授、纽约州立大学奥尔巴尼分校周博博士、云南大学郭台辉教授、山西师范大学赵连阔教授、厦门大学陈福平教授、福州大学陈凤兰教授，你们的陪伴缓解了我在异国他乡的孤独感。

本书部分内容在会议中宣读过，感谢各位老师的指正！本书的部分章节曾经以论文的形式发表在《青年研究》、《江南大学学报》（人文社会科学版）、《福州大学学报》（哲学社会科学版）、《中国妇女报》等刊物，感谢各刊物的厚爱及各位责任编辑的辛勤付出！尤其感谢《青年研究》责任编辑石金群老师！您对学术的认真负责与执着追求令人敬佩。

感谢社会科学文献出版社的责任编辑谢蕊芬和杨鑫磊！谢谢你们的认真负责。

虽然我不遗余力地去完善书稿，但由于本人学术能力有限，本书一定还存在不少问题，恳请学界同人批评指正！

初稿于2020年5月3日
旗山高校教师公寓
修改于2020年12月1日
福州大学人文社会科学学院117

图书在版编目(CIP)数据

流动农民工的婚姻维系/罗小锋著. -- 北京：社会科学文献出版社，2020.12
（福州大学群学论丛）
ISBN 978 - 7 - 5201 - 7623 - 1

Ⅰ.①流… Ⅱ.①罗… Ⅲ.①民工-婚姻问题-研究-中国 Ⅳ.①D669.1

中国版本图书馆 CIP 数据核字（2020）第 229253 号

福州大学群学论丛
流动农民工的婚姻维系

著　　者 / 罗小锋

出 版 人 / 王利民
责任编辑 / 谢蕊芬
文稿编辑 / 杨鑫磊

出　　版 / 社会科学文献出版社·群学出版分社（010）59366453
　　　　　　地址：北京市北三环中路甲 29 号院华龙大厦　邮编：100029
　　　　　　网址：www.ssap.com.cn
发　　行 / 市场营销中心（010）59367081　59367083
印　　装 / 三河市尚艺印装有限公司

规　　格 / 开　本：787mm × 1092mm　1/16
　　　　　　印　张：17.5　字　数：301 千字
版　　次 / 2020 年 12 月第 1 版　2020 年 12 月第 1 次印刷
书　　号 / ISBN 978 - 7 - 5201 - 7623 - 1
定　　价 / 108.00 元

本书如有印装质量问题，请与读者服务中心（010 - 59367028）联系

▲ 版权所有 翻印必究